南开大学
世界古史
论　丛

由南开大学中外文明交叉科学中心资助出版
南开大学中外文明交叉科学中心文明互鉴系列

译海遗墨

黎国彬译著选

A Folio
Never Lost

Li Guobin's Translation Works

黎国彬————编译

江苏人民出版社

**图书在版编目(CIP)数据**

译海遗墨：黎国彬译著选 / 黎国彬编译. —南京：
江苏人民出版社，2023.3
（南开大学世界古史论丛）
ISBN 978 - 7 - 214 - 27747 - 3

Ⅰ. ①译… Ⅱ. ①黎… Ⅲ. ①黎国彬－史学－译文－
文集 Ⅳ. ①K - 53

中国版本图书馆 CIP 数据核字(2022)第 243212 号

| | | |
|---|---|---|
| 书　　　名 | 译海遗墨：黎国彬译著选 | |
| 编　译　者 | 黎国彬 | |
| 责 任 编 辑 | 于馥华 | |
| 责 任 监 制 | 王　娟 | |
| 装 帧 设 计 | 刘　俊 | |
| 出 版 发 行 | 江苏人民出版社 | |
| 地　　　址 | 南京市湖南路 1 号 A 楼,邮编:210009 | |
| 照　　　排 | 江苏凤凰制版有限公司 | |
| 印　　　刷 | 南京新洲印刷有限公司 | |
| 开　　　本 | 652 毫米×960 毫米　1/16 | |
| 印　　　张 | 21　插页 4 | |
| 字　　　数 | 300 千字 | |
| 版　　　次 | 2023 年 3 月第 1 版 | |
| 印　　　次 | 2023 年 3 月第 1 次印刷 | |
| 标 准 书 号 | ISBN 978 - 7 - 214 - 27747 - 3 | |
| 定　　　价 | 98.00 元 | |

（江苏人民出版社图书凡印装错误可向承印厂调换）

# "南开大学世界古史论丛"总序

　　南开大学历史学科即将迎来建立百年的日子,为纪念这一重要时刻,特推出"南开大学世界古史论丛"。作为南开大学世界史学科发展的重要学科领域,世界上古中古史学科方向经几代学者的不懈努力,不仅培养了大批学有专长的后备人才,而且取得了显著的科研成果。在世界上古中古史学科发展的历史上,涌现出蒋廷黻(曾开设欧洲文艺复兴史)、雷海宗、黎国彬、辜燮高、陈楠、王敦书、于可、李景云等蜚声国内外的老一辈学者群体,他们的弟子遍及海内外,也为其后以陈志强、杨巨平和王以欣等学者为代表的学科中坚力量的发展打下了坚实的学术基础。

　　改革开放以来,本学科优势持续发扬光大,呈现出令人可喜的局面,形成了西方古典史、拜占庭史、古代中西交流史、古埃及学等诸多国内领先的研究领域,在国内外学界的影响力持续增强。作为南开大学世界史学科重要的组成部分。世界上古中古史学科方向先后建立了南开大学希腊研究中心(教育部国别和区域研究备案中心)、西方古典文明研究中心、东欧拜占庭研究中心、丝路古代文明研究中心等学术机构，承担国家社科基金重大项目及以下各级别研究课题多项，培养了数以百计的硕士和博士生，他们已经成为国内各高校和科研机构的骨干力量。

为了继承和发扬传统、回顾和总结经验和成果、激励后学，在学院和学校各级领导大力支持下，我们决定共同努力，收集整理南开大学世界史老中青三代教师们的相关成果，编辑和出版"南开大学世界古史论丛"。该论丛以马克思主义历史唯物论为指导，突出学术性，展现南开大学世界上古中古史研究的实力，并向南开大学历史学科百年生日献上一束花，祝愿学科发展再上层楼。

# 目 录

## 第一编 尼加拉瓜史

# 第二编　印度尼西亚简史

第一编

# 尼加拉瓜史

**黎国彬　辑译**

　　本编是黎国彬根据西方多种文献辑译的《尼加拉瓜史》。由于本编内容翻译于20世纪60年代，当时许多人名、地名、族群、动植物名称等尚未有定译，本编尊重当时的时代条件与作者的选择，对作者使用的人名、地名等专有名词等译法进行了保留，仅对个别现在较为重要的名词进行了编辑修改，特此说明。

# 第一章　自然环境概况

## 位置、面积、边界

尼加拉瓜是中美洲最大的国家,东临加勒比海,西濒太平洋,位于哥斯达黎加和洪都拉斯之间,前者接其南界,后者接其北界。尼加拉瓜的面积因测量不完备仍不能确定,约为 57,143 平方英里[①]。临加勒比海的海岸线约长 297 英里,临太平洋的海岸线约长 200 英里。

尼加拉瓜与洪都拉斯的边界,从格腊西亚斯-迪奥斯角发端,沿科科河而入内陆,约在西经 86 度处以虚拟线至内格罗河上游,顺该河达丰塞卡湾。

尼加拉瓜与哥斯达黎加的边界是圣胡安河与尼加拉瓜湖以南两英里的一线,这是根据 1858 年签订的有关条约,经 1888 年确认,继于 1896 年确定的。

## 地质、地势、水系

尼加拉瓜的地质概况:尼加拉瓜湖至太平洋之间是第三纪中新

---

① 约 148,000 平方公里。——译者

统熔岩、石灰质页岩和砂岩。从丰塞卡湾东南至圣胡安河口，即尼加拉瓜低地，其基部岩石是第三纪中新统的海相沉积岩，其上西北和东南两端覆盖着更新统和地质近代的冲积物。西北自科西昆纳起，向东南至尼加拉瓜湖的马德拉之间，分布着更新统的火山达30座之多，最高的火山是维耶侯（5,545英尺），尼加拉瓜低地西部边缘一带，覆盖着这些火山的熔岩和火山灰。中央高原是由第三系岩浆岩和变质岩等构成，其西北部覆盖着火山灰，北部和东北部覆盖着前寒武纪和白垩纪花岗岩侵入体。东部低地由更新统沉积物、地质近代冲积层、岩浆岩、砂岩及页岩等组成。

地势和水系：西部平原有许多排水良好的小河流入太平洋、马那瓜湖和尼加拉瓜湖。中央高原的西部，高达7,000英尺，崎岖不平，向东渐低，有起伏，呈高原地形。从分水岭向东流的大河有：科科河（一称塞格瓦河或万克斯河），可航段200英里；格兰得河，下游可通航；埃斯康迪多河，可航段60英里，终点达腊马城；圣胡安河，可航段一百英里，直通尼加拉瓜湖。东部平坦的平原，有大沼泽和沿海岸塘。

## 气候、植被、动物

气候状况：东部低地年平均温度为华氏80度，很少变化。西部低地月平均温度为华氏80至86度，3,000英尺以上的地区，平均下降华氏十度，中央高原分水岭以东，没有明显的干季，年降雨量从圣胡安（格雷镇）附近的255英寸向北递减，至塞格瓦河为100英寸。中央高原的西侧，年降雨量锐减，低地在80降至53英寸之间；火山坡地，年平均降雨量为15至25英寸强；12月到4月期间非常干燥。

终年下雨的东部低地和中央高原的东部，自然植物有热带硬松，从格兰得河至北部边界有一条硬松林带，宽达40至100英里，此外到处都有各种各样的阔叶常绿森林。这一带的森林占尼加拉瓜林木的80%。中央高原的西部和火山山脉的中坡有落叶硬木（橡树及其他）

和亚热带草原。西部低地为热带草原,沿河一带为落叶森林。

多雨而炎热的地区,是各种爬行动物栖息之地,有鳄鱼、蜥蜴(大蜥蜴及其他)、蛇类和龟类。森林地区鹿很普遍。野生动物还有美洲豹、美洲虎、猴子和野猪。各种各样的水鸟和陆鸟(也有候鸟),各种各样的淡水和咸水鱼类(包括软体动物),以至于啮齿动物和昆虫等,都很丰富。

# 自然区域

尼加拉瓜可以分为四个明显的自然区:(1)临近太平洋的火山和丘陵;(2)这些火山的附近及其以东,从丰塞卡湾直至圣胡安河口,由低洼和湖泊组成的洼陷地带;(3)从洪都拉斯边界至圣胡安附近,幅员辽阔而地形崎岖的中央高原;(4)上述地区以东是波状高原和加勒比海沿岸低地。

(1)(2)两区的特点:地形平坦,坡度平缓,火山土和冲积土土质肥沃,年降雨量为53—80英寸;有4至6个月的高温干燥季节。两区共占全国人口的62%,全国的大城市、现代交通设备和工业企业多半集中在这两个区内;生产全国75%的农产品和矿石,包括黏土和水泥制品。中央高原西部的肥沃谷地,占全国人口的30%,生产的咖啡、烟草、谷物、豆类、棉花和畜产约占全国的30%;高原的矿山,提供近25%的矿产。在波状高原和加勒比海沿岸低地,区内近海处排水不良,全区约占全国土地面积的一半,全年炎热多雨,除沿海和沿河一带外,大部分无人居住,但本区的热带森林供给了绝大部分的木材出口和国内消费。直到1936年,本区的三大香蕉产区占有重要地位,此后因巴拿马病而大部废弃。

(摘译自《英国百科全书》,1964年版,尼加拉瓜条,标题系译者所加。)

# 第二章 征服前的印第安人
# （1522年以前）

## 分布状况

现在考察……尼加拉瓜连同…哥斯达黎加的尼科亚半岛及其对岸地区的部落。

西部两个最重要的民族是乔罗特加人和尼加拉俄人，后者一称尼魁兰人。在征服时期，乔罗特加人住在西部地区，包括从丰塞卡湾到尼科亚半岛的最南端以及半岛对岸哥斯达黎加的一条狭长地带，唯莱昂周围和尼加拉瓜湖与海之间的一片土地除外。这样他们分裂成四部分，在莱昂平原以北的叫曼加人，以南是迪瑞安人，尼科亚半岛则因尼科亚人而得名，其对岸是奥罗蒂南人。有一小支操乔罗加特语的族人孤处遥远北部的恰帕斯，说明该民族早期可能向北扩张，后来被许多部落的迁徙活动所切断，从而造成这种孤立状态。这种迁徙给古代美洲文化体系的形成造成巨大的困难。

如上所述，乔罗特加人从北而南的分布，到了莱昂平原第一次被切断；这里萨伯提巴语流行，这种语言同任何其他语言的关系至今不明。第二次切断是在尼加拉瓜湖以西，在此地我们看到哥伦布发现美洲大陆前在墨西哥起过重要作用的那个民族在这里的移民。他们是操纳瓦特尔语的尼加拉俄人，或称尼魁兰人，实际上他们所说的语言与阿兹提克语相同。这里还不是这个不知疲倦的到处流浪的乔罗特加人的最南分布点,他们在布加西斯、尼科亚,甚至在奇里基岸塘西头的特罗里奥谷地也有分布,在这里他们被别的族人隔开,此地即 1564 年胡安·巴斯克斯·德·科罗纳多建立殖民地的地方。

尼加拉俄人保留着他们迁移前的传说,据说是来自西方(西北)一个叫作提康梅加埃马瓜特加的地方,托奎马达则说他们原居索科努斯科,可以认为他们是破坏墨西哥谷地"托尔蒂克人"政权的由北而南的部落大迁徙的前驱,阿兹提克人是这个迁徙运动的殿后军。尼加拉俄人带来了典型的墨西哥历法和宗教,以及用人心献祭的仪式。大约 11 世纪时他们到了尼加拉瓜湖畔某地的新居①,在征服时期尼加拉俄人的势力扩及湖中的岛屿,但考古学上的证据表明这些岛屿先前是乔罗特加人居住的。

尼加拉瓜湖以南,在尼科亚半岛和圣胡安河之间是科罗比西人,我们对这个民族的情况一无所知。他们的文化比他们的野蛮而原始的后裔关图索人可能会高一些。圣胡安河以北,远至猴儿角向西至尼加拉瓜湖一线,在语言上是同族的腊马人,也是一个保持原始生活习俗的部落。

尼加拉瓜其余部分的居民,地理上占地最广,但人口从来稀疏,总称苏莫-莫斯基托人。这些语言相属的部落可以进一步分为四支。马塔加尔帕人以西是曼加人和迪瑞安人,东邻是苏莫人,苏莫人和腊马人之间是乌鲁阿人,沿东海岸从格腊西亚斯-迪奥斯角到猴儿角是莫斯基托人。

如上所述,关于这个地区的几个部落,无论从哪一方面所知甚少,但莫斯基托人却流传下来一个有关他们迁徙的有趣故事。按照

---

① 阿兹提克人和同种部族的迁徙和迁徙的日期,在我的《墨西哥考古学》一书中做了充分的讨论。

这个传说，莫斯基托人原称基里比人，居于里瓦斯省，后被尼加拉俄人所占。迟至 10 世纪，他们遭到一个从北方迁来的部落的侵袭，经过长期斗争，终于被迫离开故居，这个排挤他们的部落无疑就是尼加拉俄人。他们退到湖的另一边，即今琼塔来斯省，在这里住了一个多世纪。后来又被迫迁往沿海一带，这次撵他们的大概是苏莫人。他们的领袖是一个名叫瓦克纳的人，他的儿子拉吉亚·塔拉成了他们的统治者，并征服从洪都拉斯到哥斯达黎加的整个沿海地区。这个传说是有趣的，并得到古物学资料的支持，因为在琼塔来斯发现的一些器物，特别是一些石斧，同莫斯基托地区所见的相似，而基里比之名，或与科罗比西有关。另一传说，约当 12 世纪之时，一个叫作维维西斯的食人部落，来源不明，卜居沿海，其地有一些古坟就是属于他们的。这批来客后来走了，但没有人知道他们的去向。就有关的历史来看，莫斯基托人有向内地扩张的趋势，征服了好几个苏莫人和腊马人的部落，直到最近苏莫人还以杉木做成的独木舟向他们纳贡。

莫斯基托人同苏莫人的联系除了语言学上的证据外，在苏莫人中还流行一个传说，加强了这种看法。他们追溯本身的起源，就是那块位于卡拉塔斯卡（卡尔塔戈）岸塘以西，帕图克和科科（万卡斯）河之间的石头。这块石头据说是一个脐带头的标志，在这里生下部落的祖先，即"伟大的父亲"梅萨·卡纳和"伟大的母亲"伊图阿纳。后者与莫斯基托人的"蛇蝎母亲"伊托基同是一人。苏莫人和莫斯基托人就是这些始祖们的后裔。始祖们照料孩子，教导他们。但莫斯基托人不服管教，逃往海边。此后，另外两个部落图阿查和尤斯科问世，后者交了厄运，为苏莫人所征服；他们当时住在科科河源附近。最后生出的是乌鲁阿人，他们从部落祖先的教导中学习，善医能歌，获得博阿"歌手"之名。其时，苏莫人住在河流两旁和森林中，他们粗野邋遢，披发过膝，虱子满身。莫斯基托人的首领终于派人抓住了他们，让他们梳洗一新，因此得到了他们的爱戴和支持。这个传说非但有趣，而且没有说教的意味。

# 社会组织

　　说到这个地区较为开化的民族，乔罗加特人受尼加拉俄人的影响很深。奥维多指出，这两个部落的宗教，事实上完全相同。我们在下文就会看出，奥维多所描述的宗教，本质上是墨西哥的。认为墨西哥的影响没有向更远的地方扩展是没有道理的，要明确区分这两个民族的生活习惯也是不容易的。我们的主要报道者奥维多在论述这两个民族时往往混淆不清，因而给我们增加了困难。有两种政府形式在西部流行：居民划分为村社，有些村社处于专制酋长的统治下，早期编年史作者称这种酋长为卡西克，这是他们看到在安的列斯群岛的部落中这个称号甚为流行而采用的；另一些村社则奉行共和形式的政府。根据我们对原始的纳瓦特尔人部落的了解，有理由推断后一形式是所有尼加拉俄人共同的特征。另一方面，像在阿兹提克部落中出现的情况一样，流浪生活变为定居生活，产生由一个酋长统治代替原来的部落议事会的统治。在旧的管理形式之下，一般而言，部落议事会一遇紧急情况，即任命一个行政首领，他在一定时期内或在紧急情况持续期间掌握权力。在墨西哥具有这种性质的职务之所以趋于固定，成为永久性的职务，除了它本身固有的这种趋向，还有特殊原因。不管墨西哥怎么样，我们确实知道尼加拉瓜（里瓦斯）在尼加拉俄人控制的心脏地区有一个以族为名的卡西克，而在乔罗特加地区，我们知道的有这种称号的人就更多。那些只有议事会才是最高权力机构的部落，我倾向于认为他们如果不完全属于尼加拉俄人的话，至少也同尼加拉俄人有密切联系，这里的部落议事会的成员是选举产生的，任期4个月，他们也可能是代表各个家庭或氏族结成村社。后一假设得到另一种说法的支持，这种说法认为他们"拥有"村落和效忠于他们的人，这就意味着他们会得到他们所代表的氏族的支持。议事会成员叫作"韦韦"(墨西哥印第安人语,意谓"长老"),出任各职行政官员。其中二人轮流负责监督市场(墨西哥也有同样的官吏),其他根据情况的需要各负专责,如准备军事远征,或征收某项捐税等。部落会议的权柄不容他人染指,对于觊觎最高权力的官员处以死刑,这种命运间或落在那些被指定担任军事指挥的人的头上。议事会也是财产登记簿的监管人,与墨西哥的情况相若,这个事实也说明这样的制度行于尼加拉瓜人部落,因为除他们而外,没有其他的部落能书会写。有些卡西克,特别是乔罗特加人中如阿加提特部落和尼科亚部落的卡西克,他们行使职权,多少带有专制性质,其程度无疑视个人性格而定。这种类型的酋长,得到氏族头人组成的部落议事会的支持,这些头人叫作加尔庞斯;卡西克和加尔庞斯可能是世袭的,但在有些情况下,选举产生的部落议事会制度同最高首领似乎平行并存。这样一种组织可能是乔罗特加人和尼魁兰人两种政府形式的折中物。由卡西克指派执行特殊使命的官差或者他的信使都持有符节,这是表示他在执行职务的信物,有的部落则用一根能塞窣作响的权标,完成任务后就把这些信物交还他的主人;但一般说来酋长的权力只限于公共事务,没有为他个人的服役,如有私人差遣,只能使用自己的奴隶。

从莫斯基托人中收集的传说以及上面的叙述,证实这个部落以前有过酋长制。但酋长制似乎起源于这样的事实,即种族迁徙活动中的领袖在迁徙活动结束后仍保持他的权力并传给他的儿子。但这个职务寿命毕竟不长。据说甚至在瓦克纳逝世前就发生了不和,及拉基亚·塔拉"在位"时就更加恶化了,塔拉以后,这个职务似乎取消了。到了近世(1699),我们得知莫斯基托人没有真正的酋长,只有临时的军事领袖。这种说法,在这样的意义上考察,即在广阔领土范围内没有一个行使统一职权的酋长,无疑是真实的,但从其他方面考察,可以看到管辖小部分人口的地方酋长确实存在。总之,在哥伦布时代,圣胡安河以北地区已被描写为处于各族酋长统治之下。有些地方这些"王"称卡西克,别的地方则称"魁比"或"太贝",而"勇士"则叫作"库帕拉",平民叫作"齐维"。

## 法律、婚姻

制约这些部落的习惯法,除了尼加拉俄人所奉者外,实际上一无所知。尼加拉俄人立法之道与墨西哥人同。杀人者死,过失杀人者重罚赔偿,包括一名奴隶或大量棉纺织品。像墨西哥一样,断掉犯人的头发,视为严厉的惩罚;这种惩罚常施于盗贼,该贼判归被盗主家做奴,直到做出赔偿为止,如果长期拖延,就得冒被杀之虞。在通奸案件中,男方备受鞭笞,女方则被丈夫休弃,不得再嫁,孩子留给男方。离婚不仅被视为妇女的奇耻大辱,而且对女方的父母来说也是如此。对于强奸案,罪犯除非赔给受害者结婚费用,否则发卖为奴,至于某奴破坏其主人女儿的贞操,则两人都被活埋。同墨西哥一样,这里也存在着一种有限制的奴隶制,人们在极其贫困的情况下可以把他们的孩子或他们自己拿去典当,可在任何时候用典得的实物赎还。

关于婚姻,据奥维多所述,任何人可有但只准有一个合法的妻子,惟卡西克可以例外。重婚被流放,并没收其财产,没收的财产给受害的方,受害者可以再婚。奥维多说,在第一圈近亲中才禁止通婚。婚姻由缔婚双方的父亲安排,他们给结婚夫妇一份"赔送",包括几棵果树和其他财产。他们杀鸡宰狗,调制可可,邀朋宴客。宴会后,祭司牵住新郎和新娘左手的小拇指,把他们领到一间点着篝火的小屋中,说了训词之后,便离开他们,篝火灭后,即告完婚。如果发现新娘不是处女,就把她休掉。如果夫妇两人死后无嗣,他们结婚时得到的地产归双方家庭所有,此项规定意味着土地已经在各氏族中分配了,分给每个氏族的那一份又按照氏族成员各自需要进行再分配。墨西哥就是实行这种制度的。

土地以外的财产由合法妻子在家里生的儿子继承。妾生子无继承权，长大后只得四处漂泊，不得要求分取父亲的财产。男子死后没有子女，其个人财产随本人埋葬。

乔罗特加人的社会组织情况不明。在某些方面，妇女的地位要比尼加拉俄人的妇女地位高。我们知道尼加拉俄人的妇女是顺服的，而乔罗特加人的妻子则把丈夫管得很严，丈夫被发怒的妻子摒诸门外，只好请邻居代为缓颊，这类事屡见不鲜。此外，丈夫在清晨外出打猎或到田里耕作之前，须打扫房屋和生火，这已被视为应尽职责。奥维多指出有一种习俗，与其说是尼加拉俄人的，毋宁说是乔罗特加人的，这种习俗是：贫困的未婚女子可以用卖淫的办法来积攒"嫁妆"；当使用这种办法攒到足够的财产时，便由她的一伙情人建造一所房子，在里面畅叙一番，宴饮结束，即由该女子在这一伙情人中挑选一人做她的丈夫。作者还说，没有被选中的情人上吊自杀并非罕事。这位权威作者说，在正式婚姻中，祭司长在婚礼前夕对新娘有初夜权。

关于莫斯基托人，1699 年有一位署名 M·W 的作者谈到他们当中存在一种试婚制。试婚期约两年，期满时"丈夫"送给女方父亲一件礼品，两人共同设宴请客，然后，婚姻就算是合法的了。多妻是允许的，但不普遍。到了后来则行这样的习惯，即某一青年男子选中一个还不到结婚年龄的女子后，便搬到她家去住，帮助她家干活，当女子长大达到青春期即可成亲，无须举行什么仪式。这可能是前一种做法的修正，也可能是早期作家把实际情况搞错了。总之，这个制度并不坏，因为两人彼此可以逐渐充分了解，据说这个部族的婚姻纠纷很少。但在有些情况下，男女二人只要共同构筑新居，住在一起，就是夫妇了。看来莫斯基托人的妇女是丈夫的真正伴侣，他们在种植场上共同劳作，在独木舟中一同荡桨，只是没有一块儿打仗就是了。

# 战争、宗教

尼加拉俄人部落中，打仗不是一种例行仪式，不像墨西哥人那样，但有些战争也不是没有这种性质的，例如捕捉俘虏供献祭牺牲而进行的战争，就是很重要的一种，虽然战争的主要原因自然是领土争端。从军队中选出一名"将军"领兵作战，他若在战争中被打死，如当时有卡西克在，他立即指定另一人担任领导，不然即溃散败阵。战士想要得到荣誉，往往在敌阵中选个对象对打，赢了获塔帕利奎的称号，给他剃头，头顶上留一圈头发，约一英寸长，中间留较长的一簇。这种发式使人想起每个捉获俘虏的阿兹提克战士们所戴的发饰。取得一次胜利，以墨西哥的方式举行人祭，在神坛前的祭台上把俘虏杀掉；如没有抓到俘虏，头人们则围着祭台哭泣。武器有弓、箭、矛、权棒以及墨西哥式的"剑"，这是一种在硬木板的边沿上镶上石片的刀；也常使用树皮或轻木制的盾，盾上用皮或棉织物包饰，此外还有填有棉花的胸甲和护腿等护身装备。没有规定战利品的分配办法，一切掳获归己。不充杀祭的战俘被烙上火印，拔掉一颗门牙。

乔罗特加人都是些好射手，他们善用箭、戈矛以及权棒之属，箭上装有石制或鱼脊椎骨制的箭镞。妇女常随丈夫上阵，也擅长射箭。乔罗特加人可能使用标枪，至少是尼科亚的乔罗特加人使用这种武器，因为在尼科亚发现了许多石钩，与在厄瓜多尔所发现的相似，这种石钩是装在木制的投矛的尖端上使用的。发现有各种形状的石制头像，这类东西很可能是装在权标上用的，要不然就是供典礼用的。

弓、矛和权棒，在整个苏莫-莫斯基托地区以及腊马地区似很普遍，哥伦布在圣胡安河口的卡里阿里（卡里阿依）看到过这些东西，矛装有鱼骨制的尖端。莫斯基托人可能不时袭击内地的部落，而后者同样一有机会就进行报复。在琼塔来斯省发现有单刃或双刃的打制石斧，这可能是打仗用的武器，虽然从这类石斧的意义上看也许只是在举行仪式时使用。在莫斯基托地区也发现有这两种类型的石斧。没有一个部落使用毒箭头。

尼加拉俄人的宗教，实质上和阿兹提克人的宗教相同，虽然仪式并不那么繁复，同时他们在迁徙过程中宗教的信仰也有所削弱。他们认为世界和人类都是由两个神创造出来的，一个是男的，称塔马高斯塔德，一个是女的，称西帕尔顿娜。他们俩是众神之主，族人们发动战争就是为了给他们祭献，因为他们靠鲜血、人心和香火过活。这两位神灵实即墨西哥的奥霍莫科和西帕克顿娜，墨西哥的这一对超自然夫妇曾参加了开天辟地，又教给人以魔法，虽然墨西哥族人不向他们祭献。尼加拉俄人认为这两位主神住在东方，或住在天上，那些死在战场的英魂都归到他们那里去了。主神以外的神祇，米克坦特奥特（墨西哥的米克兰特库利）司冥府，基亚特奥特司降雨和雷电（墨西哥语中的"雨"是"基奥伊特尔"），尼加拉俄人杀童男童女向他献祭，祈年降雨，这与墨西哥族人为了同一目的的杀婴致祭谷地雨神特拉洛克如出一辙。阿兹提克人的老猎神米希科亚（米希科亚特尔）到了尼加拉瓜变成了贸易之神，商人从自己舌头上取血向他献祭，祈祷买卖兴隆，交个好运。在整个墨西哥和玛雅地区，用自己的血礼神献祭，这是常见的做法。雨神基亚奥特的父母是奥梅·阿特利特和奥梅·阿特夏瓜特。他们大概分别相当于墨西哥的创世和管理天界的散神梅特库利特和奥梅西瓦特尔。另一神名夏加特，也是创世诸神中的一员，应与塞亚卡特尔同是一种，后者是圭查尔柯脱尔在历法中的名称，而圭查尔柯脱尔在墨西哥族人中也是一位创世神，掌握历法。奥维多还说风神名"奇基瑙或埃卡特"，此名应是墨西哥语奇基瑙依·埃卡特尔的讹传，墨西哥祭风神之日称奇基瑙依·埃卡特尔，故此名作为风神在历法中的名称。另一神名比斯特奥特，被奉为饥饿之神，此神相对于墨西哥哪一尊天神，不易印证,因为奥克特利(龙舌兰叶汁做的饮料)在墨西哥语中称维齐特利,而后者应是墨西哥司饮料诸神中的一员。因为尼加拉俄人在他们的新居得不到奥克特利,这一尊神就同饥饿联系在一起了。祭祀猎神时,宰鹿剥皮,把干血痂积攒起来,置于篮内,悬挂屋中,以示虔敬。除所述诸神外,奥维多还提到二十个节日庆祝的神的名字。这些神实际上就是墨西哥托纳拉马特尔(庆典)中二十个节庆日的名称。他还说以二十天为周,一年分为若干周。因此可以肯定尼加拉俄人沿袭了墨西哥人的历法系统。

# 经济生活

在这个环境优越的地区,食物丰富,取得容易。在海边和湖岸一带,鱼是重要的食品(东岸还有海龟和海牛)。海牛是用鱼叉系上一根长绳套一个浮桶来捕捉的。叉鱼则用较小的鱼叉或标枪,也用网捕。……

本地各部落的成员都是好水手,特别是莫斯基托人,他们驾驭轻巧的独木舟非常大胆。大多数地区都行狩猎,特别是内地的部落。狩猎用弓、陷阱和网进行。鹿、野猪、刺鼠、肿狗(和墨西哥的一样)、各种鸟类包括库拉索(即火鸡,早期编年史作者用语)、蜥蜴等,都是主要食用的动物。务农的程度不同,直接视各个部落文化发展状况而定。因此,在干旱时候,最进步的尼加拉俄人和乔罗特加人并不是完全不知道使用人工灌溉的。最主要的食用植物是玉米,放在石板上碾碎,这种石板墨西哥人通常称之为梅塔特。这些在尼科亚大量发现的梅塔特以及从史前墓中发现的遗物,现在的居民仍在大量使用。

香蕉、羊角蕉和其他果实已大量食用。有用丝兰的根碾碎制成卡萨瓦(薯粉面包)以供食用的,至少莫斯基托沿海地区的部落在已知的历史时期就食用这种东西了。

∙∙∙∙∙∙∙∙∙∙∙

在尼加拉瓜东部,从经济观点看,用可可制饮料大概是最重要的了。可可这种植物是由尼加拉俄人传播到这里来的。奥维多说所有的可可田都是尼加拉俄人的,但由于制炼可可之法传播到乔罗特加人那里,乔罗特加人可能也种了一些,虽然面积较小。调制这种墨西哥人称之为巧克力特尔的饮料时(巧克力一词来源于此),先置可可豆于陶锅中烤干,然后在石头上加水碾碎,合成糊状物放到葫芦杯里,再加水,有时加一点香料。乔罗特加人往往掺一些阿诺图莓拌成红色。尼加拉俄人和乔罗特加人都从玉米中提制麦酒,把玉米粉和水混合后使之发酵,据说乔罗特加人还会制造樱桃酒(可能就是称作祖科提的一种饮料)⋯⋯

盐始终是原始民族的重要用品。比较先进的部落从岸塘中取盐,但一些与莫斯基托邻接而离海不远的苏莫人却用非常原始和耐心的方法制盐。"他们靠近海边燃起一堆大火,当木柴烧透可成碎炭时,抽出一根燃枝淬于海水中,不早不迟地把它拿起来;如取出过早则盐水珠仍在炭上滚沸,由于高温很快就耗干了,而木炭还没有完全熄灭;取出过迟,则木炭已完全熄灭,热量不足以把水珠变成盐粒。一当盐粒结成,他们就用手把盐粒搓落在树叶上,然后把剩柴再置于火中,如此循环往复,在半小时内,一个男子即可制成约一磅灰盐。"

各地都有烟草,卷成雪茄状的烟卷吸食;取火则用摩擦方法,钻捻而生,其法与墨西哥人同。

大概除内地最野蛮的狩猎部落外,各地贸易都很活跃。在尼加拉俄人、萨伯提巴人、乔罗特加人以至尼科亚人居住的地区,各村庄不论大小都有一个集市广场。大部地区贸易掌握在妇女手中,据说在尼加拉俄人的村子里,当集市正在进行时,村里的男子不得进入本村市场,但来自其他村庄的男人则不受限制。奥维多给我们开列了一份通常在尼加拉瓜人市场上出售的货单,有奴隶、金子、纺织品、玉米、鱼类、"野兔"（刺鼠）、猎物、各种鸟类和农产品。他们不使用我们通常所说的货币，而用玉米、纺织品特别是可可豆作临时的货币，与墨西哥的情况相仿。较远距离的贸易是存在的。我们知道大部分金子是从别的国家进口的，从一些装饰品的特征可以看出它们可能来自哥斯达黎加的中部和南部，甚至来自巴拿马。至于陶器，这类日用品的交换更为大宗；不少具有尼科亚特色的硬石耳环已到达老远的南部。甚至在苏莫-莫斯基托人部落中，也通过森林和山间的小道，或驾驶独木舟渡过河流进行有限的贸易。

我们听说，有些莫斯基托人部落与其邻居苏莫人长期作战，为了交换日用品，习惯遵守一个指定日期，在此期间双方停战，在万克斯河（科科河）的小岛上相会进行贸易。莫斯基托人是勇敢的海上商人，他们的行程远达奇里基岸塘。值得注意的是在哥斯达黎加境内的许多河流似乎是以莫斯基托语命名的。从以下事实得知腊马人也习惯同外族部落进行贸易。哥伦布在第四次航行中，沿着莫斯基托海岸探索之后，到达卡里小村，在这里他带走了几个土人，充当他南行的翻译。这些人伴随他走出腊马人的地区，越过奇里基岸塘和贝拉瓜海岸，到达距贝洛港不远的库比加尔。至此他们同哥伦布分手，声称已到达他们从商业旅行中了解到的这个国家的边界。

各部落的其他职业，最重要的大概是纺织棉布。尼加拉俄人和乔罗特加人对于纺织特别内行，而且懂得纺制间色衣服，虽然我们不知道他们的花样是染的还是织的。在尼科亚发现了一些刻有花样的陶制螺纹纺锤，如科德施·门多萨所说[1]，纺线的工序肯定同墨西哥人一样。可能还使用同样形式的织布机[2]。纺织是妇女的事，但据埃雷拉说，乔罗特加人则不一样，他们让男子纺线。莫斯基托人多用树皮做衣服，真正的树皮衣服大概是用锤打制的。尼科亚的

---

[1] 见 C·门多萨：《墨西哥考古学》，第 61 页。
[2] 同上书，第 148 页。

部落一定制作过这样的衣服,因为在尼科亚曾发现美洲各地用于制作树皮衣服的那种石锤,但在我们所叙述的地区内,除尼科亚外,其他地区尚未发现过这种工具。在东部,质地优良的绳子是用一种名叫尼根的植物纤维做的,织网的线是用棕榈树叶或树皮经泡水后抽出的纤维做的,也有用制作扫帚用的一种草制成的。在尼科亚沿岸采集牡蛎和其他贝类简直是一种工业,因为二者全都是重要的食品,而牡蛎壳还可作他用。在一根木柄上镶上两排牡蛎壳就做成一把极好的独木舟使用的桨,或者把牡蛎镶在棍棒的一端便制成了田间使用的铲子。

无论从哪一方面考察,在哥伦布发现美洲时,尼加拉瓜境内部落都生活在石器时代之中。他们确实知道并使用金子,也多少知道铜和使用铜,但这两种金属只用于装饰品,所有的工具都是用石头、骨头和动物的牙齿等制作的。

(摘译自托马斯·A·乔伊斯:《中美洲和西印度群岛考古学》,1916年版,第6—19、36—42、50页。标题系译者所加。)

# 第三章 西班牙人的殖民统治
## （1522—1821）

## 西班牙人的征服

最早访问中美洲的欧洲人是和克里斯托弗·哥伦布一起来的。他们是这位伟大的海上大将挂着西班牙国旗第四次远征加勒比海的成员。哥伦布在以往十年的三次航行中，发现了广大的西印度群岛和南美大陆。他之所以向更远的西方刺进，是因为他相信在他已发现的地方以西就是亚洲的印度人所居之地。1502 年 7 月 30 日，远征队发现了海湾群岛之一的瓜纳哈岛。8 月 14 日，哥伦布在洪都拉斯南部附近第一次踏上中美洲大陆。三天以后，他正式占领了这块土地。虽然强烈的逆风使航行非常困难，但他决定从这里沿海岸向东航行。9 月 14 日他到达"神恩角"（格腊西亚斯-迪奥斯），这是他为了感谢上帝从那样险恶的形势下把他送到这里而起的名字。据说，如果不是哥伦布这次远征队，那就是四年后的另一远征队，将这一带海岸的某一段命名为洪都拉斯，意即深海或巨浪之间，因为他们在这里经历了最深的海洋。沿着尼加拉瓜海岸向南航行就容易得多了。9 月 25 日到 10 月 5 日，哥伦布在他称之为卡里阿依的地方停留，该地可能就是现在哥斯达黎加的利蒙港。后来，他在靠近哥斯达黎加边界，位于巴拿马境内某地，即现在为纪念他而称为海上大将湾处，见到当地的印第安人戴着诱人的金饰。这些情景，毫无疑问就使这块土地获得"富裕海岸"的称号，虽然"哥斯达黎加"（富裕海岸）一名只是到了后来才在文献中使用。当哥伦布发现没有穿过巴拿马的水路时，在他两手空空返回西班牙之前，他花了几个月可怜的时间，枉费心机地试图在中美洲建立一个获取黄金的殖民地。中美洲的发现，对他来说虽然是一次挫折，但这是他的伟大业绩中的最后一项贡献。

从哥伦布于1493年建设的西班牙岛上涌出两股洪流：西班牙人的殖民和征服。这两股洪流很快便席卷整个地峡。较早的冒险行动（1509）在美洲大陆的巴拿马设立了第一个欧洲人的殖民地。稍后的冒险行动（1511）导致了古巴的征服。1513年，征服巴拿马的那批人在巴斯科·努涅斯·德·巴尔沃亚的领导下首次到达太平洋。1517年征服古巴的那批人把惊异的目光投到尤卡坦的沿海城镇，并决定仔细调查那里的情况。由于贩卖人口的贸易，西班牙人与尤卡坦发生了密切的关系。大约在1511—1517年间，有船队从海湾群岛开始把一些根本不愿意前去的土人运往古巴从事劳动。就这样，奴隶贸易成了白种人的文化对中美洲人民最早的真正的冲击。

1519年，在中美洲东南部建立巴拿马城。同年，在西北部，埃尔南·科尔特斯及其一伙从古巴进入墨西哥最强大的城市铁诺第兰。不到两年工夫，科尔特斯征服并摧毁了铁诺第兰，在其废墟上建墨西哥城。除了天花流行，中美大陆没有因为这种行动而遭浩劫，天花是白种人的疾病，它比白种人自己走得还快。印第安人卡克奇克尔族人染此可怕的恶疾只能束手待毙。

　　恶影和黑夜笼罩着我们的父亲和祖父，也笼罩着我们自己。啊！我的孩子们！……人们对疾病束手无策……我们的父亲和祖父死了，半数的人从田野上消失了。恶犬和兀鹰吞食他们的尸体。……我们就这样成了孤儿。啊！我的孩子们！

我们就这样成了孤儿。我们注定要死。①

西班牙人和中美洲土人的接触于1522年从地峡两端开始。在地峡两端进行的接触都没有明显的暴力性质。一方面是希尔·冈萨雷斯·德·阿维拉的领航安德列斯·尼诺像20年前哥伦布探索加勒比海那样在太平洋海岸进行探索,另一方面是希尔·冈萨雷斯·德·阿维拉本人带着100人和4匹马从巴拿马沿哥斯达黎加西海岸进入尼加拉瓜,远至大湖地区。冈萨雷斯的调查,对所发现的那些黄金装饰品当然不会无动于衷,但根据他自己的记述,他以大部分时间用于使当地土著居民受洗皈依基督教的工作上。后来土著居民对他并不友好,他就退出该地。在此期间,科尔特斯手下的一个队长佩德罗·德·阿尔瓦拉多从墨西哥的瓦哈卡州派出两名使者前往伊希姆齐,设法同卡克奇克尔族人结盟。

两年以后(1524),不少于四个西班牙远征队在同一时间出现于中美洲各地。冈萨雷斯从西班牙岛经海路卷土重来,他这次不在尼加拉瓜而在洪都拉斯登陆,他带来了第一批来到中美洲的西班牙妇女及第一批非洲人。克利斯托瓦·德·奥利德从墨西哥取道海路也到了洪都拉斯,他拘捕了冈萨雷斯,并公开声明要按照自己的意思来开发洪都拉斯,无视派遣他的埃尔南·科尔特斯的权威。弗朗西斯科·埃尔南德斯·德·科尔多瓦从巴拿马来到尼加拉瓜,建立格腊纳达城和莱昂城,这是中美洲最早的永久性的西班牙殖民地,佩德罗·德·阿尔多瓦带领400多名西班牙人和数目更多的墨西哥土人从瓦哈卡来到危地马拉和圣萨尔瓦多,转战经年,仗是打赢了,但丧失了作战的意志。他写信给自己的司令官科尔特斯说:

> 我们处在人们从未见过的最野蛮的国土和人民之中。因此,只有上帝才会给我们胜利。我恳求阁下下令在你的城镇中

---

① 《卡克奇克尔编年史》,第115—116页。

把所有的祭司和修士组织起来，这样上帝就可以帮助我们。如果上帝不帮助我们，我们就走告无门，别人是无能为力的。①

事情进行虽然艰巨，但西班牙人坚决留下来了。好像是要象征中美洲命运的变化，第一个美洲人和欧洲人的混血儿于 1524 年 3 月 22 日在尤卡坦出生了。她的名字是莱昂诺尔，是佩德罗·德·阿尔瓦拉多和墨西哥中部印第安人特拉斯卡拉族的女王路易莎·希科坦萨提生的女儿。

对洪都拉斯的征服，进程虽然最慢，但到 1525 年它成了西班牙版图之内第一个中美洲的省份。同年，在奥利德被谋杀以后，科尔特斯来到洪都拉斯，在海岸建立了特鲁希略城。两年以后，危地马拉和尼加拉瓜分别从墨西哥和巴拿马分出，危地马拉由佩德罗·德·阿尔瓦拉多任第一任由西班牙王室指派的总督，尼加拉瓜的总督由彼得拉里亚士·达维拉担任（埃尔南德斯·德·科尔多瓦就是在他的命令下对尼加拉瓜进行征服的）……西班牙居民星星点点地搞点农业，而想尽办法去找黄金。在特鲁希略、莱昂和格腊纳达三地，土著居民成了劳动者，征服者有权把他们连同土地一并占有。这三个城镇的白种居民还把各部落的印第安人卖给从加勒比群岛和巴拿马来的买主，以获取额外收入。

16 世纪 30 年代期间，当在墨西哥的西班牙人开始注视北方，而巴拿马人则对秘鲁发生兴趣时，注意力便从地峡转移了，在这里设置了称作审议厅②的一种具有立法和司法权力的统治机构，这使危地马拉处于半隶属于墨西哥，洪都拉斯半隶属于西班牙岛，尼加拉瓜半隶属于巴拿马的地位。然而，在这 10 年中，洪都拉斯由于圣佩

---

① 佩德罗·德·阿尔瓦拉多著：《1524 年危地马拉征服记》（S·J·麦凯编，科尔特斯学会，1924），第 66—67 页。
② 审议厅（Audiencia）一译高级法院或检审庭。该机构不仅是西班牙在美洲殖民地的最高司法机构，还具有立法、行政、咨议、军事等方面的职能，而且当总督死去，新总督到任前，总督职务往往由首府审议厅主席主持。——译者

德罗苏拉、格拉西亚斯和科马亚瓜等据点的设立而成为西班牙的巩固殖民地。优质金矿的发现,使洪都拉斯的经济出现短暂的闪光。自称是尤卡坦征服者的弗朗西斯科·德·蒙特霍与阿尔瓦拉多争夺洪都拉斯的统治权。阿尔瓦拉多对秘鲁也感兴趣,他在沿海路向南挺进的路上,在尼加拉瓜建立了雷莱霍港。新塞哥维亚城则是尼加拉瓜的殖民者自己建立的。一些较老的西班牙殖民村镇依然存在,随着第一批已具有300年历史的多明我会、圣母会和圣芳济会的传教士的到来,而由国王指派并经教皇批准的主教也来到了莱昂、圣地亚哥和特鲁希略诸城,这里看来就更像西班牙了。

16世纪40年代有四项重要的发展:(1)在洪都拉斯,由于疾病、战争和绑架,造成劳动力枯竭,开始从非洲输入黑奴。这种不是出于自愿的移民继续进行,使因此而产生的文化和种族的变化是非常难于估量的。在其后的一百年间,来到海峡的非洲人可以肯定要比欧洲人多。开始时他们来到洪都拉斯北部,然后扩及整个洪都拉斯、圣萨尔瓦多和尼加拉瓜,并与西班牙人和印第安人混血。[1]

(2)1542年著名的"新法"(1543年5月1日于西班牙颁布)宣称,美洲印第安人被视为西班牙国王的臣属。作为"臣属",其财产不是不可侵犯的,而且还得纳贡。但他不再被视为奴隶,不再像牲畜一样在授地制中与土地一起被分配,不再被强迫劳动(按封建法正式判为财产者除外!),他像任何其他臣属一样享有各种法权。当然,许多印第安人都已被分配或变成奴隶了,除非他们这种身份"不合法"或人数实在过多,不然他们的身份就不再改变了。1545年的一项决定,允许那些隶属于授地制的人其身份父子相续。虽然如此,这一点仍然证明了印第安人奴隶贸易的结束,以及大多数中美

---

[1] 胡利奥·兰格:《洪都拉斯的种族成分》(《大学评论》,XVI/II,1952年10—12月),第72—76页。殖民时期中美洲黑人人口的分布,19世纪早期多明戈·华尔罗斯著《危地马拉城历史概要》(两卷本,危地马拉,1937)第一卷第10—94页中有相当多的材料可供参证。

土著仍在授地制之外。在传教士巴托洛梅·德·拉斯·卡萨斯的笔下,大事鼓吹"新法",他的那本统计数字大大地夸大了的著作《印第安人灭亡事略》,描绘了大量关于白人屠杀印第安人的罪行,此时,他的多明我会教友正在贝拉帕斯和危地马拉试行一种新的不凭借暴力的方法来扩张西班牙人的权力

(3) 1544 年 5 月 16 日新的界务审议厅成立,开始执行任务,中美洲在政治上统一了。它的管辖范围规定从恰帕斯、塔巴斯科和尤卡坦直到巴拿马。审议厅最初设于洪都拉斯的格拉西亚斯城;1549 年移驻危地马拉圣地亚哥的新址,即今日的安提瓜所在地,该城是 1543 年当位于维耶哈城的同名城市被洪水毁灭之后建立的。

(4) 在新审议厅的管理下,许多被征服的不受授地制束缚的印第安人被集中居住在新的较大的村庄。这些村庄在今日的危地马拉有科万、圣克鲁斯德尔基切、克萨尔特南戈、托托尼卡潘、索洛拉和埃斯昆特拉,在萨尔瓦多有阿华查潘和圣安娜,在尼加拉瓜有马那瓜和马萨亚,在哥斯达黎加有尼科亚。在这些村落里,开始时除少数政府和教会代表外,没有西班牙人。事实上这是为便于政府和教会的管理而把他们集中在一起的。

温格的外孙弗朗西斯科·埃尔南德斯·阿拉纳,过去是加克齐奎尔族的一位有权势的酋长,他忠实地把他族中发生的事件记录了下来。对于这些事件,他认为应归罪于征服者,他毫不隐讳地叙述征服者给他的族人带来的痛苦:可怕的疾病以及随疾病而来的全部制度。他最终承认这一切都是"我们强有力的上帝的意志"。[1]

⋯⋯⋯⋯⋯⋯

16 世纪 60 年代,战争的确是快结束了。此前在 15 世纪 40 至 50 年代期间,当时仅建立起三个西班牙城镇,第一个是洪都拉斯的金矿城圣豪尔赫德奥兰乔,第二个是洪都拉斯的农业城乔卢特卡,

---

[1]《加克齐奎尔族编年史》,第 143 页。

第三个是为出口可可而在萨尔瓦多建立的商业城松索纳特。甚至就在这时候,和平即已占优势。1561 年西班牙在哥斯达黎加的内地行使主权,三年以后,建卡塔戈城,这是在印第安人仍然占大多数的省区内一个孤零零的欧洲人的哨所。根据西班牙通过的决议,巴拿马于 1550 年脱离界务审议厅的管辖。塔巴斯科和尤卡坦则于 1560 年脱离该厅。1565 年撤销该机构。1570 年 3 月 3 日另设危地马拉审议厅,统治从哥斯达黎加到恰帕斯之间的地峡地区。在这种制度下,中美洲得享两个半世纪的和平幸福。

# 殖民地政府

地峡殖民地城市和村镇的政府仅在等级上有所不同。各项地方政策由议员决议通过,议员的数目因地而异,首府多至十二人,较小的村镇则少至二人,有些新建的和早已衰落的村镇则根本没有议会。在早期,议员经常是由该市的有产者自由选举;随着时间的推移,他们的"选举"变成秘密交易了,权力掌握在少数家族手中,这些家族为保持担任公职的特权而经常向王室纳贿。议员通常是他们所管理的地区的本地居民,他们有权就地方有关事宜直接与国王联系,他们的注意力当然只集中在有关他们的私人利益的一些问题上,而他们的私人利益可能与村社的利益一致,也可能不一致。议员选出行政官员和另两名对法庭大部分案件负责初级审判的地方长官。被控制的印第安人村落有同样形式的政府,但较简化,由本村印第安人参加政府,而更大的管理权则受村以外的政权控制。在16 世纪,常有一些特殊的印第安人家族为保存传统的权力而直接向国王请愿的事。但当西班牙人、印白混血人、黑白混血人在以前曾经全都是印第安人的村落中成为重要成分时,原始的居民就逐渐失去了控制市政决策的权利。

议员和地方长官的上级领导因地而异,在印第安人占优势的地区是镇长<sup>①</sup>，在西班牙占相当比例而在征服期间又无单独政府的地区是市长，在审议厅尚未成立的地区是总督。他们所管理的地区分别称为镇长辖区、市长辖区和总督辖区，级别和权力虽有所不同，但在任何情况下并无互相隶属的关系。总督和市长通常是由国王指派，在 17 世纪早期，市长最低薪俸为总督最高薪俸<sup>②</sup>的十分之一。这些人在各自的省辖区中很有权势，控制区内驻军，制定区一级政策，并常常参与首府市政事务，并主持地方长官的上诉。镇长通常是由审议长选定，薪俸虽低，但在其特区内具有和总督一样的权力，并可以从他们的印第安臣民中额外征取他们衙门所需要的费用。

17 世纪初，镇长辖区的数目从 19 个（危地马拉 9 个，洪都拉斯 1 个、尼加拉瓜 5 个、哥斯达黎加 4 个）的高峰逐渐减到 2 个，即克萨尔特南戈和奇基穆拉，二地均在危地马拉。托托尼卡潘、索洛拉、奇马尔特南戈、萨卡特佩克斯（首府安提瓜）和埃斯昆特拉等地是由早期的镇长辖区形成市长辖区的。雷阿尔城、苏奇特佩克斯（首府马萨特南戈）、贝拉帕斯（首府科万）、松索纳特、圣萨尔瓦多、特古西加尔巴和尼科亚等在殖民地时期大部分时间内属市长辖区。索科努斯科（位于太平洋沿岸的恰帕斯）、科马亚瓜、莱昂和哥斯达黎加（首府卡塔戈）四地直到 1786 年大改组时一直是总督辖区。改组后建立了 4 个州，即恰帕斯（包括雷阿尔城和索科努斯科）、圣萨尔瓦多（由市长辖区跃升）、洪都拉斯（科马亚瓜与特古西加尔巴合并）和尼加拉瓜（莱昂、尼科亚以及原来的两个镇长辖区）。统治这些州的是州督，他们委派下属官员，逐步免去原来的官员，连市一级的官员也在所不免。然而，哥斯达黎加、松索纳特和位于今日危地马拉境内的 9 个省仍在州督制之外。

在这殖民领内，最高职司是审议厅的成员，在几乎整个殖民地

---

① 镇长（Corregidor）一译郡守。——译者
② 见安东尼奥·巴斯克斯·德·埃斯皮诺萨：《西印度群岛既要和叙事》（查尔斯·厄普森·克拉克译，华盛顿、斯密森学会，1942），第 285 页。

区,他们由五人组成,即一般所称的高等法院推事,在他们定期会议期间,由审议长(首席推事)主持会议。17世纪初,审议官每人的薪金与州督的最高薪金相等,审议长所得为审议官薪金的两倍半。①作为一个地区,危地马拉审议厅所辖地区一般称为王国,意味着它享有真正的自治,虽然在体制上它是新西班牙总督辖区的一部分,受墨西哥统治。审议厅的审议长在殖民时期常带总督和"大将"衔,而实际上他是从来就不在这个殖民王国驻跸的西班牙国王的私人代表。这位王室代理人不可能都是明智或贤良之士,但也不能说都是愚蠢或乖戾之徒。不管他所做的是哪方面的决定,他的决定都是至关紧要的,因为高一级的政策都是由他决定的,同时大部机构都要贯彻执行这些决定。只有三个地方可以检验他的权力:第一是审议厅,这是西班牙本国所没有的一种有关司法事务申诉的最高法院和行政管理机关,在审议厅内,审议官可与审议长辩论,往往获胜,虽然一般都要经过长时间的辩论方可;第二是市议会,特别是首府的市议会,他们有向国王申诉的特权;第三是审议长任期届满时一般都得召开公开的评审会,审议他执行职责的情况,这种公开的评审会直到18世纪时还存在。审议厅的成员包括审议官和审议长,根据规定都是西班牙本国出生的官员。他们的行动是好是坏,都是代表王室在中美洲行事的。

　　1570年至1611年间,危地马拉审议厅最初的六个审议长都是由国王菲利普二世指派的。他们都是受过良好的法律教育的真正的文官,在来到中美洲之前,他们在新世界已从事过相当时期的司法职务。但在1611年到1668年间,由菲利普三世和四世所委派的官员多半是由西班牙直接去的,对他们的选择,教育条件没有他们的宫廷地位来得重要。他们当中的第一位驻节圣地亚哥达十六年之久,在驻节地峡期间虽然领伯爵衔,但实际上是个文盲。1665年

---

① 巴斯克斯·德·埃斯皮诺萨:《西印度群岛概要和叙事》,第282、285页。

和 1670 年,英国海盗两次洗劫了格腊纳达,接着是 17 世纪 80 年代几次更大的洗劫和海盗在地峡地区的到处横行。从这点考虑,审议长便由军人担任;虽然如此,像过去那样派在殖民地担任过司法职务的文官或由西班牙国王直接派遣宫廷大员前往担任审议长的情况仍屡见不鲜。西班牙波旁王室取代了菲利普二世的哈布斯堡家族,开始时情况没有多大变化。但到 18 世纪中叶,英国政府的势力在加勒比海一带增强后,从 1752 年起,西班牙派往地峡的审议长都是陆海军中地位很高的人物。在马蒂亚斯·德·加尔维斯(1779—1783)在职期间,与英国发生了真正的战争。此后,只有超过了一般军龄的军官,如百岁高龄才退休的何塞·多马斯-巴列(1794—1801)这样的人,才被认为可膺此重任。

地峡的某些地区实际上从未被西班牙人所占领。西班牙人在中美洲的最后征服地是佩滕低地,这是在 1697 年由尤卡坦派出的一支远征军完成的,被置于危地马拉审议厅的管辖之下。佩滕依然是边区建制,西班牙人仅居于古老的塔雅索要塞之内。塔雅索之东,沿加勒比海岸,16 世纪 30 年代开始出现了少数英国移民。16 世纪之末,英国殖民地伯利兹,即现英属洪都拉斯的中心,该地出口相当数量的供生产染料之用的洋苏木。黑人奴隶和以后的黑人自由人成了该地的主要居民。

也就是在这几十年间,另外的一些黑人从西印度群岛逃到洪都拉斯东部和尼加拉瓜并获得自由,在这里与印第安人自由结合,形成了海岸一带的密斯吉多人。先是西印度的海盗,后来是英国政府,都曾向这些人提出索取他们沿海及其内陆的被西班牙人称为塔古兹加尔巴(在洪都拉斯)和托罗加尔巴(在尼加拉瓜)的土地的要求,这些土地在当时仍未被西班牙人占领。

18 世纪 40 年代,英国从战略上着眼,进入这一地区,并占领了洪都拉斯的海湾群岛。英国对这个地区的野心,最后导致 1780 年一次失败的尝试,英国人企图切断西班牙在尼加拉瓜湖的一个地峡城寨没有成功。1783年凡尔赛条约和后来于1786年召开的英西伦敦会议，要求英国全部撤出海湾群岛和莫斯基沙，但订明在伯利兹周围规定的区域内，在西班牙的主权下，英国人仍可进行自然资源的开发。1796年，英国又暂时占领了海湾群岛，引进了一种新的人口成分，这是一批被称为黑加勒比人的印黑混血人，是从向风群岛那边的圣文森特运来的，不久，他们就成为洪都拉斯和危地马拉加勒比海沿岸的主要居民。

如上所述，中美洲的居民是很复杂的一大群。地峡区内各地，由于离控制中心较远而具有很大的自由。在西班牙占领区内，法律是能够执行的，但它几乎没有什么改进。许多地方存在人欺压人的情况，印第安人被强迫劳动，黑白混血人被鄙视，土生白人经常被迫承认新从西班牙来的人享有某些分外特权。然而，在这漫长的殖民时期，行道不公并未引起叛乱。大多数居民当提到大洋彼岸的国王时，可能都会对早期的征服者说："我们全体……向我们的国王和上帝鞠躬，不管发生什么情况，我们都把生命和财产为陛下效劳。"[1]过了一二代之后，当了解到他们的事务主要掌握在他们自己和他们的直接邻居的手中时，他们就不会说这些话了。

# 殖民地的经济

中美洲殖民地的居民，几乎每一个都是农民。在这一点上，从西班牙征服以前至今，地峡地区的情况没有什么变化。许多世纪过去了，最大宗的农作物仍然是玉米，现在，印第安人、黑人和西班牙人都把它作为最主要的食粮。其次，分布最广的可能是菜豆，这是殖民者认可的另一种农作物。同样重要的是小麦，虽然仅生长在较

---

[1]《迪亚斯·德尔·卡斯蒂略著作集》(1908—1916)，V. 272。

寒冷的高地,这是移民带来的品种。制糖的甘蔗是较温暖地区的作物,其生产虽由于缺乏设备而受到限制,但慢慢地取代了蜂蜜。蜂蜜是殖民初期大量地从森林中采集并由养蜂的殖民者生产的。大米最后才在太平洋沿岸的埃斯昆特拉到松索纳特等地大量栽种,从那里运销各城。其他几种谷物也有种植。各种各样土生的和引进的蔬菜,如西班牙各类雏豆等都普遍种植,成为各地区的特产,满足各自市场的需要。

地峡向多水果,但现在比过去更多了,欧洲传入的品种丰富了征服前的土产品。在原有的土产中,西班牙李可能是西班牙人最爱吃的了,但其他许多果品也很受欢迎。有几种香蕉,很早就被发现了,它们的分布状况还不很清楚,但它们可能都属现有的热带香蕉一类。据贝纳尔·迪亚斯所记载,苹果和榅桲盛产于危地马拉高地;桃和其他果树已有种植;从危地马拉至尼加拉瓜太平洋岸一带,橘子和柠檬已相当普遍。

各省都有许多场地从事畜牧。牧牛占地广阔,菜牛和皮革的生产已很可观。各地都养猪,供肉食用。马和驴是交通运输的重要工具,在西班牙人居住的地区,普遍使用和繁殖。羊也被引进,在较寒冷的地区繁殖,羊肉制成多种食品,羊毛在纺织业中占一定比重。在征服前至征服后的殖民期间,中美洲生活方式的变化,恐怕没有比饲养这些比火鸡更大的家畜所产生的变化更大的了。由于鸹鸡的进口和广为繁育,家禽的数目也有增长。

有一些省份,棉花在非食用作物中仍然是重要的。目前,其他纺织原料虽已被应用,但由于落后的印第安人改穿欧式衣服,因而对棉布的需要还是增加了。从洪都拉斯至哥斯达黎加一带也出产黑纳金树的纤维。烟草的生产足供本地的需要。许多植物的根茎可供药用,其中有一种菝葜树根,在特鲁希略城还存在的时候,一直由该城大宗出口。树胶和树脂也被利用,大宗松脂和松油经雷莱霍运销秘鲁,有一种误称为秘鲁香膏的香液是从松索纳特出口运销欧洲的。①

　　自从佩德罗·阿尔瓦拉多建立太平洋舰队以后,中美和南北美之间已具备了有效的海上联系。在审议厅政府建制的头一百年间,这种联系被用来运输数量可观的可可出口。这是从那以后一直维持不变的可可豆的世界贸易之始。中美洲太平洋沿岸地区遍植可可,索科努斯科和苏奇特佩克斯的可可由陆路运销墨西哥;从埃斯昆特拉到圣萨尔瓦多出产丰富的可可以松索纳特为集散地;尼加拉瓜的可可种植发展较慢,主要由雷莱霍出口。奇基穆拉的可可生产也很丰富,后来多改由加勒比海岸出口。中美洲可可豆的早期大宗贸易集中于墨西哥,这是因为西班牙和欧洲其他国家慢慢地爱吃巧克力的缘故。松索纳特在当时是中美洲第二大城市,也完全是由于可可贸易的关系。17世纪,来自厄瓜多尔的价格较廉的可可开始在墨西哥把竞争者挤掉,同时,委内瑞拉处于更有利的地位,供应了大部分欧洲市场。地峡地区继续广泛种植可可,但在19世纪时仍须从厄瓜多尔进口。

　　一种名叫希基草(jiquilite)的植物,可提炼蓝靛,在西班牙征服以前就已经被利用了,它是中美洲的第二项大宗出口物资。这种植物虽然在殖民初期就已普遍种植,特别是在太平洋沿岸的温暖地区种植更广,但最后它成了圣萨尔瓦多的特产,据说在圣萨尔瓦多种植这种作物多到这样的程度,以致其他首要的作物也常常被忽略了。② 圣维森特是西班牙人设计的"蓝靛城",就像松索纳特是"可可城"一样。中美洲的蓝靛早期运销墨西哥和秘鲁,后期主要的买主是西班牙和欧洲。18世纪中期蓝靛市场市况很好,后来在几次战争期间,西班牙的商业极不稳定,让英国挤了进来。18世纪末,远在人

---

① 这里提到的殖民地农产品见巴斯克斯·德·埃斯皮诺萨前引书第203—267页,《华尔罗斯著作集》第一卷第15—66页。两书逐省列举了各类农产品。巴斯克斯的书写于17世纪初,华尔罗斯的书写于19世纪初。
② 华尔罗斯前引书卷一,第24页。

工染料取代天然染料之前，中美洲的蓝靛生产即已急剧下降。从胭脂树的果实提取胭脂染料，用于食品工业和纺织工业，早在殖民时期的初期便从中美运销远至中国。

在河流中发现沙金，使初来的西班牙人兴奋极了。可是没有证实地峡地区有巨大的矿藏。白银是在几十年后在后来成为特古西加尔巴市长辖区的几个地点发现的，但和秘鲁、墨西哥比较，从这里运往西班牙的白银数量是微不足道的，虽然到了 1773 年以后，有足够的金银运往首府铸造钱币，但一个世纪一个世纪地过去了，这类采掘事业仍很落后。西班牙人经营的这类矿藏，在地峡地区是新的行业。同样，在雷莱霍和尼科亚建立的许多造船厂，也是新兴事业。由于王室对殖民地之间的贸易加以种种限制，使造船业无利可图。

当中美洲停止其作为南北美之间的陆桥时，本地的商业一时趋于衰落。对殖民地的征服，印第安人的商业活动中断和旧习惯的消失，巴拿马不再制造金饰，墨西哥也不再制造铜钟。然而，由于各民族的工匠在银器、木器和石工等方面的趋新研制，并制作铁器和釉瓷砖这两种过去地峡所没有的工艺，所以美洲人的制造业还是增加了。宗教和公共建筑物继续使用石头，但白银则多用来制作家具了。富裕的家庭利用木、石、铁、瓷砖等物建造舒适的房屋，使之更加美观悦目。但同时，大多数人还是满足于征服以前的生活，仍然有许多人从事瓶、席、篮等物的制造。

总之，除了可可和蓝靛，这里的经济是一种静态经济。这两种产品使一些家庭发了财，但对大多数人的生活并没有很大的增益。那些拥有农庄的西班牙人，一般都能过舒适的生活，唯一恼火的是由于政府抽税过高和往往要倒换运输工具，致使进口货价格太高。他们的黑人奴隶，不管是哪个地区的，境况就差得多了。广大的印第安人的境况也像黑人一样，他们受授地制度的束缚，经过了最初的大约一个世纪，直到授地制度废除以后，也有所谓"自由人"，虽为自由人，仍须交纳贡品，当需要的时候，还要服强迫劳役。混血儿多集中在西班牙城市和村镇,充当仆役和工匠,收入仅足糊口。造成上述情况,部分原因应归咎于王室,因为它对金银出产的关心较多,而对这个殖民王国的关心则较少。直到 1797 年,情况还是这样:"道路崎岖,渡河危险,在人烟绝迹之地,旅行者常遭匪徒抢杀或野兽吞噬。"①做这样描述的作者、传教士马蒂亚斯·德·科尔多瓦认为,问题的症结在于统治阶级不愿与大多数人共享财富。他说:"每一个印第安人、黑人、慕拉图人、密斯吉多人,甚至贫穷的西班牙人,除妻室外,别无他求,他播种,她收割,居陋室,不拘礼,自衣自给,不求于人。"②德·科尔多瓦主张,给这些占大多数的人以尊重他们自己的机会,他们的努力就会使整个殖民王国繁荣起来。他的话可以说是一篇格言,但其意义仍未为中美洲所重视。

## 殖民地的文化

马蒂亚斯·德·科尔多瓦的言论获得一笔奖金。这些言论是他在一次辩论会中做演讲时发表的。他的观点实际上是辩论会的发起人所提出的。这个辩论会是危地马拉首府学识社的成员主办的,该社是 18 世纪后期南北美洲最负盛名的团体之一。在整个殖民地时期,中美洲的大多数居民既不能读也不能写,各个城市中只有少数人学过一点欧洲文化知识。18 世纪时,在首府的居民中,具有大学程度的真如凤毛麟角。

第一批来到中美洲的罗马天主教传教士,就是当时所有受过教育的人了。从早年起,居住在危地马拉的传教士中,就有不少致力于当地土语的研究。不久,他们编写了他们最熟悉的一些土语的语法,又为那些不懂西班牙语的人编写简要的问答式教科书。新字母

---

① 见《危地马拉史地学会年刊》,卷十四(1637),总 211—222 号,第 213 页。
② 见《危地马拉史地学会年刊》,卷十四(1937),总 211—222 号,第 213 页。

的编制，使异国的语言可用文字表达。早在 1556 年，卡克奇克尔语问答式教科书就已在墨西哥出版了。大约一个世纪以后，这种研究虽然少了，但是到了 1753 年，一套详细的卡克奇克尔语、基切语和祖吐语语法终于在危地马拉的圣地亚哥出版了。[①]

由于首批传教士都懂得拉丁文，教授欧洲文化课程便逐步开展。多明我会的传教士最早从事这项工作，1556 年，他们为了培训本教会的年轻修士，在圣地亚哥开办了一个神学讲座，并在雷阿尔城开设学艺课程。在下一个半世纪期间，其他教团先后在各地开班授课。在圣地亚哥、雷阿尔城、科马亚瓜和莱昂这 4 个有大教堂和主教的城市，为俗居传教士开办了神学院，其中第一个是在 1601 年开办的。在圣地亚哥，耶稣会士公开为世俗人士和传教士讲学是在 1615 年开始的。17 世纪 20 年代间，多明我会曾经同意授予本会传教士神学和艺术学位。1640 年至 1676 年，主教也授予耶稣学院毕业的学生同样的学位。1681 年，在圣地亚哥创建圣卡洛斯大学，设置艺术、神学、民法、圣规法和医学的全部课程，该校从建校起到 1821 年期间，有 2,415 人获得学位，其中 206 人得博士学位。[②] 在殖民地时期之末（1812 年），在本审议厅辖区内，莱昂主教区立神学院为除圣卡洛斯大学而外的唯一一所能授予学位的学院。

在两个半世纪期间，地峡移民对文化知识的主要贡献是在历史学方面。在这方面，贝尔纳尔·迪亚斯·德尔·卡斯蒂略从 16 世纪 50 年代开始从事工作，到 70 年代写成了他的独具卓见的关于科尔特斯及其一伙征服墨西哥和随后进军洪都拉斯的历史。安东尼奥·德·雷萨尔是来自西班牙的多明我会修士，他从 1615 年开始撰述多明我会在中美洲传教活动的历史，该书被列为论述巴托洛梅·德·拉斯·卡萨斯生平的第一手材料。作家弗朗西斯科·安

---

① 伊尔德丰索·何塞·弗洛雷斯：《危地马拉卡克奇克尔王国主教区语言概况》。
② 约翰·塔特·兰宁：《危地马拉王国的大学》（伊萨卡，纽约，康乃尔大学出版社，1955年），第 203—204 页。

东尼奥·德·富恩特斯-古斯曼在16世纪80年代和90年代写了一本关于今日危地马拉领内的详细的历史和地理记载，书中引用了许多现已失传的参考材料。弗朗西斯科·巴斯克斯所著关于圣芳济会在中美洲活动的详细历史，1714年至1717年印行，这是圣地亚哥出版的第一本历史著作。接着，出色的传教士兼语言学家、自然科学家和历史学家弗朗西斯科·希米尼斯写了多明我会传教史，这本书是殖民地作品中最生动的作品。① 最后，俗居传教士多明戈·华尔罗斯于1808—1818年发表了一本关于整个审议厅辖区的历史及地理的综合论文，该书是第一本被译为外国文字的著作。②

　　独立前最后的几十年，首府的文化生活特别活跃，早已冲出修道院会堂的范围，而且对上层社会有很大影响。1773年旧首府虽遭毁灭，带来了物质上和财政上的困难，但大学仍继续开办。1790年以后，平均每年颁发30个以上的学位，个别年份超过60。1782年以后，以研究18世纪欧洲思潮的倾向为主的新研究方案时兴起来。提出这个方案的卡塔戈圣芳济会修士何塞·安东尼奥·戈伊科埃切亚以对实验物理学研究有素而出名。住在恰帕斯的当代人何塞·费利佩·弗洛雷斯在医学方面享有盛誉，后来被召充任国王的顾问。危地马拉城在1804年能避免天花灾疫，就是由于弗洛雷斯的弟子、委内瑞拉的著名外科和产科医生纳西索·埃斯帕拉哥萨-加利亚多第一次使用有效的血清给千百万人接种了疫苗。1796年危地马拉建立了自然历史博物馆。但最有意义的是阿米戈斯·德尔派斯的经济协会的成立（1796—1799开展工作，后中辍，1811年恢复），该社开办论坛，广泛讨论各类问题，并出版定期报刊。《危地

---

① 这些著作的善本经重印纳入以《危地马拉图书集成》为名的危地马拉史地学会丛书中。迪亚斯·德尔·卡斯蒂略的著作为卷十、十一（1933—1934）；德·雷萨尔的著作为卷四、五（1932）；富恩斯特-古曼斯的著作为卷六、七、八（1932—1933）；巴斯克斯的著作为卷十五、十六，十七（1937—1944），希米尼斯的著作为卷一、二、三（1929—1931）。
② J.贝莱译：《西班牙美洲危地马拉王国统计和商业史》（伦敦，1928）。此书仅译出华尔罗斯的著作的一部分。

马拉报》(1794—1816 年刊行，早在 1729—1731 年即着手筹办)经常论述有关地峡事务的问题，具有明确的进步态度。

# 殖民地的宗教

对贝尔加诺的放逐负责的是审议厅辖区的精神主宰——危地马拉的大主教。在整个殖民地时期，危地马拉大主教所奉的罗马天主教教义是中美洲唯一被容许传播的基督教教义。辖区内也有异教，这就是正在慢慢地消灭的征服前的本地宗教的残余。从 16 世纪中叶到整个 18 世纪，本地宗教一直是清除的对象，但主要是用开导的方法而不是用暴力。这种持续无间的传教工作，以及那些耸立在人口稠密地方的显眼的教堂，使人看出天主教在中美洲殖民地的活动能力。

甚至到了 19 世纪，地峡的教会组织对本地居民的影响是与政治机构同样重要的。如果仅与俗权相比，教会的组织结构要比政府机构简单得多，办事效率也比较高。1570 年有 5 个主教区，后减为 4 个。尼加拉瓜主教区，1531 年设置，包括哥斯达黎加；危地马拉主教区，1534 年设置，包括今天的萨尔瓦多；恰帕斯主教区，1538 年设置；洪都拉斯主教区，1539 年设于特鲁希略，1561 年迁往科马亚瓜；贝拉帕斯主教区，1559 年设于科万，1607 年并入危地马拉。到 18 世纪末，根据记载，尼加拉瓜有教堂 88 座，恰帕斯有 102 座，洪都拉斯有 145 座，危地马拉有 424 座，这些教堂为操一打以上的不同语言的教民布道。圣地亚哥大教堂在 1743 年成了危地马拉大主教区的主堂，管辖整个审议厅辖区内各教区。佩德罗·科尔特斯-拉腊斯是 8 任大主教中的第 3 任，任职到 1821 年，他为了阻止 1773 年地震后把主堂迁驻新址，进行了顽强的斗争，他发布告示，把那些承认当时新堂主教的人统统逐出教门(包括审议厅成员和大部分居民)。

教会的大部分工作是靠各个教团完成的。首先建堂的多明我会、圣母会和圣芳济会在整个期间始终占优势,他们给未开化的部落施行洗礼和传道做了大量工作。多明我会在圣地亚哥设有教区总堂,该会在西部一带的镇长辖区非常活跃,他们对于使贝拉帕斯人和平改宗天主教,特别感到自豪,但在16和17两个世纪试图以同样的方法开化野蛮的佩滕人却未获成功。圣芳济会在地峡有两个主教区,中心设在圣地亚哥和莱昂,除了贝拉帕斯和佩滕两地外,他们在各地都有活动。在17和18世纪,不少勇敢的圣芳济会传教士无法进入塔古兹加尔巴、托罗加尔巴和哥斯达黎加的塔拉曼卡诸异教部落,这些受到异教徒挑战的传教士甚至包括像戈伊科埃切亚这样的在知识界中著名的人物。到了1685年以后,这一工作由圣芳济会改革派的僧侣担任,他们在圣地亚哥设堂布道,以品德高尚和积极于传教事业而备受赞扬的墨西哥人安东尼奥·马希尔·德·赫苏斯(1657—1726)也属于这一教派。圣母会的僧侣都是西班牙血统的,他们在圣地亚哥建立的主教堂是新世界最早的一批教堂。他们虽然人数较少,但其活动遍及整个地峡。耶稣会于1528年来到地峡,1767年被逐,他们在圣地亚哥只建有教堂一所,还包括上文提到的那所学院。此外,还有奥古斯丁会和16世纪意大利圣僧菲利普·尼里创立的不属罗马教会管辖的礼拜会,这些教派都限于在首府地区活动。圣主胡安会的会友自16世纪在西班牙创建以来就献身于医疗工作,他们在地峡的首府和其他五个中心城市建立了医院。

执行圣教工作的不单是修士,也有为女教民开办学校做一些教育工作的女修道院(多半设于首府)的修女。圣芳济会的第三级教团也发展起来了,在西班牙人的城镇和印第安人的村社中都成立了许多教友兄弟会。……

…………

西蒙·贝尔加诺本人不是清教徒,他对当时的讲道很有意见,他说这些讲道既无说理,尤乏热情,或者徒然重复地狱之火的警言。

尽管大主教和宗教法庭在危地马拉殖民地总的影响并不很大，但贝尔加诺的言论毕竟招惹了他们。然而，我们在今天来看贝尔加诺的批评有两种意义：（1）它清楚地表明当时的教会，不管其功效如何，没有尽到其传教的义务；（2）如果贝尔加诺是虔诚之土，说明在知识界中至少有一个关心教会之所想的人。

（摘译自 F·D·帕克尔：《中美共和国》，第 43—48、58—75 页。）

# 第四章　从独立到分裂(1821—1838)

## 独立运动

1796年11月,危地马拉审议厅第33任议长、96岁的何塞·多马斯-巴列主持国家之友经济协会的首次公开会议,这是西班牙在中美洲的殖民统治结束的开端。这个协会虽然在三年后就暂告停顿,但它是300年来第一次为地峡受过教育的阶级提供了一个有效的联谊场所,使他们就发挥中美洲本身的内在潜力问题进行讨论。在协会停顿期间,《危地马拉报》起了类似的作用。谈论的诚然还不是政治上的独立问题,但它已涉及这类计划,并体现了当实现了自治时不可缺少的那种公开辩论。

继任审议厅议长的是安东尼奥·冈萨雷斯·莫林纳多-萨拉维亚,在他任职期间(1801—1811),西班牙传来了拿破仑军队入侵的消息(1808年8月);1809年1月,向抵抗波拿巴统治的西班牙国会宣誓效忠;1810年11月,第一个地峡地区的代表前往西班牙参加反波拿巴的国会;1811年1月,墨西哥传来了由米格尔·伊达尔格-科斯蒂拉领导的争取独立的起义的新消息。危地马拉城镇议会建议莫林纳多-萨拉维亚应试行调停墨西哥的争端。但作为军人的莫林纳多却奉命前往墨西哥镇压起义,被起义者擒获而丧命。

接任危地马拉审议厅议长的何塞·德·布斯塔曼特-格拉

(1811—1818)不得不对付地峡最初的起义事件。在 1809—1813 年期间,对波旁王朝的忠诚,除了精神上眷恋,甚至在西班牙半岛上也不存在了,而布斯塔曼特由于对波旁王朝的强烈忠诚,得到 1811 年来到中美洲殖民地担任最后一个主教的拉蒙·卡萨斯-托雷斯的支持。圣萨尔瓦多掀起了反对现存政权的叛乱(1811 年 11 月),那里的一部分老百姓要求设立单独的主教区;在格腊纳达,一批富有的公民憎恨莱昂的政治统治(1811 年 12 月);圣萨尔瓦多接着又受到墨西哥的何塞·玛丽亚·莫雷罗斯的独立宣言的影响(1814 年 1 月)。危地马拉城策划建立伯利恒教会的阴谋(1813 年 12 月),没有成功就被发觉了。在首都的大多数西班牙团体都反对这些骚乱,而热衷于西班牙国会制定的宪法和其他自由措施,因为地峡的代表参加了这些文件的起草。1814 年波旁王朝在半岛复辟以后,布斯塔曼特和卡绍斯在地峡执行波旁王朝的强硬控制政策,独立运动的速度一时缓慢下来。连《日报》也在 1816 年停刊了。尽管如此,布斯塔曼特的后任,年迈而严厉的卡洛斯·德·乌鲁蒂亚-蒙托亚还是成了由王室指派的最后一个审议厅议长。

中美洲独立是随着西班牙自由主义的恢复而到来的。1820 年 4 月传来了(西班牙)半岛恢复立宪制的革命的消息。从 7 月 24 日开始,地峡又有了一家报纸,这是佩德罗·莫利纳医生主办的《宪制评论》,该报创刊号指出地峡社会中的两种态度,可归属在"自由"和"奴役"二词之下,并声明支持前者。莫利纳开始时的主张是争取贸易自由和在西班牙国会中有更多的美洲代表,但不到一年,他便转到美洲有权获得自由这个命题上来了。受过法律学教育的何塞·塞西路·德尔·巴列于 1820 年 10 月 16 日出版《爱祖国报》,该报对当时自由派的各种论点进行了相当深入的辩论,差点儿提出同西班牙王朝彻底分离的主张。1821 年 3 月 10 日乌鲁蒂亚-蒙托亚(表面上以健康为理由)把审议厅议长的职权交给来自西班牙的陆军监督加维诺·加因萨。4 月 10 日从墨西哥传来了奥古斯丁·伊图维德宣告独立的消息,加因萨力主毫不动摇地忠于西班牙。但是伊图维德的力量不断增强,而且他的宣言得到瓦哈卡和特旺特佩克当局的支持,在恰帕斯的西班牙团体在马蒂亚斯·德·科尔多瓦的影响下乃于8月底和9月初决定捐助这一运动。信使于9月14日从恰帕斯到达危地马拉城。加因萨于第二天早晨召集了该城政治和教会方面的主要官员开会。莫利纳和他的一伙领了一大群人来听演说,叫嚷要求独立,巴列和其他许多人的发言赞成自由,而卡绍斯主教和其他少数人则表示反对。加因萨于次日宣布临时独立,自己担任政府首脑,并召集几个省的代表会议做出最后决定。他发布的文件是何塞·德尔·巴列起草的,签署的日期是9月15日。

第一次中美会议在将近两年之后举行。耽搁的原因是中美的未来应何去何从没有统一的意向。当独立的消息传遍整个地峡,各个城市各自做出的回答,措辞各不相同。有的赞成和墨西哥联合,保持名义上的这条殖民地纽带;有的坚决反对这样的合并;有几个城市反对危地马拉的统治;另几个城市则更多地关心他们本区或邻省的对手。当伊图维德派出了一支军队,危地马拉城和其他许多地区的情绪倾向同墨西哥联合。圣萨尔瓦多反抗墨西哥的统治,甚至派出一名代表前往华盛顿,但从1822年2月21日到1823年3月29日期间,危地马拉城一直没有采取独立的行动。接着,负责该地区的墨西哥将军维森特·菲利索拉听到伊图维德退位和他的帝国分裂的消息之后,便召开中美洲代表大会,这是在第一个独立宣言中就约定要举行的。这时地峡地区的其他城市除了像恰帕斯那样仍然依附于墨西哥的城市之外,都准备同危地马拉合作。因为加因萨已经到墨西哥去了,中美洲现在真正掌握了自己的命运,要脱离西班牙或墨西哥,无须乎依靠暴力了。

# 中美合众国的成立

全国制宪会议从 1823 年 6 月 24 日一直开到 1825 年 1 月 23 日。1823 年 7 月 1 日发表第二个独立宣言，肯定了第一个独立宣言并采用中美合众国为国名。州（省）的数目共五个：（一）危地马拉，1812 年成立，包括原克萨尔特南戈和奇基穆拉两个镇长辖区、佩滕地区和托托尼卡潘、索洛拉、奇马尔特南戈、萨卡特佩克斯、埃斯昆特拉、苏奇特佩克斯以及贝拉帕斯等原市长管辖区；（二）圣萨尔瓦多，由圣萨尔瓦多管理区加上松索纳特市长管辖区组成；（三）洪都拉斯与原管理区范围相同；（四）尼加拉瓜原管理区范围未动；（五）哥斯达黎加包括原总督管辖区（1825 年），加上从尼加拉瓜分出来的尼科亚（瓜纳卡斯特）。

全国会议的主要任务是起草宪法。1824 年 11 月 22 日完成的这个文件，其第 10 款写道："各个州在其政府和内务管理方面是自由和独立的。"第 69 款还说联邦国会有权在有关共同利益的事务上制定法律。联邦国会被赋予特权征收捐税以维持联邦政府的开支，尤要求各州为弥补联邦政府的财政亏空而进行资助。各州按人口比例推举议员。总统、参议院（一个充当国会制动器的小组织）和最高法院均由普通公民通过三级选举程序选出。人民，在新制度下都应是人民，贵族、教士的特权和奴隶制度一起被废除了。虽然容许公开信仰的仅限于罗马天主教的教义，但公民权利能得到若干保障了。首都的永久所在地问题留待以后决定。

对何塞·德尔·巴列因缺少一票选举人票而不能获得多数做出了有争议的决定之后，国会选出的第一任中美合众国总统是曼努埃尔·何塞·阿尔塞，他在第一次反西班牙统治的起义和领导圣萨尔瓦多反对墨西哥人的战斗中曾显露头角。阿尔塞起初得到政治观点不同的人的支持，但自由观点更强的派别很快就对他感到失望。阿尔塞对危地马拉和洪都拉斯事务的干涉引起了争吵，直到他的政权垮台之前，不时发生的内战激烈地进行了两年之久（1827—1829），洪都拉斯的坚定自由派、年轻的军事天才弗朗西斯科·莫拉赞最后胜利地占领了危地马拉城。阿尔塞和他的主要支持者被赶出国外；经过一番争论之后，卡绍斯主教和一大批修士也被赶走。同西班牙殖民制度一体难分的教会，在革命中进行艰难的挣扎很难不受伤害。

莫拉赞于 1830 年当选总统，巴列得票仅次于他。自由主义和反教权主义现在在中美洲占了上风，州政府和联邦政府都通过了许多新的法令。教会制度遭到严重打击，义务什一税被废除了，宗教信仰可以自由，世俗的婚姻获得合法地位。制订了公共教育制度的完备计划，对广大群众提供初等教育。有三个州仿照路易斯安那法典制定陪审制度。为修筑穿过尼加拉瓜沟通两洋的运河，同荷兰的财团进行谈判。英国的殖民者被允许定居于在贸易方面可望有新发展的伊萨瓦尔湖岸。

1834 年，联邦的首都迁往圣萨尔瓦多，进行了新总统的几级选举。何塞·德尔·巴列获胜，有一切理由相信莫拉赞要让位了。巴列作为一个有着卓越学识的温和自由派，受到广泛的尊敬，应该是可以保存联邦的，然而，他在选举揭晓之前死去，因此莫拉赞再度当选，人们对他七年的严酷领导所激起的怨恨，达到了仅用言语已不能表达的程度。

使联盟瓦解的战争于 1837 年在危地马拉开始。在霍乱流行所造成的不安之中，文盲拉斐尔·卡雷拉发动叛乱，得到危地马拉城那些确信能够控制他的保守派的支持。莫拉赞亲自出马击败卡雷拉，但卡雷拉每次失败后都在群众支持下卷土重来。骚乱蔓延，州政府摇摇欲坠，扩展到哥斯达黎加。危地马拉的西部分离出来，建立了一个叫作洛斯阿尔托斯的州，维持了两年时间。1838 年 5 月 30 日联邦国会通过一项决议，大意是关于各州同联邦的依附关系，各

州可以自行其是。这一年年底以前有三州脱离联邦。莫拉赞于
1839 年 2 月 1 日任满，没有进行新的选举。两个月后，危地马拉退
出联邦，只剩下萨尔瓦多仍然忠于联邦。1840 年 3 月莫拉赞被卡雷
拉赶出圣萨尔瓦多，被迫退往巴拿马。1842 年 4 月他回到哥斯达黎
加控制了该国政府，并在尼加拉瓜边境整军备战。不久形势又告逆
转，莫拉赞乃于 1842 年 9 月 15 日中美洲独立 21 周年纪念日这一天
被处死。

（摘译自 F·D·帕克尔：《中美共和国》第 75—80 页。）

　　把中美洲联合在一个政府之下的企图就这样地失败了。地峡
人民打算要取得民主制度的成功，在这方面同他们的墨西哥邻居是
一样的，他们缺乏政治经验，使其运用联邦制度这个复杂的机器格
外困难。州与州之间缺乏交通手段，加之，地方观念的增强，造成地
方城镇和乡村对于国家首都的妒忌，导致国内倾轧，这就使得中央
政府的任务复杂化了。

　　莫拉赞垮台后重新统一中美洲的打算无一例外地失败了。一
方面，在危地马拉，许多大家族和神职人员情愿要一个由他们自己
控制的地方政府，而不愿恢复一个靠不住的联邦。在哥斯达黎加有
一种同样强烈的分离主义情绪。地理上的孤立使哥斯达黎加得以
避免参加毁灭联邦共和国的内战，同时他们也不愿卷入新的纠纷之
中。另一方面，萨尔瓦多、洪都拉斯和尼加拉瓜有较强烈的联邦主
义情绪，这些国家一再地致力于建立一个即令只有他们三国参加的
新的联邦政府。1842 年他们建立了一个松散的邦联，两年后，因发
生内讧而解散。1849 年，在共同抵御英国人侵莫斯基托海岸的愿望
的驱使下（这一点将在下面叙述），他们进行了另一次尝试。他们所
建立的中央理事会权限很小，1852 年曾采取一项加强它的权力的措
施，但这个计划归于失败。此后，对于联邦的兴趣看来是低落了，但

在以后这些年代里,不时有所复活。

不幸的是在联邦时期形成的政治仇恨持续到联邦解体之后,各国的自由派和保守派继续支持其他国家的他们过去的伙伴,并在国内冲突时给予援助。仅仅因为两国由政治色彩不同的政府统治就经常发生国与国之间的战争,因为各国政府总想去帮助一场革命运动,反对另一个国家,只要能堵住邻国对自己先下手就好。这种做法,较弱的国家当然受害最大。联邦瓦解后许多年来,萨尔瓦多、洪都拉斯和尼加拉瓜的政治无非是一部国际和国内冲突的纷争史,而这种冲突往往是因危地马拉干涉挑起的。

(译自芒罗:《拉丁美洲共和国》第 407—408 页。)

# 尼加拉瓜共和国的诞生

1811 年底,尼加拉瓜透露出一点独立的信息,其时莱昂的公民罢黜了执政的州长,格腊纳达的人民寻求制度的彻底改变。但当殖民地当局在莱昂的鼓励下使用武力对付格腊纳达时,这两个城市的公民集团之间的分歧迅速发展成为不可冰释的仇恨,虽时至今日几乎还不能忘怀。

当危地马拉城在 1821 年 9 月 15 日宣布中美洲脱离西班牙而独立的时候,莱昂在 13 天后从危地马拉独立出来以示反抗。格腊纳达随之做出决定归附于危地马拉而不归附莱昂。与之俱来所造成的困境,谁都不能在这期间确信西班牙在尼加拉瓜的统治竟已结束。1822—1823 年莱昂和格腊纳达都答应同墨西哥结盟,但此后就开始了一连串冲突,继续到 1830 年。在一次短暂的平静期间,召开了一次制宪会议完成了新国家的宪章(1826 年 4 月),这是五个中美国家最后组成的一个。联邦的干预终于获得在洪都拉斯人迪奥尼西奥·德·埃雷拉领导下（1830—1834）的几年时间的相对平静,在此期间,尼加拉瓜采取当时在地峡地区流行的自由派的姿态。经过一番努力,1838年尼加拉瓜成了第一个永远从合众国分离出来(4月30日)和第一个起草了独立政府宪法(11月)的国家。

新制度采取的政治形式持续了20年,根据这个制度,尼加拉瓜有一个两院制的国会和一两年一选的"最高领导"。由于地方的和地峡地区的冲突时断时续,使国家遭到破坏,这位最高领导便很少能满任离职。19世纪40年代,莱昂的家族自称"自由派",而格腊纳达的家族自称"保守派",他们这样称呼自己,并不反映他们政治组织上一致,也不反映他们政治理想上相同。关于他们之间感情上的对立,就连1852年定都马那瓜一举,也不能说明这种对立是能够立即消除的。1854年4月在格腊纳达起草的一部宪法,仅被部分采纳,流血冲突又激烈起来,直到美国冒险家的干涉才最后获得和解。

（摘译自同前书第222—223页。全章小标题系译者所加）

# 第五章　以莱昂和格腊纳达为中心的党派斗争(1839—1854)

## 城市居民

尼加拉瓜比任何其他地峡国家有更多的城市居民。它的全部人口当中大约有四分之一聚居于大湖平原的六个重要城镇。尽管这个地区气候炎热,西班牙人在征服时期仍将他们的主要居住地建立在这里,其目的是更便于保持统治和利用周围较大的印第安人村社的劳动力,这些印第安人村社由于当地土壤肥沃和水源丰富,很久以来就在这里生息成长了。人口集中于少数几个中心的情况,使不利于中美洲和平的诸种条件更加发生作用,并使尼加拉瓜成为中美五个共和国中最混乱的一个。城市居民有史以来一直比他们在农村的同胞更倾向于骚动和暴乱,而这在中美洲尤为真实。因为,在那些比之农村地区人与人之间的接触更为密切,关心政治的人为数更多的大人口聚居地,个人主义和地方主义以及一切随之而来的弊端获得最充分的发展。尼加拉瓜的白人与印第安人混血的工匠,无论在数量还是势力上,相对说来都大于地峡的任何其他国家。他们随时准备为了本派别或其保护人的利益而撂下工作,拿起武器。连普通的劳动者,至少城里的劳动者,也都是自由党人或者保守党人,成为这个或那个首领的追随者。普通平民对这两大传统政党斗争所牵涉的各项原则很少感兴趣，但是他们紧跟自己的领袖，这部分是出于个人的忠诚，部分是由于古老的地方仇恨已把他们团结在其领袖的周围。此种地方仇恨使尼加拉瓜的两大党派，在地峡其他地方的这些政党已变得几乎徒具虚名之后，还活动不衰。

这种不同城市之间的对峙，在中美洲每一个国家都不时引起流血冲突，但现在除了尼加拉瓜，它已在很大程度上在所有其他的地方熄灭了，因为首都业已比任何对手更重要了，把地方上许多比较有钱有势的家族吸引到了自己的周围。在尼加拉瓜，西班牙人于16世纪初期建立的两大城市，无论哪一个也不能确立自己的霸权。这个国家的历史，从一开始就是一部争夺政府控制权和国家事务领导权的长期斗争史，而尼加拉瓜人民内部理想和利益的巨大分歧更加剧了一斗争。

## 保守党和自由党的斗争

格腊纳达位于大湖西端，自从成为通过圣胡安河进行中美洲和西班牙之间贸易的主要港口以来，基本上一直是一个商业中心。它的领导阶层不仅是地产所有者，而且是站在自己商店的柜台上亲身卖货的商人。城里的世家大族紧密地结合成一个强有力的集团，这个集团经常能够凭着自己的财富和社会声望，不仅在本城而且在整个国家，发挥远远超过其人数所占比例的影响。该城其他一万五千或两万名居民，大部分都做仆从或雇工依赖于这些大家族，因为工匠阶级人数很少，并且较不重要。有社会地位的专家不多，小土地所有者为数也少，因为周围的农业地区大都弃置而作为粗放的大牧场。查莫罗家、拉卡约家和夸德拉斯家以及他们的亲属，一直以白人地方贵族自居，甚至殖民时期就不甘心接受莱昂的西班牙当局的统治。宣布独立后，他们自然加入保守党，与危地马拉的大家族站在一起，并且从此以后保留了这个组织的名称，如果不是保留它的原则的话。

另一方面,以莱昂为中心的是自由党,它在殖民时期是尼加拉瓜省的省会,现今拥有 6 万或 7 万人口,是共和国最大的城市。直到 1821 年为止,那里的政治和社会事务一直由西班牙派出的官员管辖,因而阻碍了强大的白人地方贵族势力的兴起。西班牙血统在殖民时期的不断流入,甚至在宣布独立后仍有许多西班牙半岛移民迁来,在某种程度上使得大湖平原火热气候下近四百年的生活对其他地方白种人所造成的那些变化在莱昂没有明显的表现。莱昂人一直表现出为格腊纳达所明显缺乏的一种追求知识和学问的倾向,他们为自己的学校和大学深感自豪。共和国最著名的律师和医生,甚至在马那瓜和其他城市,绝大部分都是莱昂人,正如尼加拉瓜本地的大商人都同格腊纳达的家庭发生关系一样。莱昂有一大批富于进取性的工匠和许多小土地所有者,城市周围的辽阔平原被分成大量小块地产,由业主亲自耕种或在他的直接监督下进行生产。巨富之家不多。这样一个城市,在作为中美联邦初期特色的党派斗争中必然要站在自由党的一边,因为莱昂居民的特点决定了它的激进性格,正如格腊纳达的大家族的地位决定了它的保守气质一样。

共和国的其他城镇,无论在财富还是人口方面,直到最近仍没有一个能够与这两个主要城市相匹敌,它们在这两大敌对城市之间划分自己的感情和态度。凡是在地理上依赖于某一方的,自然在政治上也附属于那一方。其他的城镇,它们内部还由于领导阶层之间的争执和居民当中各种不同成分之间的斗争而呈现四分五裂。自从咖啡工业的发展大大提高了马那瓜、马塔加尔帕和某些其他城镇的重要性之后,这些地方当然也获得了更多的政治影响,但是它们居民当中的各个集团仍宁愿同已经存在的党派结盟,而不愿别树一帜。格腊纳达和莱昂的保守党和自由党领导人仍然支配着党派会议,虽然他们的权威有时会受到那些新兴中心的盟友们的怀疑。

格腊纳达和莱昂之间的互相猜忌，一当西班牙当局的权力垮台之后，马上就表现为武装冲突。宣布独立后，莱昂的西班牙总督像许多其他省的当局一样，拒绝承认加因萨的权威；但格腊纳达人则兴高采烈地接受危地马拉的新中央政府，而不愿接受母国的统治。这种局势的结果，引起了一场时断时续的战争，直到莫拉赞将军成为联邦总统后，派迪奥尼西奥·德·埃雷拉作为国家元首来恢复秩序时为止。在他的统治下，自由党牢牢地掌握着政权。在他以后，连续几个元首都属于同一派别，他们大多数都受到一个名叫卡斯托·丰塞卡的军事领袖的控制，他是武装部队司令。但是，自由党政府在其他几个共和国的垮台使尼加拉瓜当局的地位岌岌可危。1845年，他们的政权被得到洪都拉斯和萨尔瓦多军队援助的一次保守党人的暴动所推翻，因为莱昂给失败了的莫拉赞的追随者提供避难所，所以洪都拉斯和萨尔瓦多要对它施加惩罚。在洗劫首都和大肆屠杀居民之后，侵入者迁都马萨亚，后又迁至马那瓜，这两个地方都是格腊纳达附近的小镇。格腊纳达的大家族组成了一个保守党政府，力图建立秩序，恢复自联邦政府衰微无力、不能维持安定以来几乎延续不断的内战所造成的损失，但它们的努力没有多少效果。新的武装部队司令特立尼达·穆尼奥斯为了扩大个人势力，玩弄各种阴谋诡计，使国家经常处于混乱状态，最后背叛了扶他上台的党派，运用交付给他的权力，重新建都莱昂。在洪都拉斯和哥斯达黎加的支持下，一次新的保守党起义于1851年推翻了穆尼奥斯，将政府所在地再次迁往马那瓜。保守党人做出真诚的努力，谋求两党的协调一致。当他们给反对派在内阁中一个位置以求和解的尝试失败后，企图以严厉的措施来维持秩序，但同样不能成功，反而使自由党人变得更加激烈。

1854年，莱昂人民在马克西莫·赫雷斯和弗朗西斯科·卡斯特利翁的领导下把政府军队逐出莱昂，并进行还击。到年底，他们显然逐渐取得了优势,这时自由党人为了**挽**回败势,遂开门揖盗,向一伙美国海盗请求支持。这就是"民族战争"的由来,是地峡史上最惊心动魄和最富于浪漫色彩的一次事件。

(摘译自芒罗:《中美五个共和国》,第 76—81 页。标题系译者所加。)

# 第六章　美国对尼加拉瓜运河线的
## 侵夺活动(1826—1902)

## 运河线地理概况,英美争夺运河开凿权的斗争

尼加拉瓜由于它的地理地位一直成为外部世界注意的对象。在尼加拉瓜境内,中美山脉为一片迤逦横过地峡的洼地所折断,这就是两湖盆地和圣胡安河谷地,圣胡安河是两大湖通向大西洋的出口。尼加拉瓜只高出洋面 110 英尺,与太平洋之间有一些丘陵相隔,这些小山的最低山口据说仅高出湖面 25 到 26 英尺,因此海拔只有 135 英尺。[①] 这条丘陵地带最狭处宽度不到 13 英里。尼加拉瓜湖以北是马那瓜湖,两湖之间有一小河相连,从马那瓜湖穿过地势较低的莱昂平原而达太平洋,距离大约为 30 英里。从莱昂经尼加拉瓜湖到格腊纳达然后由水路横过地峡这一条路线,是殖民统治时期把中美洲各地的物产运往西班牙的常用交通线;而在晚近,它成为从美国东部沿岸前往加利福尼亚的一条最通行的路径。它很早就引起了对穿过地峡的运河计划发生兴趣的那些人们的注意,并且被许多人认为对于两洋之间的水道来说,这是最切实可行的一条路线。争夺计划中的运河控制权的外交纠纷,以及想取得修筑运河特许权的各

---

① 埃利泽・雷克吕:《北美洲》,第 2 卷,第 274、279 页。

家公司的种种策划,在尼加拉瓜共和国的国际关系中起着重大的作用,并时常对他国内政治状况发生影响。

（摘译自芒罗:《中美五个共和国》,第 75—76 页。）

……尼加拉瓜是来自中美洲以外的侵略的牺牲品。横贯地峡两条可以实行的运河线路之一是在尼加拉瓜境内,而英国和美国都对控制运河线路有利害关系。自从 17 世纪以来,来自牙买加的海盗经常在大陆砍伐染料木,英国即在中美洲有了一个立足点,在海盗生涯无利可图或处境过于危险时,他们建立起西班牙人永远也不能彻底破坏的小块殖民地。伯利兹,即英属洪都拉斯是在中美洲独立后成为英国殖民地的。19 世纪 30 年代,牙买加的英国当局在尼加拉瓜东北部和洪都拉斯东部沿岸的一个印黑混血原始民族莫斯基托人的居住地建立了保护领。与此同时,英国人还占据了位于洪都拉斯外海的海湾群岛。这种逐步入侵很少遇到抵抗,但在 1848 年时,英国军队以莫斯基托国王的名义挑起了一场外交危机,攫取了圣胡安河口的北圣胡安地区。

北圣胡安,一称格雷城,从来就不是莫斯基托保护领地。占领该地的目的显然是为了攫取有希望的运河线路的东端。美国自从获得加利福尼亚以来,对运河计划比以往任何时候都更感兴趣,对此提出了强烈抗议。在此后进行的谈判中,越来越清楚地表明两国政府主要是害怕对方的意图而采取行动,因此有可能达成一项协议,在 1850 年的克莱顿-布尔瓦条约中规定双方均不得"获得和保持"对计划中的水道的任何单独控制权或占有中美洲的任何部分。不久,英国撤离北圣胡安……

（摘译自芒罗:《拉丁美洲共和国》,第 410 页。）

1859 年 11 月,英国把它的保护领地委托给洪都拉斯。这在印第安人中引起极大不满,不久举行反抗;1860 年 1 月 28 日,英国与尼加拉瓜签订马那瓜条约,该条约把从格腊西亚斯-迪奥斯角到格雷城的整个加勒比海海岸的宗主权移交给尼加拉瓜,但给予印第安人在有限的莫斯基托保留地内以自治权。……当地的印第安人酋长接受了这种变化,但以保持他的地方权力和每年津贴 1,000 英镑,直到 1870 年为条件。1864 年这位酋长死后,尼加拉瓜拒绝承认他的继承人。然而,保留地继续由选出的酋长管理,并由设在布卢菲尔兹的行政会议进行协助;印第安人否认尼加拉瓜的宗主权有任何干涉他们内部事务的权力。此问题提交奥地利皇帝仲裁,1880 年发表仲裁决定,赞同印第安人的论点,并断定尼加拉瓜的宗主权应受自治政府权力的限制。在享受了 14 年几乎是完全的自治之后,印第安人自愿放弃他们的特权地位,1894 年 11 月 20 日,他们的领地成为塞拉亚省①正式并入尼加拉瓜共和国。

(摘译自《英国百科全书》,1911 年,"莫斯基托"条。)

# 沟通两洋交通事业简史

美国取得在尼加拉瓜境内沟通两洋路线的支配权是一个长期而复杂的过程。该控制权是一直到 1916 年才获得的。华盛顿的官员在 1848 年以前对此并不怎么关心,但此后就深感兴趣了。在 1849 年至 1914 年之间,且不提他们同洪都拉斯谈判的一项条约、同英国的四项以及同哥斯达黎加的两项预备条约,光同尼加拉瓜就有关这个问题的谈判,他们就商定过十项条约。

---

① 现在分别属于里奥圣胡安、塞拉亚省和卡沃格拉西亚斯阿迪奥斯区。——译者

横过尼加拉瓜沟通两洋之间的交通,由于一系列的原因而受到阻碍或拖延。敌对的投机者之间竞争尖锐,美国人自己经常展开无情的争夺。从美国来的海盗有一段时间是一个障碍;哥斯达黎加也偶尔干涉美国的特许权享有者的活动。但是,对于美国及其公民控制这条路线来说,最可怕的障碍是尼加拉瓜的重重疑虑和英国的反对。

结果是多年受到挫折。1852年开辟了一条运输线,1856年初关闭了几个星期,随后重新开放了数月,从这一年底直到1862年后半年再度中断,其后又经营了五年左右,此后就无限期地中止了。这一交通线由水路和陆路联合组成,从加勒比海的圣胡安河口通达太平洋岸的南圣胡安镇,两头各与大西洋和太平洋的轮船航线相连。至于修筑运河,几乎没有取得任何进展。虽然美国自从1916年以来掌握了运河线路的选择权,但取得它的目的竟成了与其说是实现不如说是阻碍这交通工程的修建。

第一次给予美国资本家关于尼加拉瓜路线的特许是在1826年6月14日。接受者是阿伦·H·帕尔默,不久,为了修筑运河,他便与伊利运河的修筑者德威特·克林顿以及一批纽约资本家合作。帕尔默是同一个英国集团进行竞争而取得特许的,这个英国集团在伦敦银行界享有声誉,得到巴克利-理查森公司的支持。但是,在向美国政府和英、美金融界求助无效后,帕尔默及其合作者就让他们取得的特许作废了。

欧洲(主要是尼德兰和法国)投机者的努力,在以后20年间没有取得任何成果。于是,由大卫·J·布朗、威拉德·帕克和其他美国公民组成的尼加拉瓜运输公司于1849年3月17日获得签订一项内容广泛的合同,包括修建运河、铁路和征收通行税的道路。不到几个月,这个组织被由约瑟夫·L·怀特、科尼利厄斯·范德比尔特和纳撒尼尔·沃尔夫在纽约组成的美国大西洋太平洋轮船运河公司所合并。取得实际成就的时代来到了。

1849 年 8 月 27 日,范德比尔特公司同尼加拉瓜签订合同,不仅获得修建运河的权利,而且获得修筑铁路和大车路的专用权,旋即派出奥维尔·W·蔡尔兹前去测量,但公司决定此时不拟修筑运河,认为开辟一种费用较低的运输道路更为得当,1851 年 8 月 14 日获得进行这一目的的特许。在纽约组成了附属运输公司,不久即开辟了一条横过尼加拉瓜的运输线系统。它由航行于圣胡安河和尼加拉瓜湖的船只,以及从尼加拉瓜西南边缘通往太平洋的驴队和大车队所组成,整个运输系统与从美国大西洋和太平洋沿岸开来的轮船相联结。①

如前所说,这个运输系统从 1852 年起开始营业,直到将近四年之后便被威廉·沃尔克和他的一伙海盗们所打断。

(译自里比:《加勒比危险地带》,第 82—84 页。)

1855 年 6 月 15 日,威廉·沃尔克率领另外 57 名冒险者在雷莱霍海港登陆,表面上是为了援助请他来尼加拉瓜的莱昂自由党政府,但实际是想替自己取得对整个尼加拉瓜的控制。他干了几个月就达到了这一目的。他带领武装力量从海上到达南圣胡安镇,避开了派到那里来进剿他的一支保守党军队,溯湖而上直扣格腊纳达城,于 10 月 13 日未遇多少抵抗即占领该城。保守党领导人的武装力量未受损伤,但他们不敢向外来者发动进攻,因为这些外国人拿他们的家属作为人质。因此政府军首领科拉尔同意于 10 月 23 日签订和约,条约规定由一个温和派保守党人帕特里西奥·里瓦斯出任总统,科拉尔本人担任国防部部长,沃尔克当军队司令。尼加拉瓜本国的军队大部分被解散,这些自称"美国方阵兵"的海盗实际上成

---

① L·M·基斯贝所著《尼加拉瓜运河和门罗主义》一书实际上收集了有关尼加拉瓜的两洋之间特许权交涉的全部资料;《参议院行政文件》第 58 届国会第 2 次会议第 222 号([总]4609 号)亦载有这方面的全部资料。

了共和国唯一的武装力量。

沃尔克想建立一个在他本人控制下的联合政府，其中两大党派的领袖都有代表。但这证明是不可能的，因为当地的首脑们从一开始就表现出不服的迹象。科拉尔被举发与其他中美国家的总统保持通信联系企图谋叛，在和约签订后不久即被枪决。新任总统里瓦斯和自由党领袖赫雷斯于次年 6 月背弃了沃尔克，开始在莱昂和西部各省掀起一场反对他的革命。沃尔克于是在 1856 年 6 月 29 日将自己选为总统。

另一方面，海盗们的冒险事业在美国国内引起了巨大的兴趣和同情，认为由一个美国人来控制尼加拉瓜，抵销了英国对计划中沟通两洋的运河路线东端的到处霸占。尽管有克莱顿-布尔沃条约的各项规定，英国仍没有放弃它对圣胡安河口格雷镇所实行的控制。此外，美国南部人士主张在热带国家进行扩张，以便维持合众国中蓄奴各州相对的势力和影响。他们相信从沃尔克政府初期采取的帮助美国人占有尼加拉瓜土地和为在尼加拉瓜推行黑奴制开辟道路等措施中，看得出沃尔克的最终目的是要把尼加拉瓜作为一个新的蓄奴州并入美国。这种信念看来是错误的，因为沃尔克本人不止一次地表示他的目的是要建立一个独立的国家，由他以军事独裁者的身份充任国家首脑①；但是，这种信念至少使这个冒险家获得了大量的援助。

因此，沃尔克的朋友们在美国国内轻而易举地替他的事业取得了大量的供应和补充人员。最初的 58 名武装力量很快就增加到了好几百人，由于疾病和战斗而蒙受的巨大损害，毫无困难就得到了补充。据说总共有 2,500 人参加了"方阵兵"，其中伤亡和病死的至

---

① 见威廉·O·斯克罗格斯：《海盗和金融家》，该书对沃尔克的一生有极完备的叙述，本书以上的概述在很大程度上皆依据此书。沃尔克本人对其战事有著述，题为《尼加拉瓜的战争》，他的许多追随者也都留有关于他们冒险事业的记载。

少在 1,000 人。① 美国政府试图在其职权范围内对为沃尔克招募新兵并加以装备的活动进行制止,但由于美国中立法的漏洞和群众当中对海盗们的强烈感情而很难取得任何效果,这种感情常常使联邦官员无法执行他们上级的命令。当沃尔克的事业还有成功希望的时候,美国总统和国务院本身对它的态度也绝不是不友好的。美国驻尼加拉瓜公使一直发挥他的影响来支持沃尔克,虽然他的这种做法已大大超越了对他的指示的范围;同时,里瓦斯政府在 1856 年 5 月 14 日得到美国皮尔斯总统的正式承认。然而,这一承认并不沿用于后来沃尔克担任总统的政府。

与附属运输公司有利益关系的那些美国金融家当中,既有沃尔克政权最有用的朋友,也有沃尔克政权最危险的敌人。该公司当时每月把成千上万个美国人从纽约送到旧金山,其路线是先取道圣胡安河,然后穿过大湖,再通过一条从拉比尔亨到南圣胡安的碎石路抵达太平洋。海盗们来到尼加拉瓜的时候,这个公司内部正展开着一场争夺。摩根和加里森分别做纽约和旧金山的代理人,力图从科尼利厄斯·范德比尔特的手里夺过对公司的控制权。由于不能达到目的,摩根和加里森就决定利用沃尔克来逆转形势,使他们在斗争中获胜。他们大力帮助沃尔克取得对尼加拉瓜政府的控制,供应他金钱和武器,用他们的轮船把大量补充人员从纽约和旧金山运来增援沃尔克。为回报这些帮助,沃尔克被说服废除对旧公司的特许,而给他们以新的特许。这一行动使沃尔克与范德比尔特发生了冲突,从那时起,范德比尔特就千方百计地来搞垮海盗们的事业。

1856 年 7 月,沃尔克实际上成了西南尼加拉瓜的最高主宰,完全控制了运输线。这之前几个月,哥斯达黎加派来一支军队向他进攻,曾打过两三个胜仗,但很快就由于闹霍乱而被迫撤兵。可是,尼加拉瓜国内的各支敌对力量,以及危地马拉、萨尔瓦多和洪都拉斯

---

① 斯克罗格斯前引书第 305 页。

的军队正在莱昂麇集,整个中美洲都武装行动起来反抗外国的侵入者了。9月,联军进逼马萨亚,重创一小支美国人的部队。11月,他们占领了沃尔克政权所在地格腊纳达,海盗们见联军来到,就撤出并毁坏了该城。沃尔克于是率军由水路迁往运输线,那里是他从外部世界取得给养和兵员的主要通道。

至此时为止,联军一直不能使这个美国海盗头子遭受决定性的失败。虽然五个月来他们一直以至少三倍于沃尔克统率的军队的力量来对付他,联军领导人之间的冲突使得他们不可能采取有效的行动,而在双方军营中猖獗流行的疾病使联军军心涣散、萎靡不振的程度远远超过这些疾病对凶悍的"方阵兵"所产生的精神影响。如果哥斯达黎加没有在范德比尔特的挑动和英国政府的鼓励下再次参战,并在沃尔克最薄弱的地方给他以致命的打击,联军大概很快就会放弃这场战争了。12月,哥斯达黎加的军队在范德比尔特的个代理人的引导下顺圣卡洛斯河而下,夺取了圣胡安河和大湖上的汽船,这样就切断了沃尔克同纽约之间的联系,而他的绝大部分增援都是从纽约方面取得的。哥斯达黎加军队于是与正在里瓦斯同海盗军队相持的联军会合。沃尔克现在再也不能得到补给或用新召来的人员填补伤亡缺额了。虽然处于进退维谷的绝境,但他仍然坚持了好几个月,击退了中美联军的多次进攻,使他们蒙受巨大的损失。但是,他的这一小支力量由于疾病流行和部下逃散而逐渐瓦解,终于使他无法支持。1857年5月1日,沃克尔向居间调停、谋求结束敌对活动的美国军舰"圣玛丽"号戴维斯舰长投降。①

(译自芒罗:《中美五个共和国》,第81—86页。)

---

① 沃尔克最后于1860年当他试图第三次入侵中美洲时,在洪都拉斯北岸被捕并被枪决。——译者

范德比尔特搞垮了他的敌人，但没有能够恢复特许权。约瑟夫·L·怀特和H·G·斯特宾斯比他先下手，于1857年6月27日同尼加拉瓜驻美国公使签订合同，第二年7月，尼加拉瓜政府批准了这一特许。范德比尔特提出抗议，并煽动哥斯达黎加的何塞·马里亚·卡尼亚斯将军强占尼加拉瓜的一部分领土，断绝运输。他还同法国的代理人合作，使美国和尼加拉瓜签订的一项旨在允许华盛顿政府军队登陆以便重开运输线的条件归于失败。然而，他仍然没有能够恢复他的运输事业，这时，他事实上已经不想干这行买卖了。后来在1858年，他同巴舒马铁路公司和太平洋邮船公司达成一项海盗协定，阻碍横过尼加拉瓜的运输业的恢复。在一年或者更多一点的时间里，他的活动使他每月得利56,000美元的款项。运输线一直封闭着，直到范德比尔特把精力投入其他活动时为止。他是唯一曾从尼加拉瓜的两洋之间运输获得利润的人。[1]

与此同时，法国和英国的投机者一直在试图插手而没有成功。1858年春，一个名叫费利克斯·贝利的法国骗子获得了一项特许，但因无人支持很快便作废了。不久以后，英国冒险家乔治·F·考蒂谋取一项特许，也由于同样的原因以及美国的反对而失败。斯特宾斯先前的一项特许，已于1859年3月作废，1860年2月，他的一个代理人签订了另一合同，但此合同直到1861年7月才被尼加拉瓜批准。[2] 这条路线封闭了将近六年之久。

根据1860—1861年的许可，中美运输公司终于在1862年9月重新经营这一条交通线，这个公司是根据新泽西法令新近组成的。新公司的成员中有H·G·斯特宾斯、约翰·P·耶尔弗顿和纳撒尼尔·H·沃尔夫。公司在极其困难的条件下坚持经营尼加拉瓜的两洋

---

[1] 威廉·O·斯克罗格斯：《海盗和金融家》，第133—158、270—285页和全书各处；曼宁：《外交函件》，第4卷，第660、686、765页和全卷各处。
[2] 曼宁前引书第4卷第545页和全卷各处，载有许多关于这些公司试图开辟交通路线而遇到种种困难的外交文件。

之间的运输，直到 1867 年年底为止。此后运输线无限期中断，斯特宾斯合同亦于 1868 年 3 月作废。中美洲运输公司的困难起因于尼加拉瓜当局的干预，而尼加拉瓜人是受到了巴拿马铁路公司和太平洋邮船公司的唆使，这两个公司不打断有竞争的地峡交通线是决不甘心的。1863 年，巴拿马铁路集团钻进了中美洲运输公司，挤掉了斯特宾斯总经理的职位，代之以弗朗西斯·莫里斯。然后，他们与尼加拉瓜重新签订合同，删去其原有的独占性特点，企图使运输事业受阻于国内本身的竞争。巴拿马集团于 1866 年归于失败，威廉 W·韦布取代莫里斯，但为时已晚。1868 年初，中美运输公司停止了它在尼加拉瓜的活动。[1]

在以后的十年期间，法国投机者在尼加拉瓜和哥斯达黎加都有代理人进行活动，谋取运河的特许权。但是，他们的努力由于中美洲国家以法国干涉墨西哥而产生了对法国的不信任，由于美国方面外交人员的反对，由于哥斯达黎加和尼加拉瓜之间的敌对，以及由于危地马拉的独裁者胡斯托·鲁菲诺·巴里奥斯的偶然干涉等一系列原因而受到挫折。法国人为同时控制尼加拉瓜和哥伦比亚的两洋之间交通而谋取运河特许权的努力遂告失败。他们只在哥伦比亚的巴拿马路线方面取得成功。

法国在波哥大的成功促使中美洲各国政府和美国的资本家都行动起来。这一次似乎各方面都愿意合作了。1879 年在纽约成立了一个两洋运河临时协会。它主要由美国的陆海军军官组成。成员当中有 S·L·费尔普斯船长、丹尼尔·安门海军上将、乔治·B·麦克莱伦将军和 A·G·梅诺卡尔，后者是古巴人，但已成为美国的归化公民并加入美国海军。他们不久由于得到尤·辛·格兰特的支持而增加了声望，取得了修筑尼加拉瓜运河的特许权。此次特许权在 1880 年 5 月签订。但是，该组织在筹备资金上遇到了困

---

[1] 本段据达德·斯帕克斯《中美洲和美国》第 4 章，该著作是一篇博士论文，仍以手稿形式存于杜克大学图书馆。

难，他们的特许乃于 1884 年 9 月 30 日作废。

1886 年 12 月 3 日，查尔斯·P·戴利、海勒姆·希契科克、A·B·科内尔、詹姆斯·罗斯福、丹尼尔·安门、A·G·梅诺卡尔以及其他一些资本家和工程师组成了尼加拉瓜运河协会。1887 年 4 月 24 日，该公司从尼加拉瓜得到一项特许，之后不久他们还同哥斯达黎加签订了合同，要求它对于修筑运河的某些方面有过问权。这个组织获得联邦政府特许状，乃于 1889 年 2 月 20 日组成为海岸运河公司。测量立刻着手进行，一个工程队开始于 1889 年 6 月从事两洋之间交通的工作。但是，取得的成绩是比较小的。发起人为获得美国政府的财政资金援助而做出的各种努力没有取得成功，该工程队在 1893 年危机期间变成了财产清算管理人，运河方面的工作停止了。此项特许于 1898 年 10 月被尼加拉瓜独裁者何塞·桑托斯·塞拉亚宣布吊销。

海岸运河公司此后在组织上维持了十年，并继续向美国政府做出报告，但没有能够取得新的特许。在公司失去合同的时候，爱德华·艾尔和爱德华·F·克拉金似乎得到著名的 W·R·格雷斯的合作，取得了一项特许，但不久这项特许也作废了。看来，由私人企业来修筑尼加拉瓜运河将是不大可能的了。

以上就是尼加拉瓜境内沟通两洋运输事业的简略历史。了解这一背景之后，我们就可以来考查美国取得对这一路线的控制的复杂过程了。①

## 美国攫取运河路线控制权的过程

美国在中美洲的外交代表于 1826 年为支持阿伦·H·帕尔默的代理人进行了斡旋；但是，在一个强烈反对以国家经费来支持公

---

① 关于 1831—1860 年间尼加拉瓜路线的一切重要外交函件实际上皆包括于曼宁前引书第 3—4 卷，这一时期的大多数条约亦包括在内。

共工程的时代,即使是在美国国内,美国也不想贷给帕尔默及其合作者以财政援助。

19世纪30年代初期,当尼德兰的公司在其国王的鼓励下取得修建横过尼加拉瓜的运河特许权时,美国对这个计划表示了关注。但美国主要关心的是防止交通工程一旦完成后对美国商业的歧视,以及为美国资本家获得在这个企业中投资的机会。

在以后15年间,美国对这个问题较少注意。但是,随着太平洋沿岸领土的取得,对两洋之间所有各条路线的兴趣有了迅速的发展。哥伦比亚首先受到注意,随后特旺特佩克和尼加拉瓜也相继迅速地引起了重视。

同尼加拉瓜进行的频繁交涉始于1849年。由于怀疑英国人决心控制尼加拉瓜路线,美国外交官员采取了进攻的姿态。伊莱贾·海斯和伊弗雷姆·G·斯夸尔都为美国寻求几乎是独占的控制。海斯帮助布朗及其合作者取得他们的特许,并同尼加拉瓜商订了一项条约。斯夸尔后来支持范德比尔特集团,并与尼加拉瓜和洪都拉斯都签订了条约。

海斯交涉的冗长协定是总括性的。根据他与尼加拉瓜全权大使于1849年6月12日签订条约的条款,尼加拉瓜让给美国政府“或者美国公民组成的公司”以修建“一条运河或几条运河、一条道路或几条道路、铁路或征收通行税的道路,或者任何其他种类道路的专用权或特权,俾得在加勒比海和太平洋之间,单独由陆路,或单独由水路,或由水陆两路开辟一条方便的通道和交通,以便通行和通过轮船、汽艇、帆船、小艇、各种船只以及各种车辆,用以运输和输送乘客与财产以及货物、货品和各种商品……”尼加拉瓜进一步给予美国或美国公民组成的公司以上述运输办法所必需的公共土地和水域,给予“在运输线的两头或沿途修筑……要塞和堡垒,并加以武装和占领……”的权利。而且尼加拉瓜同意对通过这些路线的美国人员和财产不征收任何种类的任何税收。作为对这一切让与的补偿,美国有责任保护和保卫尼加拉瓜对其全部领土"拥有和行使……主权和管辖"。①

斯夸尔于1849年9月3日同尼加拉瓜签订的条约，表示出某种独占性较小、激烈程度较为缓和的政策。这是一项友好通商航海条约，第35款提到两洋之间路线的问题。该条款的基本目的是取得对范德比尔特特许权的保护，以及使美国政府和公民能自由使用为特许权享有者能征收通行税的交通手段。它规定，"以任何"现存的或将兴建的沟通两洋的运输手段"横过尼加拉瓜领土的通行权或运输权"，应"永远为了一切合法目的而向美国政府及美国公民开放并供其自由使用"。它还规定"〔尼加拉瓜〕不得对以这种交通方式通行的属于美国政府的战舰或其他财产，不得对美国政府授权送出的公共邮件，不得对美国政府雇用的人员，也不得对美国公民和属于他们的船只，征收全部或部分的通行税、关税或任何种类的捐税"。两国承担连带责任"保护和保卫"美国大西洋和太平洋轮船运河公司（范德比尔特组织的公司当时所用名）"充分和完全地享用"其运输事业，同时美国保证尼加拉瓜对这条路线或这些路线的主权和永久所有权。但是，并没有提到保证整个尼加拉瓜的独立和领土完整。

斯夸尔条约在政治上对独占性问题只稍稍暗示了一下，第35款第4节仅仅规定"给予美国及其公民的……任何权利、特权和豁免"皆不得给予任何其他国家或其公民，除非这种情况，即该国应"首先加入本条约为保卫和保护所建议的两洋之间大运河而做出的各项规定"。在经济上规定了较大的独占性。从事这一企业的公司直由美国公民组成，公司的大部分股票应归他们所有；如果该公司不能完成运输事业，特许应给予另一个美国公司。②

---

① 曼宁前引书第3卷第324—331页；《参议院行政文件》，第56届国会第1次会议第161号（〔总〕3853号）第41—49页。

② 曼宁前引书第3卷第360—361页。

　　斯夸尔同洪都拉斯缔结的协定更走极端。它也是一项友好通商航海条约，但其第 35 款在政治上比尼加拉瓜条约的同一条款更富于侵略性。它不仅将提格雷岛上的一些地段或濒临丰塞卡湾沿岸的一些地段给予范德比尔特公司和美国在太平洋上的两条轮船航线；它还割给美国政府足够的土地建设一处海军基地及在其附近建造船坞。美国方面则保证洪都拉斯对丰塞卡湾和湾内的岛屿及其附近大陆的主权。在同一天，即 1849 年 9 月 28 日签订一项议定书，将提格雷岛割让给美国托管，以防该岛为英国人所侵占。①

　　这三项条约和议定书中的一切带有侵略性的条款，明显地指向英国。洪都拉斯和尼加拉瓜以及美国的外交官员对英国人的企图感到惴惴不安。但哥斯达黎加和危地马拉对海上霸王英国却比较友好，同时华盛顿的辉格党政府也较少进攻性。结果订立了 1850 年的克莱顿-布尔沃条约……简略说来，这一条约所确定的政策是彼此进行自我克制，对地峡的条条路线实行共管以代替独占。

　　1853 年重新上台的美国民主党人则激烈得多了。他们在同英国人打交道时使用更坚定的语言，但在行动上他们是挑战之中夹着谨慎的因素。1854 年轰击和焚烧有不少英国居民居住并在英国的保护国莫斯基托政府管辖下的格雷镇，这是针对英国人和代表范德比尔特的企业而采取的激烈行动。1856 年春对尼加拉瓜的海盗政府的承认，也是一次挑衅性行为。但是，范德比尔特的代理人和哥斯达黎加人夺取了摩根和加里森的船只，这对现存的交通手段以及沃尔克和他的杂牌军是一个毁灭性的打击。不动用武装部队，美国就不能重新打开交通运输，主要是由于南北之间的残酷斗争，使得这一强烈的政策不可能获得美国国会的同意。在中美洲的美国外交官员敦促对这条路线实行军事占领，詹姆斯·布坎南总统为采取这一行动请求美国国会的许可，但许可并不是一呼即诺的。

---

① 同上书第 3 卷第 393—401 页。

因此，只能依靠武力以外的其他措施来施加保护了，在 18 世纪 50 年代后期，国务院人员竭尽所能进行外交活动，以保护美国投资者的利益，实现尼加拉瓜交通线的恢复，使美国及其公民取得对这条交通线的充分使用。为了这一目标，在布坎南政府期间交涉了两项条约：1857 年 11 月 16 日的卡斯-伊里萨里协定和 1869 年 3 月 16 日的拉马尔-塞莱东公约。

卡斯-伊里萨里条约是一个友好通商航海条约，但其中有好几项条款涉及两洋之间的运输。根据这些条款，尼加拉瓜给予美国和美国公民及其财产以"无论在陆地的或水域的、天然的或人工的任何交通线穿过该共和国的领土进行大西洋和太平洋之间运输的权利"，这条当时已经存在或者以后可能修建的交通线，"得由两共和国和它们各自的公民以同样的方式和根据平等的条件进行使用和享用"。经过通知尼加拉瓜政府，美国可以派遣军队和军需品穿过这一路线，并在有直接危险的时候为了保护这一地区的美国人员和财产而实行军队登陆。同时，华盛顿政府被给予通过尼加拉瓜路线运输邮件的权利。作为对这些让与的回报，美国同意保证穿过尼加拉瓜的两洋之间任何一条交通线和全部交通线的中立，并对它们施加保护。但是，由于美国还同意使用它对其他国家的影响，"促使他们保证这种中立和保护"，就使条约避免了独占性的色彩。①

这个条约立刻得到美国的批准，但是经过好几个月激烈的外交函件往还，最终被尼加拉瓜所拒绝。这一拒绝部分是由于科尼利厄斯·范德比尔特和法国人费利克斯·贝利的反对所造成，但更大程度上也许是由于威廉·沃尔克和他率领的海盗们不断入侵。当国务院已经得知法国和英国有确切表示准备互相合作以阻止美国海盗们的袭击时，华盛顿收到报告说贝利在 1858 年签订的运河合同

---

① 曼宁前引书第 4 卷第 629—630 页和全卷各处；《参议院行政文件》，第 56 届国会第 1 次会议第 161 号（〔总〕3853 号）第 117—215 页。

中有一款订明允许法国在尼加拉瓜湖上停驻两艘炮艇。这一条款似乎构成了对门罗主义的威胁；而另一项举动则被认为有损于美国政府的荣誉，因为美国政府在沃尔克于 1857 年失败后，曾宣布谴责海盗袭击并表示准备阻止这种行径。因此，美国受到刺激而采取行动了。它向英国和法国做出明确的政府声明："我们愿意看到地峡各路线向全世界的商业和交通自由开放，我们愿意看到该地区的各个国家治理良好、繁荣昌盛和不受任何外来强国的控制……本国将不同意这些国家再次被征服，也不同意任何欧洲国家僭取或维持凌驾于它们之上的权力。"①

由于对潜在的欧洲干涉的忧虑，亟于取得在必要时使用军事力量的合法权利，以便保护斯特宾斯公司实现他们的各项权利，和一当尼加拉瓜运输线重新开放时就能保障通过这条路线的人员和公民财产的安全，这种种考虑导致美国进行了 1859 年拉马尔-塞莱东公约的交涉，这一公约是在考虑了尼加拉瓜反对先前卡斯-伊里萨里协定的情况下起草的。但是，拉马尔-塞莱东条约最后被放弃了，而且由于美国发生了内战，它同尼加拉瓜没有达成任何关于两洋之间路线的合法协议。

有了 1860—1861 年的斯特宾斯合同，情况较为好转。如前所述，运输手段在 1862 年后半年重新开放了。但是，主要由于巴拿马铁路公司和与之结盟的太平洋邮船公司的干涉，斯特宾斯不久又处于困难之中。在 1863 到 1868 年期间，中美洲运输公司得到强有力的外交支持。1868 年初，当事态表明这种支持仍然不足时，美国公使 A·B·迪肯森叫嚷要求出动战舰。但是，西沃德拒绝派出战舰。他不愿意为了保护运输公司和维持路线开放而使用军事力量。②

如果迪肯森-阿扬条约得到批准，西沃德的政策是否会发生变

---

① 曼宁前引书第 6 卷第 493 页，第 7 卷第 203 页，亦见同上书第 4 卷第 133—134 页。这一声明是 1858 年 11 月发表的。
② 斯帕克斯前引书第 4 章。

化,这就说不上来了。这项条约已于 1867 年 6 月 21 日在马那瓜签订,但是直到一年之后才换文批准。它在好多方面与十年前的卡斯-伊里萨里公约相似。然而,它使美国在关于尼加拉瓜运输路线的问题上有两点处于较强有力的地位。华盛顿政府可以不事先通知尼加拉瓜当局而遣送军队和军需品通过路线,或实行军队登陆以保护美国公民及其财产的通行。但后一步骤只能在出现突然发生和迫在眉睫的危机时才能采取。①

到迪肯森-阿扬条约宣布生效的时候,国务院的注意力已转向巴拿马路线。注意力一直集中在那个地区,直到 1877 年初,西沃德的后任汉密尔顿·菲什试图与尼加拉瓜达成一项协定,旨在促使美国资本家从事修建一条横过尼加拉瓜的运河。当时,哥伦比亚已经给予法国人一项特许,美国大概怕尼加拉瓜也执行同样的路线。可是尼加拉瓜并无意此道。而同时,美国的外交人员也尽力破坏法国人谋取尼加拉瓜运河特许权的努力。

1878 年法国人与哥伦比亚签订合同,此后不久,著名的德·莱塞普斯又与巴拿马企业连成一体,这就使马那瓜的态度迅速改变。尼加拉瓜当局立刻表现出要急于鼓励修建一条横过他们领土的运河,结果于 1880 年把特许给了两洋之间运河临时协会。四年后,当这一组织的努力显然要失败时,弗雷德里克·T·弗里林海森通过美国驻马那瓜公使提出了一项惊人的建议。他授权交涉一个以下列要点为基础的运河条约:(1)美国政府修建运河并允许尼加拉瓜分享四分之一利润;(2)尼加拉瓜获得一笔双方同意的款项,而将尼加拉瓜湖的水域和岛屿以及沿整个运河线的一条五英里宽的领土割给美国。总之,美国政府本身决定来修筑和控制运河了。

这项大胆而突然的建议是在 1884 年 2、3 月间提出的,它使尼加

---

① 曼宁前引书第 4 卷第 629—630 页;《参议院行政文件》,第 55 届国会第 2 次会议第 1265 号(〔总〕3627 号)第 27—35 页;威廉·M·马洛伊《条约集》第 2 卷第 1270—1287 页;亨特·米勒《条约集》第 5 卷第 799—800 页。

拉瓜国家领导人感到吃惊，他们想拒绝它。但是，由于危地马拉强有力的独裁者胡斯托·鲁菲诺·巴里奥斯及其在洪都拉斯和萨尔瓦多的追随者有意于此，并由于法国正在巴拿马取得进展，尼加拉瓜人不敢表示拒绝。谈判地点转到华盛顿，1884年12月1日便在华盛顿签订了弗里林海森-萨瓦拉条约。

根据这一条约，美国同意修建运河，不仅与尼加拉瓜分享运河事业的利润，而且同享运河事业的管理，保障尼加拉瓜的领土完整和独立，并贷给马那瓜政府400万美元供修筑铁路、改良圣胡安河航运和延长电报线之用。这是一项大胆的无视克莱顿-布尔沃条约各条款的协定，并规定批准时间为两年。尼加拉瓜立刻予以批准，但美国参议院加以拒绝，后来克利夫兰总统根据参议院的考虑撤销了这一条约。美国领导人还不准备单方面废除同英国达成的协定，不准备让华盛顿从事修筑和经营在美国国界以外的运河企业。①

在美国明确决定运河应由政府进行修筑、经营和控制之前，私人企业仍可自由进行谈判，并两次从尼加拉瓜获得特许。在政府做出该项决定前，海上运河公司在尼加拉瓜和哥斯达黎加两地获得了有力的外交支持，但华盛顿政府没有给予财政援助。在决定使运河成为政府企业后，美国重新做出努力以求同尼加拉瓜政府缔结一项运河协定。

当解除克莱顿-布尔沃条约的义务有了较大的可能时，美国要求尼加拉瓜签署一项正式的保证，表明尼加拉瓜愿意为了修筑运河的目的而向美国政府做出让步。也要求哥斯达黎加做出同样的保证，因为它的利益将受到这一交通事业的影响。对于哥斯达黎加所要求的辅助金，美国政府提及以150万美元作为补偿。在从1900到1902年间的讨论过程中，约定给予尼加拉瓜更多的款项，金额在

---

① 里比：《胡斯托·鲁菲诺·巴里奥斯和尼加拉瓜运河》，载于《西班牙美洲历史评论》，第20期（达勒姆，1940），第190—197页。

300 万到 600 万美元之间,另外还有一笔从 25,000 到 100,000 美元的年金。同时还探讨了从尼加拉瓜获得海军基地的可能性问题。但是,这些谈判在 1902 年 6 月中断了,那时华盛顿当局明确地转到巴拿马方面去了。①

然而,这并不意味美国对尼加拉瓜路线完全丧失了兴趣。这条路线即使不被利用,也必须受到控制。1908 年间,关于尼加拉瓜独裁者何塞·桑托斯·塞拉亚正在考虑给予日本或英国以运河租地权的各种流言,引起了美国对尼加拉瓜这位统治者的憎恨。有关这条路线的进一步交涉和美国插手推翻塞拉亚的细节……下文还要讨论。这里只需要再提一下,近年来关于修建第二条中美地峡运河的意见似乎日渐增多,尼加拉瓜线当然是被考虑的路线之一。

(译自里比:《加勒比危险地带》,第 84—98 页。标题系译者所加。)

---

① 曼宁:《为巴拿马运河线而战斗》,第 143—145 页。

# 第七章　保守党的"三十年"和塞拉亚的独裁统治（1863—1909）

## 保守党的"三十年"

在此期间，马那瓜被明确地定为永久首都，托马斯·马丁内斯经过选举担任总统职务。随着他的就职，尼加拉瓜历史上第一次，而且直到现在也是唯一的一次，开始了一个由相对稳定和比较有效率的政府进行治理的时代。马丁内斯于1863年平息了赫雷斯领导的一次自由党暴动，一直掌政到1867年。继任的是一系列能干而高尚的总统，都属于保守党。① 他们领导着一个组织坚强、同心协力的集团，由于团结一致和实行温和而精明的政策，这个集团得以持续掌握政权直到1893年为止。这"三十年"期间的各届政府，虽然无论在理想上还是名称上都彻底保守，力图维持现存的社会秩序和教会的势力，但他们做了许多工作来促进国家的经济和社会的进步。修筑了两条铁路，一条从太平洋的科林托港通往莱昂和马那瓜湖，另一条从马那瓜市至格腊纳达；农业受到了多方面的鼓励；甚至

---

① 这些人是：费尔南多·古斯曼，1867—1871年；维森特·夸德拉，1871—1875年；佩德罗·华金·查莫罗，1875—1879年；华金·萨瓦拉，1879—1883年；阿丹·卡德纳斯，1883—1887年；埃瓦里斯托·卡拉索，1887—1889年；戴维·奥索尔诺1889年；罗伯托·萨卡沙，1889—1893年。

学校系统也有了扩大和改进。他们最重要的成就是在如此长的一段时间里维持了和平。尽管这是事实，即由一个不容许真正自由选举的政治集团长期执政，自然不合反对派的口味；但自1863年到1893年没有发生过什么重要的暴动，没有出现过一次取得成功的革命。

保守党人用来使他们得以如此长期维持权力的那些方法，应为他们的后任提供了宝贵的经验。首先，政府是一集体的政府，而不是一个绝对统治者的政府。由于每个总统在本届任满时都将职位转交给他的一个协作者，而不是使自己连任，领导人之间很少互相猜忌，并且每人依次都获得一个统一的党的支持。只要政府内部不出现谋叛行为，只要与邻邦精心保持友好的关系，那么，控制着军队和要塞的政府对于它的敌人就没有多少可以畏惧的了。另一方面，自由党人也不怎么有意重新发动像1821年到1863年使国家饱受摧残的那些内战，因为他们从维持秩序中得到了好处，而受到的待遇远比反对党在中美洲通常遭到的要公平厚道得多。在党派斗争和互相迫害重新进行了二十五年后的今天，两党中有许多人都回顾过去，把"三十年"看成是共和国历史上最幸福的时期。

然而，不满的因素还是存在的，他们只是在等待着推翻保守党政权的时机罢了。莱昂的领导人接受他们的传统敌手的统治远不是甘心的，而且他们能够依靠国家其他地方数目日益增多的中下层阶级中各种青年人的支持，这些人正开始在政治鼓动中起着突出的作用。"世家大族"逐渐失去他们的声望，正如他们在危地马拉和哥斯达黎加所已经失去的那样；当他们的行列里第一次出现严重冲突的时候，他们的政权就遭到了破坏。1889年，卡拉索总统在任期中间去世，由罗伯托·萨卡沙继任，他是来自莱昂的少数几个保守党人之一。当新总统试图将一些较为重要的公职给予他本城的人士时，格腊纳达的一些极端的保守党人于1893年将他推翻。这一行动破坏了保守党的统一，从而削弱了政府，接着数月之后，自由党在莱昂发动了一次成功的暴动。

## 塞拉亚的独裁统治

作为这次革命的结果,总统的职位给了一个来自马那瓜的青年人,他在年轻一代自由党人中崭露头角。此人是何塞·桑多斯·塞拉亚,他当了尼加拉瓜的绝对统治者达 16 年之久。最初,他得到莱昂的领导人的支持,但在 1896 年,当明显看出他准备用强力使自己再度当选连任时,这个西部城市起来反对他了。政府只是由于盟国洪都拉斯的干涉和那些甚至愿意支持一个自由党人总统以反对他们的宿敌的格腊纳达保守党人的援助才免遭推翻。这个插曲揭示了塞拉亚权力的一个主要来源——他善于利用不同党派相争而坐收渔人之利。当显然不可能推翻塞拉亚的时候,莱昂的首领们再一次与塞拉亚合作,甚至某些格腊纳达的有钱人也接受了他所给予的职位和恩赐。

在自由党政府时期,铁路系统和大湖的汽轮航运得到了扩大和改良;咖啡生产区在优厚的补助金的推动下有了发展;塞拉亚的出生地,首都马那瓜从一个相当原始的小镇一变而为共和国最先进的城市,现在它的人口已超过格腊纳达,稍稍次于莱昂。公共教育事业取得了显著的进步,学校在全国各地开办起来,许多有特殊才能的青年人被送到国外去学习。遗憾的是,接替塞拉亚的各届保守党政府,在这方面远远落后于这位自由党独裁者,并且废弃了他开设的许多教育机关。

但是,尽管他执行进步的政策,塞拉亚是个残忍而放肆的暴君。他为个人的利益剥削国家达到地峡历史上空前的规模。他和他的部长们设立了各种各样的专利,把宝贵的特许权卖给外国人或攫为己有,结果弄得几乎没有哪种农业或工业不要向某个专利享有者交付沉重的贡纳。在大量发行不能兑换的纸币的情况下,银圆通货消失了。政府征购用品都不付现金，光发收据，而兑换这些收据必须蒙受损失，并必须求助于那些对财政部门有影响的人来办理。私人财产和个人自由得不到多少保护，遭到地方官和军事人员滥用权力的侵害。政敌不仅被流放和没收财产，甚至遭受肉刑，有时死于狱中。格腊纳达的有钱人家，总被找到某种理由，被认为对几乎每年发生的暴动有关，他们受到非常残酷的对待。但是，当权者的贪婪和残忍，只有他们的不可调和的敌人才深受其苦。政府的朋友们发财腾达，人民整个说来受苦较少。事实上，由于任意出售特许权而引起的货币流入，在整个国内造成了一种繁荣，但自从塞拉亚倒台后，国家就不得不为此种繁荣付出代价了。

塞拉亚把尼加拉瓜在中美洲的声势提高到了前所未有的地位。他在另外四个中美国家内煽动革命，其活动甚至远及哥伦比亚和厄瓜多尔，到 1909 年时，他的邻邦当中唯有洪都拉斯的总统既不恨他，也不怕他，这个总统是由塞拉亚于 1907 年侵入洪都拉斯时亲自扶植上台的。在他最后三年当政期间，塞拉亚试图重新设立旧日的中美联邦，由自己当联邦首脑，从而使整个中美洲陷于一片混乱。他的好战的活动和他一贯反对美国在地峡的势力，终于造成他与美国政府公开决裂，并在很大程度上促成了他的倒台。

1906 年 12 月，洪都拉斯爆发了一场反对曼努埃尔·博尼利亚政府的革命。暴动者在靠近尼加拉瓜边界的地方进行活动，据说他们从塞拉亚总统那里得到援助。不管是真是假，一次所谓的洪都拉斯军队对尼加拉瓜领土的侵犯，很快使得战争似乎不可避免。在美国和其他中美国家的急迫要求下，塞拉亚和博尼利亚双方同意将争端提交由每一个中美国家出一名法官组成的法庭进行仲裁。该法庭旋即在圣萨尔瓦多成立。在着手处理这一争端之前，该法庭要求双方先从边界撤退他们的军队。由于塞拉亚拒绝这样做，而且事先宣布，对于尼加拉瓜边境受到侵犯，不做出充分赔偿的任何解决办法，他都不准备接受。法庭只好解散。塞拉亚立刻对洪都拉斯宣战,并派军队同那里的革命者进行合作。另一方面,萨尔瓦多援助博尼利亚政府,最初间接支援,后来直接派出军队,虽然它的政府表面上仍保持中立。尽管得到援助,博尼利亚政府于1907年3月18日在纳马西格全师败绩,不久之后,博尼利亚的最后立脚点特古西加尔巴和阿马帕拉被尼加拉瓜部队和洪都拉斯革命者所攻陷。米格尔·达维拉就职为洪都拉斯临时总统。[①]

这时候,另一场大的冲突看来也不可避免,塞拉亚准备进攻萨尔瓦多,而危地马拉的埃斯特拉达总统由于惧怕尼加拉瓜势力的扩张,显然准备要进行干涉,保护他的邻邦。但是,美国和墨西哥应哥斯达黎加、危地马拉和萨尔瓦多三国政府的请求,再一次进行斡旋,终于使尼加拉瓜和萨尔瓦多两国外长在阿马帕拉召开会议。在美国外交代表的协助下,阿马帕拉会议做出了努力来解决尼、萨两国之间的分歧。主要的争论是洪都拉斯的总统职位问题,因为萨尔瓦多宣布,如果和平条件不保证洪都拉斯存在一个令萨尔瓦多和危地马拉(这时是萨尔瓦多反对塞拉亚的盟国)都感到满意的政府,它就不能接受和平协定。为了努力找出一个不但能够为所有邻国政府接受,而且有能力维持自己在洪都拉斯当权的候选人,代表们对不同的人选进行了长时间的讨论,最后同意由洪都拉斯前总统特伦西奥·谢拉将军担任总统,他当时正在阿马帕拉率领尼加拉瓜的军队。他们根据这一协议签订了一项秘密条约,在密约中各自保证要推翻达维拉政府并建立一个由谢拉领导的政府。然而,如密约第五条所说,尼加拉瓜感到进攻自己的盟友达维拉总统有困难,因而把这件事留给萨尔瓦多去下手。在干掉了达维拉之后,双方应联合协助谢拉,他应被认为是双方的盟友。[②] 这个问题一经商妥,两国就起草一项总的和平条约。

---

[①] 《美国对外关系,1907年》,第606页;1907年《尼加拉瓜对外关系回忆录》大部分皆记述本处讨论的事件。
[②] 条约全文见1907年《尼加拉瓜对外关系回忆录》,第405页。

这些条约的条款从来没有付诸实行。萨尔瓦多国内政局危机，使它无力支持谢拉，达维拉因而得以牢固地建立起自己的权力。他的政府是由尼加拉瓜武装建立的，自然能够完全为塞拉亚所接受，后者则仍以萨尔瓦多未能实现阿马帕拉协定的条款为借口，再一次掀起反对萨尔瓦多的敌对活动。如他所说，为建立中美联盟的热望所激励，他公开援助反对菲格罗亚总统的政府的一次暴动，用一艘尼加拉瓜炮艇将人员和供应送往阿卡胡特拉。① 这次出征被击退，并由于美国做出了积极有力的表示，使进一步的敌对活动得以避免。

塞拉亚明目张胆的反对其他国家的侵略计划和他对洪都拉斯的控制，造成了一种危地马拉和萨尔瓦多不可容忍的局面。不久就显然看出，这些国家正在计划通过援助尼加拉瓜和洪都拉斯国内革命活动的惯用手段来打击塞拉亚。这种局势在 1907 年夏末变得十分紧张逼人，因为这四个国家已经在它们的边境上聚集军队了。鉴于这种迫在眉睫的战争危险，罗斯福和迪亚斯两位总统联合出面调停，并对各个政府施加压力，要求它们停止进行敌对行动的准备。调停结果，大家同意在华盛顿召开会议，以求解决一切突出的困难，并把各中美共和国之间的关系永远建立在和平的基础上。美国和墨西哥被邀请指派代表，"以纯粹友好的方式提供它们的良好而不偏袒的斡旋，谋求实现会议的各项目标"。②

中美五国的代表于 1907 年 11 月 14 日在美洲国家局召开会议。美国代表是威廉·J·布坎南先生，他的外交技巧和坚忍毅力对于以后五周的谈判具有无可估量的价值。国务卿鲁特和墨西哥驻美大使克里尔先生在开幕会上发表讲话，会议在极其有利的气氛中开始工作，笼罩着会议的是一种彼此善意的精神和在中美洲实现和平的

① 条约全文见《1907 年尼加拉瓜对外关系回忆录》。
② 1907 年 9 月 17 日签订草约的第 2 条，《美国对外关系，1907 年》，第 2 卷，第 644 页。

真诚愿望。在萨尔瓦多的带头下,每个政府依次宣布自己对邻国并无要求或怨尤,而准备立刻就各共和国之间实现更紧密联合的计划进行讨论。尼加拉瓜和洪都拉斯提出了直接建立中美联邦的建议,使得会上洋溢的良好情绪暂时受到干扰,但是很快又恢复了和谐一致,会议工作顺利进行,直到12月20日代表们签订了八项公约,是会议仔细讨论的成果。

第一个公约是总的和平友好条约,五国政府力求通过这个条约来消除使地峡发生革命和国际战争的若干主要原因,并提供更密切的合作以促进它们的共同利益。

总条约还有一项附约,其中包括一些激进而相当不切实际的规定,企图减少革命的发生。

另一项公约规定建立一个由五名法官组成的中美法庭,法官应由每个国家的立法机关选出。

建立美洲国家局的公约承认有某些利益是"应给予特别注意的"。中美局的职能在于做一切被认为是必要和适宜的工作,以实现其所关心的那些目标。

同时,还签订了其他一些公约。

有些政府,尤其是尼加拉瓜政府,对认真履行这些条约的义务没有表示多少诚意。塞拉亚总统已经通过达维拉政府实际控制了洪都拉斯,正在继续策划破坏其他邻国的安宁,其努力方向主要是使自己的一名支持者担任萨尔瓦多的总统。他公开援助普鲁登西奥·阿尔法罗,使他于1908和1909年一再企图入侵萨尔瓦多,终于迫使美国授权它在中美海域的海军舰只的舰长,可使用武力阻止从尼加拉瓜港口出发的海盗侵略活动。[1] 塞拉亚的政策造成了危地马拉和萨尔瓦多无法容忍的局面,很快使得凡是关心中美洲事务的人

---

[1] 见当时美国驻洪都拉斯公使P·M·布朗教授的论文,载《美国政治科学评论》第6卷增刊第160页。

都深信他是在地峡建立持久和平的最大障碍。塔夫脱总统在1909年12月致国会年度咨文中表示了这一信念，当时他说：

> 美国作为参加1907年华盛顿会议讨论和提出咨询意见的成员，自从得到会议各项公约的通知以来，几乎连续收到这个或那个中美国家的呼吁，从而依次收到全部中美洲五个国家的呼吁，呼吁本政府发挥自己的力量来维护这些公约。几乎每一项控诉都是针对尼加拉瓜政府的，它使中美洲处于经常的紧张和混乱之中。

1908年夏初，一伙革命者从萨尔瓦多侵入洪都拉斯，另一伙则在美国军事冒险家李·克里斯马斯将军的率领下进攻该国北部沿岸的一些城镇。在熟悉内情的人看来，塞拉亚的主要敌人——危地马拉和萨尔瓦多总统，无疑地其中一人或者两人都正在辅助这些革命者，企图通过推翻洪都拉斯政府来打击塞拉亚。塞拉亚立刻准备作战，签订了还不到六个月的各项和平条约，似乎已经全被遗忘了。但是，美国和墨西哥向有关各方面做出了强烈的表示，而哥斯达黎加高兴地灵机一动，向新成立的中美法庭提出建议，请它居间调停以防止这场有威胁性的冲突。7月8日，中美法庭向危地马拉、萨尔瓦多、洪都拉斯和尼加拉瓜各国发出电报，劝说他们把相互之间的争端提交仲裁。接到这一通知后，尼加拉瓜和洪都拉斯马上根据华盛顿会议的条款向法庭提出正式控诉——洪都拉斯告危地马拉和萨尔瓦多鼓励和援助了这场动乱和未能对居住在他们国土上的洪都拉斯流亡者施加限制，而尼加拉瓜则作为有利害关系的一方参加控诉。法庭的行动果断而迅速。控诉人被要求提出证据来证明他们的指控，同时危地马拉、萨尔瓦多和尼加拉瓜被命令停止任何意味着干涉洪都拉斯内政的军事活动，并将他们的武装部队削减到平时标准。这些通知都用电报往还，因此在法庭发出第一个通知后五天之内就制定了"暂行条例"，消除了一场冲突的直接危险。在危地马拉和萨尔瓦多同意法庭的命令之后,洪都拉斯国内的革命平息了。法庭在 1908 年 12 月 19 日做出决定。萨尔瓦多被宣告对洪都拉斯的革命免除任何责任,投票情况是:代表萨尔瓦多、危地马拉和哥斯达黎加的三名法官投票赞成,代表洪都拉斯和尼加拉瓜的两名法官投票反对。危地马拉则被除洪都拉斯代表外全体法官宣布免除责任。这项决定受到中美洲许多人士的严厉批评,而大多数法官显然是根据提名他们的政府的利益来投票的,这一事实使法庭失去了大部分的效力。但是,法庭毫无疑问避免了一场中美洲的大战,从而为和平的事业做出了卓越的贡献。

这时已经明显看出,只要塞拉亚继续担任尼加拉瓜总统,华盛顿会议的各项公约就不会有多少效力。因此,当 1909 年秋爆发一场反对他的革命时,那些关心华盛顿会议事业的人就以同情和支持来对待这次革命。

(译自芒罗前引书,第 86—90,207—211,212—213,215,217 页。)

## 塞拉亚的倾覆

此后不久,出现了一个结束塞拉亚漫长的独裁统治的好机会。1909 年 10 月初,据报告,格腊纳达著名的保守派家族成员埃米利亚诺·查莫罗将军已在布卢菲尔兹秘密登陆,企图发动反塞拉亚的革命。他计划这会得到已被争取到反对派方面来的省长胡安·J·埃斯特拉达以及当时在一家美国矿业公司担任秘书职务的阿道弗·迪亚斯的策应。战斗于 10 日开始,即美国领事得到报告后两天。外国侨民自始就以赞助的心情注视着叛乱,中美各国政府和华盛顿的总态度也是一样。东海岸原来拥有特许权的人反对塞拉亚最近把特许权转让的做法。独裁者对邻邦干预得太过分了,不能不使邻邦表示愤懑。塔夫脱政府对商务权利和对公然破坏华盛顿协议的问题同他展开了一系列严峻的争论。面临这一桩桩恼人的事件，塞拉亚发现他在对付这场国内叛乱中处境不利。

埃斯特拉达转向反对派一边，使布卢菲尔兹的守军也转到反对派方面来。以此为核心，叛乱沿着整个东海岸迅速蔓延。叛乱者盘踞几乎无法通行的内地，又获得当地支持的保证，得以无后顾之忧地公开与政府对垒。塞拉亚也毫不示弱地进行最后挣扎。他逮捕并处死两个美国军事冒险家（坎农和格罗斯）。这两个人在圣胡安河中布雷，帮助叛乱者。由于他们的非法地位，失去了向本国政府要求保护的任何权利。但国务卿诺克斯指出，他们的非法地位并没有免除尼加拉瓜行政当局的义务：要以通常的人道对待犯人。① 此外，在一份使用异乎寻常的尖酸刻薄的语言的照会中，美国国务卿点出塞拉亚臭不可闻的经历，把独裁者的代表教训了一顿，并且干脆断绝了同塞拉亚的外交关系。他声称："美国政府确信革命比塞拉亚政府更忠实地代表大多数尼加拉瓜人民的意愿和理想"。②

不管塞拉亚是否同意这一点，对抗华盛顿政府的明确意向对他是没有好处的。墨西哥总统迪亚斯也劝塞拉亚向自己所激起的风暴让步。塞拉亚因此把他的职务交给何塞·马德利兹博士，亡命于他曾经说过很多坏话的那个国家。③ 他得幸没有受到厄运的报应。尼加拉瓜和整个中美洲都感到把他赶走是一件好事。

他的继任者是莱昂的一个有声望的公民，对他个人，美国是愿意承认和支持的。但国务卿诺克斯的照会曾表示不仅反对塞拉亚个人，而且反对他所推行的制度。因此，倒台的独裁者的朋友，不能指望得到华盛顿的支持。然而，这期间政府仍坚持其反对革命者的立场，并于1910年2月击退从沿海来向它进攻的军队。遭到这次挫

---

① 《对外关系》，1909年，第446—451页；附录I，1，第827页，

② 《对外关系》，1909年，第456页。

③ 参看《对外关系》，1909年，第459页。同书1901年第738—742页。

败之后,叛乱者建议由美国出面调停。这时中美法庭试图在双方之间进行调停。马德利兹持这样的立场,指出当时法庭的成员不全,该组织不能行使职权。而埃斯特拉达则已要求美国进行干涉,亦不愿接受法庭的调停。① 双方显然都缺乏诚意。

　　对争执做出真正裁决系于美国。布卢菲尔兹的叛军终于被政府军包围,1910 年 5 月,马德利兹试图封锁该城。当时正在港内的一艘美国军舰的指挥官宣布该城为中立区,不允许采取任何危及外国侨民生命和财产的军事措施。囿于这些限制,政府军不久只得撤离这有碍健康的海岸。叛军得以悠闲地转移到内陆高原地区。中美法庭再次表示要进行调停,但没有成功。② 共和国各地爆发了更大的叛乱,8 月 18 日,马德利兹的军队被击溃,两天以后,轮到这个政府把不容易保住的总统职位"交给"叛军代表。这一行动标志着尼加拉瓜历史新时期的开始。

　　（译自考克斯:《尼加拉瓜和美国,1909—1927》,第 707—709 页。）

---

① 关于这次调停参考《对外关系》,1909 年,第 742—757 页,
② 关于马德利兹的倾覆和美国海军军官在布卢菲尔兹的态度,参考《对外关系》,1910 年,第 758—763 页。

# 第八章  财政和军事干涉
## （1910—1924）

埃斯特拉达的胜利，意味着保守派重获政权，也意味着美国的影响是取得这一成果的有效因素。但如果当事人认为使用外部压力仅仅是帮助自己完成政治颠覆的话，那就错了。与干涉行动俱来的是全面的改革，而从要求进行的绝大部分改革的性质来看，马上可以看出美国执行的是一种可以称为"金元外交"的政策，而尼加拉瓜正是推行这种政策的最突出的实验室。

## 道森条约

作为正式程序的第一步，华盛顿政府拟在新任的领导人中谋求合作。为此目的，把原驻巴拿马公使托马斯·C·道森派往马那瓜。1910年10月下旬，道森促成埃斯特拉达和他的同行接受当前的几个要点。埃斯特拉达继续担任临时总统。立即采取措施：召开立宪会议，设置一个委员会解决向政府提出的各项要求，向国外贷款。

12月31日，立宪会议选举埃斯特拉达担任此后两年的总统，阿道弗·迪亚斯为副总统。任满时将通过普选选出继任人。1911年1月1日，选出的正副总统就职，立刻得到美国承认。1月底，新任美国驻尼加拉瓜公使埃利奥特·诺思科特接到命令，南行赴任。

诺思科特到达马那瓜后，发现局势并不令人放心。这个国家债务沉重，充满了不信任。根据新总统的意见，改善这种状况的唯一希望系于华盛顿的亲密联盟。这一政策在开始时会不得人心，而且会激起其他中美国家的反对，但埃斯特拉达相信，如果他能够得到美国的直接和真诚的支持，就能贯彻这一政策。

如果埃斯特拉达得不到这种支持的保证，美国政府认为新政府将会辞职。混乱的局势使埃斯特拉达别无选择。塞拉亚的支持者虽然慑于他们最近的失败，但人数众多，对这个曾经背叛他们的领袖而通过美国的外来援助使自己坐上总统宝座的人非常蔑视和仇恨。很难指望那些在目前塞拉亚已被撵走的情况下暂时追随埃斯特拉达加入保守派阵营的自由派拥护这个联盟。保守派中也充满了分歧，有些人在长期流亡之后渴望猎取官职，他们这种纠缠不休的做法甚至影响了根据道森协定而组织起来的松散内阁。

在政府中握有实权的是军政部部长路易斯·梅纳。他原来支持保守派的红人埃米利亚诺·查莫罗，但最近的活动使他的官职超过了他以前的保护人。但查莫罗控制了国会，并在其追随者的支持下试图通过一部宪法使国会凌驾于总统之上。4月，埃斯特拉达解散国会，因此查莫罗离开尼加拉瓜。接着，梅纳企图召开一个支持他的主张的会议。5月，埃斯特拉达试图撤销梅纳的职务，因而使首都受到武装冲突的威胁。美国公使进行干涉，制止流血事件，埃斯特拉达辞职，阿道弗·迪亚斯任总统。梅纳保持了他的职务和在政府中的权力。这个政府逐渐带有较多的保守派特征。

尽管有这些个人的争吵，政府正在着手采取恢复共和国财政的各项措施。这是当务之急。马德利兹在国库留下了一大笔钱，但这笔钱已经分给各个方面，赔偿在革命过程中遭到的或真或假的损失。此外，为了关照他的追随者，埃斯特拉达印行巨额纸币，强令进入流通领域，埃斯特拉达在职期间，公债总额约为 3,200 万比索，这包括塞拉亚临垮台前已为他所合并的外债。马德利兹曾停付这笔债务的利息，债权人现在要求立即予以注意。叛乱期间国家收入自然减少了,而新政府迄今还无法使之增加。信用的普遍缺乏表现为兑换率的波动,滥发纸币加剧了这种局势。埃斯特拉达政府曾吊销了前政府所颁发的许多特许状,那些受到损害的人现在出来要求恢复特权,或者为所谓的损失寻求赔偿。

恢复工作的第一步是请一位财政专家研究局势。根据美国国务院的推荐,埃斯特拉达提名欧内斯特·H·旺兹承担此任务。根据他的报告,尼加拉瓜驻美公使萨尔瓦多·加斯特利罗与国务卿诺克斯于1911年6月6日签订了一项条约,由美国银行家提供1,500万美元的援助贷款。这笔款项将用于偿付向政府提出的赔偿要求、合并债务、稳定货币和修筑一条通往东海岸的铁路。借债期间,设总税务司主管关税,该员由尼加拉瓜政府任命,唯提供贷款的银行家有提名权,其人选须经美国国务院认可。这就是被美国参议院三次否决的著名的诺克斯-加斯特利罗条约。

这个条约的准备工作正在进行之际,为执行道森协定中的另一条款,也在采取步骤。这就是混合赔偿金委员会,于5月开始工作,它的名称足以说明它的宗旨。委员会由两个美国人和一个尼加拉瓜人组成,由贾奇·奥托·舍恩里克负责,他在圣多明各担任过同样职务。在三年半的过程中,该委员会核准了7,098项赔偿要求,绝大部分是在革命动乱中遭到的小额损失。债权人提出要求赔偿的总额为18,388,161美元,但仅核准1,840,432美元,核准赔偿数目占要求总额的百分比较小,约14％,这在相同的事例中并非罕见。具有意义的是美国债权人只得到他们所要求的7％。但他们所要求赔偿的,多半是伪造的特许权,或者是所谓预期利润的损失,而不是真正的损失。许多尼加拉瓜人的牲畜在战火中被抢掠者杀死或赶跑,他们的赔偿要求得到比较适当的份额,约20％。委员们在这种烦琐而乏味的工作中表现的耐心,以及他们核准赔款所体现的公平精神,证明了他们工作的高尚性质和效用。

# 银行合同

通过上述条约,尼加拉瓜政府得同纽约的布朗兄弟公司及塞利格曼公司签订一笔 1,500 万美元的贷款合同。在等待条约批准期间,缔约双方着手执行道森贷款协定,安排一笔 150 万美元小额预支贷款用来兑换国库债券,这笔贷款同筹办的巨额贷款一样,用关税收入担保。前菲律宾税务司克利福德·D·哈姆随即被任命为总税务司,以后,他一直担任该职。他一人同时是美洲和欧洲的两方面债券持有者的代表,署理总税务司一职,向尼加拉瓜财政部部长和美国国务卿负责,向他们提出季度收支报告。在过去变幻莫测的 15 年中,不顾诡计多端的政客和过去受惠的进口商人的反对,他确保对其直接工作权限的控制。在他影响下的显著改进和他长期持续任职,充分说明他工作干练,办事认真。

除了委派总税务司,财政整顿计划还包括编制年度预算以控制正常支出,设置应付特别开支的专门资金;设立国家银行。国家银行股票的大部分和国家铁路股票一样,用作部分抵押,交给曾经垫付紧急用款的银行家。此外政府保证未经美国债权人的同意,决不改动关税法和国内税收。美国债权人提出他们的方针后不久,尤需采取这一步骤,即准备承揽尼加拉瓜的国内税收。对这笔 1,500 万元的贷款,银行家无意认为必须用于完成尼加拉瓜的恢复工作。但最初的 150 万美元贷款,则在一定程度内使他们仍须同尼加拉瓜政府共同研究,甚至在一笔垫支的款项不敷用时另加小额贷款。这就使银行家有权对 51% 的国家铁路股票进行买卖,后来索性以 100 万美元购买了这批股票。他们还同意充当英国和法国股票持有者的代理人。这样的安排加上总税务司的出色工作,完成了美国对尼加拉瓜的"金元外交"的显著特征。

协定的特征之一是确立"保护权"和使美国或其国务卿成为最

后的仲裁人,其要旨如下:

> 银行家有权为他们自己或代表证券持有者请求美国防止
> 对该协定的破坏或帮助该协定的履行;共和国和银行家得同意
> 并约定,在解释或实施此协定时如发生任何争论、疑问、争端和
> 困难,缔结该协定之一方或双方应立即将这些争论、疑问、争端
> 和困难提交美国国务卿,由其做出决定、解决和裁决,经提交美
> 国国务卿后做出的全部决定、解决和裁决,得由缔约双方作为
> 结论性的意见予以接受,共和国和银行家双方对所做的决定、
> 解决和裁决及其说明同意后,应立即予以承认采纳和忠实
> 执行。

银行家购入铁路股票,控制国家银行股票的 51%,委派总税务
司管理关税,组织赔偿金委员会,美国公使僭取咨询地位,这一切实
际上把尼加拉瓜置于美国影响之下。作为回报的是,外债得以偿
还,应付的年息从 6%减至 5%。通货稳定了,关税得到公正的管理,
税收效率提高了,因此,实质上增加了收入,使尼加拉瓜能渡过因世
界大战爆发而造成的危机。这些结果如果不是标志着惊人的改善,
至少也标志着巨大的改善。但有人抱怨说,这些财政上的改进是埃
斯特拉达和他的继任者用过多的牺牲国家独立换来的。

## 军事干涉

诺克斯-加斯特利罗条约不获批准,这使更为广泛地改善尼加
拉瓜商业和财政的计划受到挫折。在这个倒霉的事情之外还得加
上 1912 年爆发的另一次革命。1911 年 4 月查莫罗下野后,掌握政
府实权的梅纳将军越来越敌视迪亚斯和支持他的美国势力。政府
不得不进行的临时借款和它的担保条件成了反对派的方便借口。
1911 年 10 月梅纳曾召开一个经过精心炮制的国会,选举他为 1913

年 1 月日起任的总统。这个做法违反道森协定第一款（该协定预定举行一次大选），并且同格腊纳达贵族的愿望完全相反。另外，1912年初，梅纳的支持者强迫国会通过一部宪法，当时正在同纽约银行谈判的这种协定必然会阻挠这部宪法。梅纳的活动已经导致迪亚斯请求美国援助，并提出要缔结一个允许美国在任何时候干预尼加拉瓜的条约，以保全和维护一个稳定的政府。迪亚斯的这个请求，我们马上就要谈到，它实际上将把古巴的地位加在尼加拉瓜头上。

1912 年 7 月，迪亚斯因格腊纳达贵族的支持胆子大起来了，撤销了梅纳军政部部长的职务，任命埃米利亚诺·查莫罗来代替他。继续得到陆军支持的梅纳逃往马萨亚，在那里宣布起义反对迪亚斯。许多自由派在前塞拉亚的军政部部长本哈明·塞来东的领导下与梅纳合作。在莱昂发动的一场叛乱，大有切断最近交给美国管理的铁路交通之势。暴动眼看就要成功，但梅纳恰巧病危，叛乱者的指挥权转给塞来东。因此，斗争变成另一种局面，成为保守派和自由派之间的冲突。

当此叛乱爆发时，美国公使要求迪亚斯保护美国人的生命和财产。外交部部长于 8 月 3 日做了答复，声言他的政府以全力平定叛乱，并谓：

> 因此，本政府希望美国政府以武力保证在尼加拉瓜的美国公民的财产安全，并将其保护范围扩及共和国全体居民。

这个请求显示了美国公使和信任他的那个政府首脑之间的亲密关系。回答迅速而及时，8 月 4 日，美国军舰"安纳波利斯号"派出一支将近 100 人的部队到达马那瓜，并立即采取措施使通往海岸的铁路畅通无阻。在革命者炮轰首都和布朗兄弟公司的代表要求采取进一步保护措施之后，约 11 天光景，斯梅德利·D·巴特勒少校率领约 350 名海军陆战队员从运河区来到首都。9 月初，海军少将威廉·H·H·萨瑟兰率队增援。此后两个月中，从八艘美国军舰派出的海军陆战队和水兵使总兵力增加到 2,700 人以上。

这次军事占领，它公开声明的目的之一是保护当时在一家美国公司管理下的铁路，使之通行无阻。可以看出，这同 10 年前干涉巴拿马时的著名先例是一样的。这些军队的迅速到达使革命者灰心丧气。梅纳于 9 月 25 日向萨瑟兰海军少将投降。几天后，美军分遣队猛攻并夺取了马萨亚的叛军阵地。10 月 5 日，叛乱者的最后据点莱昂献降。在这些冲突中，美军死 7 人，尼加拉瓜方面的伤亡人数没有记载。

鉴于上述伤亡事实，姑且不论其他严重损失，人们不禁要问，当时进行干涉是否值得。显然，美国国务院认为 1912 年 8 月和 9 月的局势极不安定。1912 年 9 月 4 日它发出的一份急件说："美国政府不支持塞拉亚，不仅是反对他个人，而且反对他的制度。本政府不能支持任何恢复此类有害制度的运动。因此美国政府对塞拉亚主义的复活不予任何支持，而为了尼加拉瓜人民的利益，对于合法组成的好政府的事业将给予有力的道义上的支持。"

我们从这一文件可以推知，华盛顿政府进行干涉的根本目的在于制止类似塞拉亚政府的再度发生。它正确地把塞拉亚这个独裁者看成是中美洲长期相互倾轧的根源。根据 1907 年的协定，除墨西哥现在因为革命的结果而不能考虑之外，华盛顿自认是唯一的而且是可以接受的和平的保卫者。它所选定支持的政府，在手续上是"合法组成"的，而国务卿诺克斯无疑认为在美国水兵和海军陆战队的帮助下，这样的政府继续执政，从根本上说是"为了尼加拉瓜人民的利益"的；但迄今干涉政策所造成的生命财产的损失，远较中美洲通常的革命所造成的损失为多。鉴于这些过分的损失，因此，普通的尼加拉瓜人，假定他真的衡量一下全部结果的话，将会反躬自问，干涉是否比不干涉好呢？

毫无疑问，许多尼加拉瓜人和整个拉丁美洲把美国政策的动机归结为并不是"为了尼加拉瓜人民的利益"。近来那些遍及整个加勒比海地区的美国公司的活动和金融活动，且不说他们在巴拿马日益增长的影响，就足够为在尼加拉瓜采取军事措施提供解释了。他们有理由这样说，军事措施只不过是"金元外交"必然要采取的下一步骤。派别冲突中的隐蔽援助，已变成公开的干涉了。

# 政治后果

　　叛乱平定之后，当着海军陆战队还未撤离尼加拉瓜的时候，总统选举开始。保守派普遍倾向于选举查莫罗，但迪亚斯掌握着选举机器。美国公使再次为和平、人身和财产进行调停。在他的努力之下，查莫罗派同意迪亚斯当总统，而让他们的首领担任驻华盛顿公使，在许多方面这个职位比其他职务要胜一筹。交易达成之后，当大部分海军陆战队仍在尼加拉瓜之际，有三四千选票投给预定的候选人。然后美国军队就撤退了，留下100名海军陆战队保护使馆。留下这支军队，是为了让人们明确地想到这是控制该国的真正力量。

　　虽然迪亚斯有美国的支持（也许正是因为有这种支持），虽然他的政府一般说来是比较稳健的，但事实上他既不是一个得人心的，也不是一个特别成功的总统。首先，引致干涉的表面动机，即国家财政状况，却无所改进。迪亚斯执政后只有一个正常年度（1913）的收入确实略高于塞拉亚统治下最好的年头（1906），但是，债务和开支的增加超过了这笔收益。政府无法应付经常的开支，要求银行家进一步援助。而银行家则要求国家银行承担代理人之责，以征敛全部国内税收作为抵押。美洲国家的下属机构在执行地方财政法律上所经受的困难，使他们经过一年的试办之后便放弃了征敛国内税收的办法。1913年10月，银行家接过来发行一笔为数达100万美元的国库券，同时支付了数目大致相当的款额，包去了国家铁路的收益。政府用这笔钱支付了各项开销，在国家银行的股金也从 10 万美元增加到 30 万美元。这些措施暂时解决了一些困难，但这是以担负外国股票持有者更多的债券为代价的。

欧战断送了一切使财政迅速改善的希望。商业陷于停顿。1914 年秋，外债暂停支付，以后，遇必要时经常发生同样的情况，重新付款要附有条件，并须先清欠款，为应付政府和已失去了欧洲正常市场的咖啡种植者的迫切需要，只有增发货币，并在纽约暂停汇票出售。由于这是维持国家银行纸币票面价值的措施，这个中断意味着暂时放弃金本位制。

在这些财政上的困难之外，还加上经常性的内乱回潮。由于经济原因而裁减军队，转而使匪患丛生。政府无力付给雇员工资，谷物全部和部分歉收，都加深了商业危机，进一步减少正常收入。同纽约银行家缔结的财政契约，使政府越发不得人心。密谋和小规模叛乱经常发生，只因美国密切注意，制止总的爆发，才使国家避免了另一场内战。

华盛顿的支配地位明显地表现在 1916 年的选举中。有三个举足轻重的派别。政府集团提出卡洛斯·夸德拉斯·帕索斯博士作为候选人。他是一个保守派，在格腊纳达的贵族家庭中，他家和查莫罗家齐名。而在能为美国所接受这一点上，他不如埃米利亚诺·查莫罗将军，毫无疑义，查莫罗是受大多数保守派支持的。自由派的人数比对方多，如果海军陆战队撤走，或者，如果尼加拉瓜能够在外界监督下保证一次公平的选举，他们的确可以取得优势。但由于他们提名塞拉亚过去的一个亲密伙伴胡利安·伊里亚斯博士为候选人，使他们失去了获胜的机会。美国公使公开支持查莫罗。8 月，伊里亚斯被禁止进入国境进行竞选活动，嗣后，夸德拉斯退出竞选，这就保证了查莫罗当选，1917 年他就任垂涎已久的总统职务。

# 布赖恩-查莫罗条约

上文已经谈到,美国参议院拒绝批准诺克斯-加斯特利罗贷款条约,继这次失败之后,1913 年 2 月,两国代表在完全不同的基础上着手缔结一项新约。根据新协定的规定,美国获得在 100 年期内有权修筑一条穿过尼加拉瓜的运河。与此同时,美国得到在沿加勒比海岸的科恩群岛设防和在丰塞卡湾修筑海军基地的永久权利。美国同意付给尼加拉瓜 300 万美元作为对于这些特许权的报酬。

尼加拉瓜当时面临的财政困难,使这样一笔报酬非常值得接受。但给予美国的特许权绝不是微不足道的。它们把美国同中美洲的关系规定得更明确了,并可以预期这会减轻对单纯财政措施的反感。不幸的是,协定的效果适得其反。

该条约是在塔夫脱去职、威尔逊就任总统和布赖恩出任国务卿时进行磋商的。5 月 22 日,美国国务院拉丁美洲司将一份关于尼加拉瓜局势的备忘录提交新任国务卿。在缕述由于参议院搁置诺克斯-加斯特利罗条约而造成的困难和指出该国需要资金以解决地方的和外国的赔偿要求后,备忘录的结论是:①

> 尼加拉瓜所需要和缺少的是和平。没有美国方面的某种支持与合作,尼加拉瓜自己是否能确保和平是值得怀疑的。除非她能够得到必需的资本,偿付赔偿委员会的裁定额,偿还国内外各项旧债,支付政府雇员的欠薪和开办开发国家资源所急需的工程,否则她肯定无法获得和平。
>
> 上届政府推行的所谓"金元外交",其最明显的要求或许是通过贷款协定来获得上述结果。本届政府对贷款协定和对尼加拉瓜确定其总态度的时刻已经到来。

① 《对外关系》,1913 年,第 1042 页。

与此忠告相一致,尼加拉瓜驻华盛顿公使馆向美国国务院开列了一份该国政府希望通过长期贷款来偿付的各类债务的清单,其分类如下:①

甲、向英国埃塞尔伯加辛迪加贷入抵押贷款 620 万美元,由关税收入每月提出最高额 31,500 美元作为第一抵押;利息 5%;塞拉亚政府于 1909 年签订的抵押贷款的 75%,利息 6%。

乙、纽约布朗兄弟公司和塞利格曼公司的债款 75 万美元,以关税余额担保,年息 6%,1913 年 10 月 15 日到期;自 1912 年 1 月起由银行家按票面价格预支。关税余额,计达 2,655,000 美元。

丙、欠付薪金、生活补给、预支储备等政府杂项付款,为数 1,500 万美元;这是造成最大麻烦和最为急迫的债务。

丁、因几次革命和腐败政府造成的向政府提出的近 300 万美元的赔偿要求,要求总额约 1,000 万美元,据信可减为 300 万美元或更少。

此后到 8 月 30 日,尼加拉瓜财政部部长佩德罗·拉斐尔·夸德拉再次提出。他当时在华盛顿进行正式访问,在致国务卿的一份信件中,他回顾了尼加拉瓜最近以来所担负的财政上的债务,看来他认为美国对这些债务负有部分责任,他反复申述需要一笔长期贷款。但作为一项暂行办法,他提出一笔数目较小仅 400 万美元的贷款。预料到美国方面马上会表示帮助,他指出已准备好把有关赔偿要求、担保、铁路和银行的管理、财政代理人的任命等详细说明提交美国国务院,他以如下的恳求结束:②

阁下对我国真挚关怀,已着手考虑此事,这使我们尼加拉瓜人永远感谢不尽。我们恳请阁下找出某种方式,以便那些曾经提出过建议的各方面的银行家有所依据,可以在尽可能短的

①《对外关系》,1913 年,第 1043—1044 页
②《对外关系》,1913 年,第 1049 页。

时间内根据上述大纲做出安排，这同我们国家的利益是密不可分的。

布赖恩先生明确建议在条约中增加一项体现"保护"方案的条款，这就同迪亚斯在两年前提出的接近了。根据该项规定，尼加拉瓜未经美国同意不得宣战，也不得同外国缔结任何影响其独立或领土完整的条约。而且一当遇有维护该国独立或保护生命和财产之必要，美国得干涉尼加拉瓜事务。这个附加的条款没有得到美国参议院的批准。因此，布赖恩先生和查莫罗先生于1914年8月5日签订了一项没有关于"保护"条款的条约，但包括了其他特点。此约经若干修改和增添后，即为参议院所接受，并于1916年6月24日批准和公布。

在此前一天，哥斯达黎加和萨尔瓦多因修筑运河和设防侵害他们的权利提出抗议。他们的反对没有即时引起条约的任何变动，但在批准该约时，美国参议院补充了一项声明，说明该条约中没有影响这两个国家或洪都拉斯任何现存权利的内容。但是这未能使提出抗议的政府感到满意，也没有使后来美国国务院提出同他们签订相同条约时会更顺利一些。1916年3月25日，在该约批准前，哥斯达黎加针对该约向中美法庭提出控告。同年8月，萨尔瓦多也向该法庭提出控告。

哥斯达黎加认为该条约影响了它在圣胡安河下游自由航行的权利。该项权利是它同尼加拉瓜于1858年缔结的条约中订明的，并在30年后由美国克利夫兰总统仲裁予以肯定。根据这项条约，尼加拉瓜曾同意在缔结一项运河条约之前须同哥斯达黎加进行磋商。此外，哥斯达黎加还争辩说布赖恩-查莫罗条约破坏了1907年华盛顿协定，该协定赋予中美每一个共和国都可使用其他国家可航水域的权利。根据这些理由，并鉴于缔约双方承认，如果他们签订此约，尼加拉瓜当不会提供这种尚有疑问的特权，哥斯达黎加乃要求取消该条约。

　　在布赖恩先生修改原来的条约之前，萨尔瓦多声言，丰塞卡湾的水域系由沿海三国共管或共有，不经公民投票同意，不得割让沿岸的任何部分。美国的回答是：这不是它对局势的解释，鉴于三个共和国已经批准和尚未批准的协定，这显然也不是尼加拉瓜、洪都拉斯甚或是萨尔瓦多本身的解释。萨尔瓦多答辩说它同邻国已经签订的和尚未批准的这些协定，是共同占有的证据。

　　对于打算建立海军基地的最严重的反对意见是：它将构成对于萨尔瓦多及其邻邦的"生活自由和自治"的威胁。尽管美国答应了许多，说什么要把整个中美洲的利益"放在心上"，这种威胁是实在的。无疑，一个强国在十分靠近较小国家的地方建立海军基地，一定会对这些小国的国内外政策发生实质性影响。此外，如果美国卷入同另一个大国的战争，一个孤零零的海军基地，就像在丰塞卡湾准备建立的这个一样，肯定是一个诱使敌人进攻的目标，其结果将是周围所有的地区遭殃。

　　萨尔瓦多还认为修建海军基地将妨害中美联盟的重建。美国国务院在答复中极力申辩，该条约给予美国除已订明的权利和利益之外，没有给予任何别的权利和利益。因此（美国政府）决不"会在建立中美洲国家政治联盟的道路上设置障碍"。

　　1916年2月9日，萨尔瓦多重新提出抗议。这一次它的公使声称，条约影响了洪都拉斯的中立，并因而违反了保证该国永久中立的1907年华盛顿条约的条款。蓝辛国务卿在反驳中引用了有争议的条款，并提到参议院给布赖恩-查莫罗条约增添附文，认为已充分保证洪都拉斯和其他两国权利。这次交换外交函件，结束了美国和萨尔瓦多之间的直接争论。

　　于是，萨尔瓦多外交部部长将此通信送交尼加拉瓜公使馆。后者的答复是漂亮的，但并不令人信服。尼加拉瓜对萨尔瓦多直接与美国攀谈并且僭冒全体中美洲国家说话感到惊讶。尼加拉瓜否认其他两个共和国具有共同占有整个海湾的任何权利，力称它能够在自己的国土上行使主权。尼加拉瓜有权在海湾为本国建立海军基地，如果愿意的话，也能将此权利租给别国。尼加拉瓜自应效力于重建中美联盟的理想，但另一方面则有权采取措施保卫国家的安全与对本国未来幸福和发展做出贡献。为了实现这些目标，它的政府无须求之于别的国家的政府和人民。它的行动一点也没有损害洪都拉斯的领土或中立，也没有改变自身的"宪法秩序"或别国的宪法秩序。"由于这是与当前问题无关的事实"，公使拒绝讨论"一个强而有力的国家控制了一个弱国部分领土所产生的后果"。

如前所说，萨尔瓦多及其诸邻国具有各自的观点，正是这种情况造成了对于布赖恩-查莫罗条约的主要威胁。从法律上争论对现有条约的破坏，尼加拉瓜政府能够摆出貌似有理的论证来反对萨尔瓦多和哥斯达黎加二者的论点。针对后者认为条约破坏了1858年卡尼亚斯-赫雷斯条约和克利夫兰总统的裁决，美国和尼加拉瓜的回答都是：布赖恩-查莫罗条约仅同一条可能修筑的运河选线有关，而不是涉及实际修筑运河的条约。因此，他们的行动根本不影响第三方面的权利，只不过确保美国愿于任何时候同哥斯达黎加签订同样的条约罢了。但这一点也是与12月1日国务卿海伊同该两个共和国的代表签订的议定相一致的。同时，美国的声明明确地保证了哥斯达黎加的权利，因此，哥斯达黎加向法庭起诉条件并未成熟。

尼加拉瓜进一步声言，克利夫兰的裁决和布赖恩-查莫罗条约都不在中美法庭权限之内。它们都没有为哥斯达黎加的要求提供基础，除非"修筑运河会牵涉到损害她的财产权利"。因此，法庭的任何裁决，因对此无权审判，将是无效的。

1916年9月30日，法庭在尼加拉瓜的成员缺席的情况下做出裁决。法庭宣布它对此案有审判权，尼加拉瓜破坏了哥斯达黎加根据1858年卡尼亚斯-赫雷斯条约、1888年克利夫兰裁决和1907年中美洲条约所享有的权利。因为法庭没有审判美国的权力，不能宣布条约无效。1917 年 3 月 2 日，法庭对萨尔瓦多讼案的裁决做了同样的说明。无论是美国还是尼加拉瓜都没有对这两个裁决给予任何注意。

美国这种公然无视在某种特别意义上是它本身所创办的机构，看来是使法庭没有继续存在下去的必要了。对法庭根本不能寄以期望。原来期望法庭的成员要坚持审判精神，但普遍没有保持，最重要的案件提到法庭做出的判决，受到原告和被告双方的嘲弄；但它是一个值得称赞的实验。它的经历是短暂的，它的制裁范围是有限的。可以认为它是那些使它的某一个赞助者顶不住的经济力量的牺牲品。是美国对中美的早期干涉产生了中美法庭，它能否通过压力使它的被保护人在这个案件上尊重裁决来延长这个组织的短促生命和效用，这仍然是一个无法回答的问题。当然，美国不是用直接介入的方式使法庭的解体不可避免的。

## 运河资金的使用

布赖恩-查莫罗条约除了引起美洲国家之间的纠葛，也引起财政上的纠葛。尼加拉瓜的政府和债权人高估了条约支付的款项所起的调剂作用。为难的政府认为运河红利拟应作为应付雇员欠薪的吵闹，应付纠缠不休的赔偿要求和（或许）抱不信任态度的贷款人的一种准备手段。在纽约银行家方面，他们为自己并代表其他外国债权人要求立即支付余欠本息和偿债基金，偿还临时贷款和因最近几年歉收而积累的应还而未还的债务。300 万美元的资金用以满足两方面的愿望显然是不可能的，但运用外交途径谋求完成这一非常任务是国务院的职责。

谈判的双方事前都采取了一些利于相互通融的措施。尼加拉瓜政府于 1914 年 12 月 2 日同意把条约提供的资金偿还银行家的贷款。作为报酬，尼加拉瓜发行一笔新国库券和延期偿还临时贷款。

这是在批准条约很久以前谈判的,达成的协议获得国务卿布赖恩过早的认可。据此,1916年7月17日,尼加拉瓜的财政代理人和银行家双方要求国务卿蓝辛立即支付所同意的钱款的大部。

这个要求没有得到国务院的批准。首先,拨款前甚至在条约批准换文之前就考虑资金的分配,被认为为时过早。第二,这样做似与条约第三款相矛盾,该款的大意是,条约中提到的资金,其使用方式需经缔约双方最高当局的一致同意。在这个问题上,双方随后的信件往来继续了三个多月。在通信中,美国驻尼加拉瓜公使指出,提出的偿付总额,将用完全部资金,留给尼加拉瓜为数众多的要求赔偿人,就没有什么了。他建议应该首先赔偿这些要求,然后把余额按比例在主要债权中分配,同后者达成某种关于金额分配的协议。但他认为在赔偿这些要求时,许多人最终获得的金额都得减少——有些可以减至五或六成。

当直接有关的各方——尼加拉瓜的财政代理人、银行家、蓝辛国务卿和杰斐逊先生——讨论付款优先权的时候,前尼加拉瓜政府造成的财政负担并未减轻。继任者查莫罗将军也不指望肩负轻担子。后者确曾告诉美国公使,他将在国库一文不名的情况下就职。面对着一群失望的本地的要求赔偿的人,他们为数很小的裁定额至今还未清偿,这种前景并不令人愉快。随着收入的逐渐减少,连打算支付50万元文官的欠薪也办不到。查莫罗自然要向他的北美支持者求援,因为他们是能够给他这种援助的。

对他来说,幸运的是救援已经在望。1916年12月18日,在华盛顿举行的有关方面的会议上决定,用运河的钱偿还埃塞尔伯加贷款的余欠,因此将总税务司认为应用于偿还该项贷款的若干资金让给查莫罗政府直接使用。此外,国务院设法让外国证券持有者理事会将下一步应取的利息和偿债基金延期三年,此款供尼加拉瓜政府支付地方急需。国务院还同意允许已贷进的暂时贷款和全国长期贷款一同偿还,而在此基础上执行尼加拉瓜和纽约银行家之间的合同。为了达到这个结果，有赖于进一步发行债券。担保这些债务，以关税作为第二抵押，以国家铁路股票和国家银行股票的49％作为第一抵押。这样处理将令银行家控制了（至少是暂时控制了）这几项公用事业。

将来全部债务的一个重要项目是偿还前混合委员会所裁决的，但至今尚未偿还的赔偿要求，这类赔偿要求将由两个美国人和一个尼加拉瓜人组成的新委员会审查，其目的在于核减不能承认的利息或带有投机性质的收益。新委员会所裁定的赔款将同国内外债务一并偿还，据美国公使于1916年12月31日估算，这笔债务为数1,700万美元。

同外国证券持有者理事会的任何协议，正如进行的情况所表明，都视设置尼加拉瓜常设财政顾问的问题能否商妥而定。此外，这伙债权人和纽约银行家对于他们所持有的债务，不愿在整整三年时间里完全放弃现金偿还。因此经多次通信和协商之后，决定他们收取的利息和偿债基金其现款数目将逐年增加。余额的利率仍为6％。根据这种协议，尼加拉瓜得从正常收益中节省出50万科多巴，把它用于支付薪金和其他地方债务。该国用这笔储蓄和得自条约的50万美元资金，可望在三年的期限结束时还清全部债务。

这些让步是经过相当大的困难才得到的。协定草案在马那瓜和国务院之间往返传递，并在纽约和伦敦之间通过海底电报进行磋商。经常需要在华盛顿召开会议，至少有一次会是在"美国泛美尼加拉瓜常设委员会"主持下举行的。当这些长时间的谈判进行期间，尼加拉瓜国会也在召开一些没完没了的正规会议和特别会议，花费了一大笔额外开支，查莫罗为了应付当前急需，不止一次地向华盛顿请求从尼加拉瓜可望分得的那一份运河基金中支款。

另一件引起麻烦的事是关于埃默里的赔偿要求。根据过去的协定，该项赔偿实际上已成为尼加拉瓜拖欠美国的债务。这笔债务的较大部分现在归布朗兄弟公司的银行所有。这样，债权人被答应可从运河资金中得到优先偿付。此项建议激起尼加拉瓜和英国政府的抗议。英国驻华盛顿大使声言，英国的一些债权人有资格享有同等优先待遇。其他欧洲债权人也可能提出同样的争议。但另一方认为，如果埃默里赔偿没有像现在这样实际上是一笔国家债务，不是交给美国会计检查官支配的话，当然不会强行要求偿还全部债务，也就不会破坏运河资金分配的全部计划。在这种富于暗示性的威胁之下，反对的意见终止了，布朗兄弟公司"作为埃默里债务的有关方面和其他债权的代理人"，得到该项债款三分之二的现金，其余为国库券。与此同时，埃塞尔伯加贷款的到期欠款全部偿还。在300万美元中，尼加拉瓜所得不足三分之一，就是欠发薪金和地方提出的要求，也只能用这笔钱支付。一笔为数不大的预算，用十万美元支撑三所"大学"，显然也一笔勾销了。

## 高级委员会的工作

高级委员会是 1917 年财政计划最为明显的特征。它是要求修改未付赔偿要求的产物。在进行修改过程中，还认为有必要检查共和国的全部债务情况，并提出处理办法。建立最初称为"公共信用委员会"的法令是由查莫罗总统于 1917 年 2 月 14 日签署的。根据该法令建立了一个由两名成员组成的委员会，成员之一应是财政部部长或由尼加拉瓜总统指定的一个其他的人。另一个人也由该政府根据美国国务院的推荐任命。委员会的裁决应该是决定性的，但在两名成员发生分歧的情况下，争议之点将交给一名仲裁人，该仲裁人也根据美国国务院的推荐任命。

这个机构是最近泛美财政会议的间接产物之一，它无疑将对尼加拉瓜的事务发挥强有力的影响。但是，只有国务院能够明智地行使布赖恩-查莫罗条约中含有的管理权，这样一个代办机构才是必要的。委员会的两名成员负责修订国内外债务，确定每一笔债款的数目，并同债权人安排偿付办法。根据条约第三款，他们还负责确定分配运河资金的细节。

鉴于期待的利益，没有人反对建立这个委员会。委员会行使职权的时间是三个月，有权延续三个月。更为困难之处在于有保证的债权人方面要求设立一个常设财政顾问。这是他们对于国务院要求延缓付息和偿债基金的回答。建议设立这个职务引起了强烈反对。查莫罗总统不愿向国会提出任命。他情愿让总税务司管理下的财政制度继续下去，许以严密监督开支，并按照为他制订的预算过日子。他相信这条路线比企图设立一个财政顾问更为得当。

由于普遍反对，结果提出了一个变通的计划。公共信用委员会（现称高级委员会）继续充当一个双重的财政代理机构：监督国内财政，监督同外国债权人的信托关系。继续监督债务并确定每年的预算。每月安排一笔固定额，由政府自由处置，作为日常开支。此外，委员会控制一笔附加资金，用于额外开支，但必须经由尼加拉瓜成员（通常是财政部部长）和驻会委员共同协议才得使用。关税和捐税的任何改动都必须得到他们的同意。它还充当外国债券持有者的财政代理人。它将与总税务司共同工作，后者仍如既往监督关税。国内税收由地方官员负责，但如果既定的三个月的收益低于一定数目，总税务司应接掌这项税务。有几项特别基金，例如由总税务司或地方税吏征收的学校基金（不幸的是总不敷用），应由政府控制。国家银行仍如过去一样监管各种公债，除列入预算者外，概不支付。从理论上说，总税务司和委员会成员可由任命他们的尼加拉瓜总统免职，但没有银行家和美国国务院的赞同，他不见得会行使此项权利。

应该指出，美国国会没有直接参与这桩复杂的外债事务。迫使尼加拉瓜国会通过这样的立法是非凡的成功。美国公使曾报告说，查莫罗提议将赔偿委员会的事务尽可能地掌握在美国国务院和他本人手中。公使继续说，这样可以采取及时的行动和节省开支。他报告说,由于要为赔偿委员会的工作人员特别是美国人员支付高薪,颇多怨言。另一次,他劝告在一个试验性的财政计划草案中,"政府"一词应该用"国会"代替。修正用词的草案将较少引起宪法方面的顾虑。尼加拉瓜国内的反对不止一次地造成整个财政整顿计划归于失败的威胁。

就其主要目的而言,1917年的财政计划相当成功。埃塞尔伯加贷款的本金在1920年减至不足100万英镑。因多次发行国库券所负的债务也还清了。公共信用委员会研究了所有各方面的赔偿要求——约3,800项——并决定这些要求应该赔偿,一部分从运河条约的实收款付给,一部分则用共和国特别债券付给。根据裁定,偿付是从1918年5月开始的。两年后,当委员会的人事发生变更,有些还不满足的债权人试图增加他们的赔款数,但没有成功。

1918—1920年是财政稳步改进之年。有担保的债务减至8,425,937元8角7分科多巴。在没有增加相应的正常管理开支的情况下,收入从1,867,036元4角1分科多巴增至3,153,394元7分科多巴。1913年发行国库券向银行家的透支到1919年9月已全部清欠。接着,布朗兄弟公司撤离尼加拉瓜。塞利格曼公司继续充当外国证券持有者的代理人。1920年尼加拉瓜政府购买了属于国家铁路(太平洋铁路)的股票。

这个引人注目的财政外观,部分是由于盈余增加,从每年50万科多巴升为100万科多巴。这个数目毕竟只是债务减少中的一小部分。有些债务是从运河条约的实收款清偿的。其余部分则由于各项赔偿要求经核减然后偿付,而其剩余部分转为关税担保债务。

财政状况的其他方面不那么令人愉快。年复一年仍需短期贷款,大部分是由于政府雇员特别是学校教师工资未付。到1920年底,这方面的债务总计约为175,000科多巴,这包括到期的道路合同,也包括欠付薪金。政府希望彻底避免恼人的不规则的游动债务。

到了 1919 年，前景看来是如此有利，因而决定发行笔 900 万美元的新公债。这笔钱将用于偿还 1909 年的债券，购回太平洋铁路的完全所有权（其股份的 51% 仍在银行集团手中）和完成长期搁置的通往大西洋的铁路。除了发行这笔公债外，政府计划发行 410 万科多巴国库券，估计该款相当于今后五年的盈余。收入继续增加，支付新计划主要部分的开支因而大有希望。

为了促成这个计划，财政部部长于 1919 年 9 月赴美谈判贷款问题。由于货币市场的情况，直到 1920 年 10 月他才得以回报同布朗及塞利格曼公司缔结了一项合同，但该合同因在国会中遭到在很大程度上是吹毛求疵的和个人性质的反对而放弃了。

与这个贷款计划相联系的是对于 1917 年的财政计划要稍做修订。1917 年计划的若干内容诸如赔偿要求的解决办法已经执行了，因此这些内容可以取消。经验表明，其他的内容可以妥善改变。希望根据新计划动用收入的盈余购买现有铁路、修筑新线路以及从事其他的公益改革。希望这些谋求发展的措施能像 1917 年计划曾成功地应付早期财政情况那样也会得到成功。

这些希望并未完全实现。随着战后活动而来的普遍财政衰退影响了尼加拉瓜和地球上的其他地区，但在程度上有所不同。国家能够继续偿还外债和偿付到期证券。甚至不算 1919 和 1920 这两个例外年度，这几年的平均贸易额仍比 20 世纪头十年的贸易多两倍。咖啡减产和食糖落价降低了贸易总额，但 1922 年的商业还是超过了除 1913 年外以往的任何一年。

商业情况逐渐改进。1924 年年底总税务司报告这一年是历史上贸易额最高的一年。总收入仅次于 1920 年。债务已减至不足 750 万科多巴之数，不到实行财政监督的 1911 年所负债务的四分之一。财政部没有摆脱游动债务。学校教师仍经常欠薪。用于公共教育的开支过低。但 1919—1925 年的国家预算，除一年外，每半年度均有结余。此项结余用于公共工程和偿付为购回太平洋铁路而发行的国库券。到了1924年中,这些证券已全部偿还,政府把注意力转到购回仍由纽约银行家控制的国家银行的股份。

1924年9月宣布打算购回国家银行股份,在银行存户中和其他有关方面议论纷纷。为了完成这笔交易,就得把正处于破产过程中的海外商业公司盘过来。这家公司并不是国家银行的一部分,但它归中南美银行所有,后者是控制着国家银行股份的纽约公司,而国家银行的美方经理也照料海外商业公司的事务。为了完成这种双重购买,政府必须用掉它的盈余和专门股息,挪用学校基金,甚至抵押银行本身的资本和盈余。带着这些债务,银行恐怕不能承担促进咖啡生产或开拓外汇的任务,除非它建立起附加信贷或在信用保证债券上扣留作为经常偿付的结余部分。这些措施是提出了,但并未执行。债券扣存至少是明显不合法的。对政府维持货币票面价值的能力有怀疑,但代理总统马丁内斯和他的继承者索洛萨诺都表示他们决心执行有关财政的法律,全额偿付证券,改变银行制度,以便同美国的银行制度一致。

有了这些保证,国家财政安全的威胁看来是解除了。在1924年间,尽管行之有效但从未得人心的财政监督制度在国会遭到尖锐的抨击。总税务司因能购买跌价英汇,被指控在偿付证券时投机获利。它对该指控马上提出反驳,在反驳中说明自1912年以来总税务司为政府节约了大约90万科多巴。

尼加拉瓜财政回复的经过在当时是值得大书特书的。3,200万美元以上的债务减至不到四分之一。国家商业每十年翻一番。欧洲债券的利息已经降低,而债券本身正在定期偿清。关税债券的发行代替了总数超过其四倍的不规则的债务。货币稳定了,并在世界大战的困难期间保持了它的票面价值。应付额外要求而发行的各种特别国库券已全部偿清。建立了国家银行,其资本增加了三倍,现已完全成为国家的财产。为满足政府早些时候的需要而卖掉的太平洋铁路已经购回。港口改善了,卫生措施也有了,大规模的筑路计划正在执行。当然，通往东海岸的铁路迄今未修筑，公共教育制度不当，教师的工资既打折扣又经常拖欠。为了应付财政上的需要而把许多改进公益的事项搁置下来。然而，当人们在"金元外交"本身有限的范围内评判它的成就时，尼加拉瓜在银行家按照美国国务院的要求进行财政监督的 15 年末尾，已经获得相当大的经济改进和发展。

（译自考克斯：《尼加拉瓜和美国，1909—1927》，第 710—738 页。）

# 第九章　干涉和联合主义
## （1915—1921）

　　导致 1907 年华盛顿条约和此后十年的布赖恩-查莫罗条约的一连串事件，标志着中美洲事务进入了一个新时期。就其对尼加拉瓜及其邻国的影响和这些国家决定他们对于美国干涉的态度等方面，我们已经指出了这个新时期的某些物质的和政治的情况。本章的目的在于探索美国的干涉对于存在于五个共和国之间的虚幻的联邦主义计划的影响。在一个多世纪的时间里，联邦主义的事业激起了无数爱国言论和许多不明智的强加于人的尝试。为争取中美洲的统一，进行了近 20 次外交的和军事的活动，虽然归于失败，但联邦的计划仍然作为一种受人崇拜的信念而存在，并且纳入中美各国宪法的规约。这是各种银行合同与布赖恩-查莫罗条约不能回避的一种力量，更不要说那些更错综的干涉了。

## 进行联合的试验性努力

　　紧接中美法庭做出不利于该国的决议之后，尼加拉瓜决定谴责该法庭据以建立的协约。为期十年的协约，事实上年内就要期满了，对此提出明确的谴责似无必要。除尼加拉瓜而外，其他共和国也反对法庭的浪费，但那些注意及此的人，一般将之归因于不能自爱。看来法庭的创办人不愿意让法庭无所作为而死去，而他的这个中美卫星国则以最后的一击向这玩意儿出气。两种情况看来同样是致命的。

如果中美洲面临抉择而注定要失去美国的道义影响，一当这牵涉到美国的物质利益时，他们就得要找到其他内在的力量来取代美国的这种影响。他们要么自动地修改华盛顿条约及其附带的协定，要么就得设法恢复他们一直认为可以用来对付恶政的万灵药——中美联邦。

后一个方案是在华盛顿条约范围之内的。美洲国家局为了履行华盛顿条约移交过来的任务，于 1915 年 12 月提议召开大会，为建立联邦进行准备。1921 年将是独立 100 周年，看来是恢复原来的联邦的恰当日期。当时尼加拉瓜也是支持这个建议的。它开始时的态度使哥斯达黎加、萨尔瓦多和洪都拉斯这几个邻国政府认为尼加拉瓜当前的统治者埃米利亚诺·查莫罗会撤销对法庭的谴责，并和他们一起来修改原来建立法庭的协约，或者倡导一个更加密切联合的运动。

萨尔瓦多和哥斯达黎加的总统已经采取措施修改 1907 年的协定了，他们之所以这样做，或许是想从这条遭遇诉讼风波的难船中捞回一点什么，但更大的可能似乎是加强他们各自在国内外的政治地位。他们在洪都拉斯的伙伴，总统地位同样不稳固的贝特兰德，提出了一项目标更为远大的建议。他发表意见说，华盛顿条约打算建立的更为密切的联邦，现在条件成熟了；中美法庭搞了十年行将结束；尼加拉瓜不支持使法庭存在的措施，但它没有理由不参加建立一个更为密切的联邦的讨论。

哥斯达黎加和萨尔瓦多立即支持贝特兰德的提议。尼加拉瓜的外交部部长首先解释他的国家所以对法庭提出谴责，就是因为法庭过于浪费了。但他的政府不会拒绝参加一个更全面地规划其职能和对其进行重新改组的会议。然而他提议这次会议应在华盛顿或巴拿马举行。他声称只有这样他们才会保证议事程序必要的公正无私。他们当然应该邀请墨西哥、美国和巴拿马（一枚真正的炸弹）出席。关于巴拿马，他解释说，应作为联邦未来的成员被邀请。

尼加拉瓜这时或许对巴拿马这个老资格的地峡保护国有一种同情心，也可能是想完全摆脱掉进一步讨论联合问题。有些评论毫不犹疑地点出后一动机，更有人不仅否定了这个包括巴拿马在内的拟议中的联邦，而且认为只要尼加拉瓜在布赖恩-查莫罗条约的束缚下，而且有美国海军陆战队驻守，中美各国本身的任何联盟都是不可能的。有一种意见认为要谈联合必先解放尼加拉瓜。另一种意见认为联合将促进尼加拉瓜的解放。至少这将在中美各国中预示着一种比较有秩序的制度，而稳定和良好的秩序是使美国海军陆战队撤离的关键。有一派人把布赖恩-查莫罗条约看成是这样的一项措施，它彻底危害了各国的权利，因之，他们对于同尼加拉瓜缔结任何形式的协定都感到厌恶。另一派人则支持联盟使之作为一种手段以改变布赖恩-查莫罗条约。通过联盟他们将吸引美国人善意的关注，招来的是做长久打算的投资家，而不是商业冒险分子，并取得伴随联盟而来的安全而受到普遍尊重。强调国内和国际的安全这种论调成了世界大战的成果之一，它在中美事务的讨论中奏出了新的调子。

但是，这次重新讨论联合的问题或延续中美法庭的建议所引起的任何希望都给一场大灾难冲散了。原定要在危地马拉城举行推动筹备工作的预备性会议，由于1917年12月和1918年1月发生一连串剧烈的地震，危地马拉城遭受破坏，使得在当时不可能继续进行活动。

两年后，中美国家再次讨论联邦问题。地峡的局势一如既往，经常发生混乱和相互残杀。在这个混乱旋涡中出现的最重要的事件是哥斯达黎加和尼加拉瓜两国首脑之间一连串的相互指责。两人都是不得人心的独裁者，但后者得到美国的承认和支持。争论之点是关于他们必须遵守互不干涉的问题。看来双方都在鼓励对方的"自由派"叛乱者。事态发展的结果，哥斯达黎加的蒂诺科把他自己的军队和尼加拉瓜的叛乱队伍集结了起来，声言要进行直接侵略。这时，由于经济上的原因而裁减了军备的查莫罗便请求美国保护。

中美洲其他地区观察事态发展的人认为尼加拉瓜的请求是不必要的自己取辱。他们指出，美国不会不关心自己的利益，只要尼加拉瓜是美国的保护对象，就是在尼加拉瓜没有明确请求援助的情况下，也会采取措施来保护它的。如果其他共和国希望把尼加拉瓜从被保护的地位解放出来，他们就必须搞一个更好的团结制度。如果他们为达到这个目的而采取措施，美国这个自诩为全世界自由和民主的战士，对他们的自身需要，不会再持冷漠态度。

对于这样的希望，从威尔逊总统的几次讲话来看，在明确涉及中美洲问题的地方很少有令人鼓舞之处。但 1918 年 6 月 7 日威尔逊总统对墨西哥记者的讲话似乎是一次例外。这次讲话谈到领土征服和干涉是如此之全面，似乎迎合中美洲的需要，因此，萨尔瓦多政府向美国总统表示祝贺，因为这次讲话使人消除了对于美国政策的"臆断和不怀好意的猜测"。①

洪都拉斯前总统波利卡波·博尼利亚博士后来在巴黎试图劝说出席和会的拉美人士和他一起发表一个对门罗主义表示看法的宣言。这个宣言的内容是保证各国独立和自由而不受干涉，同时各国根据自己的需要自由参加联盟和联邦。该宣言显然已考虑过那些有关尼加拉瓜状况的文件，但博尼利亚博士未能劝说其他拉丁美洲代表和他共同发表对"完整、主权和独立"的看法。萨尔瓦多设法使美国为门罗主义下一个新的定义也未获得成功。美国代理国务卿波尔克于 1920 年 2 月 26 日答复萨尔瓦多政府 1919 年 12 月 14

---

① 克拉克大学演说集，《墨西哥和加勒比》(纽约，1920)，第 267 页。总统的演说词载《官方集刊》，1918 年 6 月 11 日。

日提出的质询时,让质询者参看威尔逊总统在第二次泛美科学会议上的讲话。这次质询激起一些批评,总之,这些情况似乎表明如果中美国家要想对国内事务处理得当和对外发挥影响,他们之间必须发扬更加团结的精神。

## 联合主义和条约

我们已经说过,即将到来的中美国家从西班牙分离出来 100 周年的纪念日子,是再图恢复中美联盟的适当时机,这样一个重要节日,自然会想起这个令人憧憬的理想,但是,这时出现的其他的因素似乎使它不会有所成就。

在这些因素当中,可以指出有一种想利用联盟的感情来达到某种政治目的。两位总统已经这样做了,他们是洪都拉斯的贝特兰德和哥斯达黎加的蒂诺科,他们想以此来挽救他们不被推翻,但无济于事。可是,蒂诺科的继承者却又热情地,而且显然是诚恳地支持联邦主义,同时,洪都拉斯的党派无论是在朝的还是在野的,也一直在打着联邦主义这个旗号,这显然是为了个人目的。

1920 年头几个月,当危地马拉总统埃斯特拉达·卡夫雷拉的对手利用联合主义把他这个独裁者赶下台时,联邦主义的运动得到进一步的宣传。这幕戏一演完,他们对于这种共同事业的热情立刻置之脑后。接着萨尔瓦多总统梅伦德斯的敌手抱着同样的打算支持这个运动,但非常精明的梅伦德斯没有让他们垄断这块以广招徕的招牌,他反而于 1920 年 6 月 24 日邀请中美国家商谈关于修改华盛顿条约和其他有关的问题。类似的建议曾经向有关国家的大使馆提出过,但多半没有引起任何反应。虽然如此,各有关政府对这一新的请求仍做了答复,虽不是及时的,也不是无条件的,但这就给了联合主义的倡议人以一些鼓励。

尼加拉瓜没有做出表示赞助的答复。该国公使对此只是指出,过去为了更加密切彼此的关系而通过的若干决议，不是很少执行就是没有执行（不过尼加拉瓜不是决议破坏者之一）；他建议在筹划一个更为密切的联邦之前，组成一个关税同盟是适当的。看来这是一个比较切合实际的建议，对于这样理想的一个论题来说，这也许是太切合实际了。但是这个建议不是从普遍的利益来考虑的，而是从尼加拉瓜政府自身的问题提出的。

埃米利亚诺·查莫罗将军急切地想把他的叔父迭戈·曼努埃尔·查莫罗推上总统宝座，成为他的继承人，他的对手自由党也同样急切地要弄清他们将参加一次什么样的选举。因此他们通过报纸提出质询：美国这次是打算保证一次公平的选举呢，还是像 1916 年那样再搞一次单方面的公民投票？关于美国的态度，不断有所传闻，而且又是相互矛盾的，美国国务院就在 7 月间宣布美国的干预既无必要也不恰当。但这个答复并未使查莫罗的反对派相信。

1920 年 9 月 15 日在特古西加尔巴举行的"自由党大会"可以认为是联合主义运动的一个有趣的特点。大会是由洪都拉斯和尼加拉瓜的代表组成的，这些代表显然都是本国现存政府的政敌。成员的性质和通过的决议恰好说明所谓联合主义运动是怎样被利用的。他们通过的宣言要求五国首脑都派出代表在华盛顿举行会议，会上应采取步骤建立中美联邦。在华盛顿进行的筹备工作就绪后，应选出参加制宪会议的成员，于次年 2 月在与会国之一的首都召开会议。

做出这些决议，可能是他们把这次光荣的 9 月 15 日会议看得过分重要了。当然，这些决议也可能是表达了他们加入这一事业的诚恳愿望，这种诚恳的愿望是使这一事业得以成功的唯一力量。联合主义运动一般都是反美的。这次是发起一个具有相反性质的坦率的提议。

参加会议的人似乎都是查莫罗的政敌，因此他对该会的行动根本不予理睬，其他各国首脑的反应是热诚的，但没有做出许诺。在非官方方面,对他们颇多批评。有一个编辑建议这些联合主义的倡议人首先要把自己从党派的偏见中解放出来。另一个则提出质问,那些建议在华盛顿举行预备会议的人为什么不赞同制宪会议也在华盛顿举行。要依靠"大棒"这一点至少是肯定的。如果联邦的组成意味着着手寻找一个保护者,这位作者情愿让这些国家继续保持原样,让它自己解决自己的问题吧!

决议的一个支持者坚持说,除非能和美国取得一致意见,否则建立一个联合国家就不会起作用的,要想让尼加拉瓜成为拟议中的联邦成员,就必须同美国攀谈。尼加拉瓜若是留在联邦之外,它将是一个麻烦的邻居。它会因为被排斥而愤懑,而它的强大的盟友又会使它成为一种危险的力量。中美洲应该联合起来拯救尼加拉瓜,但进行这种联合不应该采取自杀的路线。

尼加拉瓜在 10 月开始选举。在决定阶段中出现了一位美国"观察员",但不能肯定他对竞选施加了多大的影响。查莫罗控制着选举机器,他的叔叔当选新任总统,他本人则准备重任驻华盛顿公使。尼加拉瓜政府现在可以无拘无束地考虑这个永生不息的关于联盟的建议了。

在实现联合之前,必须首先解决长期存在的某些争吵和论战。在这次准备工作中,美国并没有继续充当一名消极的旁观者。在危地马拉推翻卡夫雷拉的事件中,起初美国的确不想干预;后来,在恢复危地马拉首都的和平和保证倒台了的独裁者的人身安全方面,美国公使出力最多。这在某种程度上可以认为他的政府参与了新的运动。卡夫雷拉的下台使洪都拉斯得以和危地马拉解决长期存在的边界争端。在解决这个争端中,美国公使很起作用,最后把这个争端提交美国仲裁。他在萨尔瓦多的同事也帮助解决了萨尔瓦多同洪都拉斯关于政治流亡者的问题。尼加拉瓜的选举结束后,美国驻尼加拉瓜和洪都拉斯的代表帮助调停这两个国家间同样的争吵。1920 年 11 月 17 日在阿马帕拉召开的关于友好解决两国争端的会议上，除了这两个有关国家的首脑和美国公使外，还有萨尔瓦多的代表参加。这样重大的一次会议，自然要被用来宣传支持定于下月在圣何塞举行的联合会议了。总之，两国首脑同意指示他们的代表在即将到来的百周年纪念的日子里为促进联合而努力。

为召开会议扫清道路，美国曾经出了力。现在许多人都期待着他们这个强有力的教练员给予进一步的援助，以推动他们希望在圣何塞会议上通过的有关联合的广泛计划。

某作者至少表白了不再害怕美国在尼加拉瓜的目的了，对于美国签订的条约，也不认为这是想要保住这个地区的政治统治，或者是想保持一个隐蔽的保护国。这位作者又说，中美洲半数以上的贸易是同美国进行的，分离的国家结成联盟，这些国家的人民将会成为更好的主顾。这样，他们的确有了有利条件，美国自然要给以道义上的支持。甚至在军事方面，他们也能发挥作用。运河区的防务使美国承受了很大的负担。在同一个一等强国作战的情况下，需要有 50 万人保卫运河的通道和阻止敌军在运河附近登陆。但如果中美国家联合起来，他们至少能够防卫自己的海岸线，这时候联盟就是一个可接受的同盟者。世界大战已经使较小的中美国家认识到他们的外交政策必须与美国一致。美国在加勒比海的领导地位不是靠门罗主义的力量，也不是靠泛美主义精神。它的霸权地位来自国际引力的规律，一个较大的国家把较小的国家吸引在它的引力场内的轨道上，因此他们应该停止在报刊上对北方共和国进行毫无意义的攻击，并以互相帮助的精神设法调整同它的关系。当他们组成了联盟能够承担尼加拉瓜根据布赖恩-查莫罗条约所承担的义务时，他们就能够联合向华盛顿提出要求美军撤出马那瓜，这会比他们自己搞什么唐·吉河德式的废除条约要好得多。

另一位作者大胆指出，从根本上说，条约对尼加拉瓜并不坏，和美国联盟保证了较小国家的独立和领土完整，这正是较小国家本身很难做到的。不错，美国获得了修筑一条穿过尼加拉瓜的运河的特权。这是尼加拉瓜在没有援助的情况下所不能完成的,而各共和国联合起来也承担不了这项任务,但一当他们富有的邻居建成这条运河,所有的国家都会分享利益。因此,让他们进行他们的联合计划吧,即便只有两三个国家参加,并且在牵涉到有关问题时,让他们自由地同华盛顿协商;否则在他们所盼望的联合完成之前,他们只能白白地让又一个世纪消逝了。

# 圣何塞会议

　　1920 年 12 月 4 日,盼望已久的会议在哥斯达黎加的圣何塞举行了简单仪式开幕工作了。两位尼加拉瓜代表出席了这次会议,并参加了本会开幕工作的各项活动,他们有准备地参加会议鼓舞了其他代表,使他们指望会议将会产生效果。在讨论政府应采取中央集权抑或联邦的形式以及它的权限时,尼加拉瓜主张拟议中的联邦国会两院议员人数相等,任期 12 年不变,非经一致同意不得撤换。其他代表注意到尼加拉瓜的这些建议,但他们仍然主张把有关布赖恩-查莫罗条约的讨论搁置到最后,虽然有关这个条约的讨论具有重要的意义。

　　布赖恩-查莫罗条约是会议的难题,正如一个代表所说,这是民族感情的试金石。它牵涉到实际上影响所有中美国家的问题。因此它的各项条款不能单让任何一个国家去决定。一个非联合主义者说,如果代表们想组成一个稳定的联邦,会议就一定要解决好这个问题。但是代表们并没有表现出解决这个棘手问题的多大愿望,绝大多数代表愿意把它留待根据国际法的通常原则予以解决。

　　协约条款起草特别委员会中的尼加拉瓜代表曼努埃尔·帕索斯·阿拉纳先生从一开始就告诉该委员会的同僚,在草拟协约时必须提到布赖恩-查莫罗条约。因为反对该条约的人已使中美法庭宣布该条约无效,所以他反复申明他坚持这一点。特别委员会的代表不应使该条约成为将来发生误解的原因,而应就此在拟议的协约的第4款中把它确定下来。

由于他的警告,协约起草特别委员会的代表们绞尽脑汁试图订出一项条款,既能使尼加拉瓜遵守所订的协约,又能保持中美国家自身的权利,且能保证中美洲未来的主权。但是要同时满足这三项要求看来是不可能的。尼加拉瓜的代表致电本国,要求就争论之点给予进一步的指示。得到的回答是尼加拉瓜并不指望别的国家履行尼加拉瓜的义务,它有权和有能力签订这一成为问题的条约,而且能够执行条约的规定。很清楚,这是符合尼加拉瓜本身利益的,也是符合中美国家利益的。因此拟议中的盟约应该包括一项明确承认该条约的合法性的条款,承认尼加拉瓜有权执行该约并有权根据该约而订立其他条约。此外,该款尤应订明拒绝中美法庭对哥斯达黎加和萨尔瓦多当时对尼加拉瓜的指控所做的裁决,以及任何使这些裁决生效的有关仲裁的声明。

哥斯达黎加和萨尔瓦多的代表当然反对这些专横的要求。他们争论说,他们的政府愿意尼加拉瓜履行它的义务,无意反对像尼加拉瓜运河这样的重要工程,也不反对美国作为该企业的主要发起人。但是没有必要强使他们的政府承认该条约的有效性。这只需在一般性的条文中提到即可,而联邦有权就他们的共同利益对现有的这项或那项协定进行谈判,或者商定新的协定。在这样的谈判中,联邦要同涉及的国家通力合作。在批准该条约时,美国参议院曾明确声明该约不会对哥斯达黎加、萨尔瓦多、洪都拉斯的权益发生不利的影响。从他们这方面来说,他们并无意剥夺美国根据该条约已获得的权利,也不是想干涉一个国家执行它以前的协定。他们只是希望在总的利益要求下联邦有行动自由。

与会代表用了两天时间认真讨论了这个伤脑筋的条约和包容了该约各项要点的被列为协约的第4项的条款。但这个尝试毫无结果。看来没有办法能使哥斯达黎加和尼加拉瓜之间的观点分歧合拢起来。在讨论过程中,主持会议的哥斯达黎加代表阿尔瓦拉多·基罗斯先生声称他愿不作为个哥斯达黎加人而作为一个中美洲人来说话。他不反对布赖恩-查莫罗条约,这个条约没有威胁他本国的利益,因为布赖恩先生曾向他保证一当运河修成,哥斯达黎加将得到和尼加拉瓜同样的报酬。但是他考虑到自己国家的主权和邻国的关系。因此他不能像尼加拉瓜人所希望的那样接受该约"及其全部后果"。这种默许会蒙受沉重的银行契约负担。他也不愿接受诸如"联邦的决议、条令和制裁不应妨碍各国执行各自的条约"这样一揽子的条文。他主张立即考虑这个有问题的条约,抱着真诚的目的来决定它的地位。他的发言对美国并无敌意。美国的参议院没有在未经修订的情况下批准该条约。就让他们试行议定一项各国都能同意的条款吧,或者诚如他们最初的建议那样,根本不考虑这一条款。

他的"坦率讲话"没有获得尼加拉瓜人的赞同。尼加拉瓜人也不会在几天争论中便接受为这一条伤脑筋的条款所拟订的诸如此类的措辞中的任何一种。马那瓜来的指示没有对协议提出任何建议。最后,尼加拉瓜的一位代表提出他将通过个人磋商使他的上司赞同一项令人满意的解决办法。于是他便动身回国从事这项几乎没有希望的任务。

## 盟约的完成

……会议仍在继续它那不可能完成的工作。尼加拉瓜留下的代表帕索斯·阿拉纳告诉圣何塞会议的与会代表,他的国家所能接受的盟约必须是不仅包括一项表示支持布赖恩-查莫罗条约的宣言,而且一定要把它作为保留给尼加拉瓜的一项权利写进去。他的国家必须有充分权力执行该约的各项规定,并且有权根据该约进行其他协定的谈判。然而,他还是接到指示,要向与会代表保证决不放弃为"热爱联邦的理想"而努力。

此外，他在 1 月 3 日的会议上提醒他的听众说，他们邀请尼加拉瓜派代表出席这个会议，当时每个人都知道尼加拉瓜是负有义务的。他的国家必须对美国保持忠诚的友谊，而同时又须保持拉丁美洲的特点。尼加拉瓜并不要求任何别的国家为它履行义务，但必须保有由它自己履行义务的充分权利。这就是他的政府所提出的解决办法的宗旨。

哥斯达黎加的冈萨雷斯·比克斯先生反对这一点时指出，在拟议的联邦中，有三个国家如果现在承认条约的合法性，他们就必须放弃已经获得的裁决。不过他愿意接受尼加拉瓜的提议，只要尼加拉瓜的提议附有联合向美国请求对该条约做出新的解释的协议。帕索斯·阿拉纳不能决定这个"解释性的"条款能否为他的政府所接受。两天后明确告以不能接受。既然如此，其他代表便开始讨论建立联邦的问题，这个联邦尼加拉瓜可以在以后它认为适当的时候参加。

在这个"中美洲的非常时刻"，危地马拉的代表试图进行调停。他们指出美国参议院所通过的关于该条约修正案，保持了萨尔瓦多、哥斯达黎加和洪都拉斯的一切基本权利。在措辞上保留尼加拉瓜的权利使之与修正案相吻合是可能的。这样在措辞上互相照顾将保证所有国家的权利。洪都拉斯的代表赞同这个建议，经过许多解释，未能免于相互指责，其他三个国家的代表表示他们有条件地接受这项用词诡谲的条文。

这个表面的协议引起普遍的欢乐，但很快就表明这未免为时过早。1 月 17 日，帕索斯·阿拉纳通知与会代表，尼加拉瓜不能接受盟约。就连经过修改的第 4 条中仍含有他的国家无权缔结布赖恩-查莫罗条约的意思。他的上司不愿承担这种心照不宣的责任，也不愿领略只要他们在条约上一签字就已经损害了整个中美利益的滋味。他的建议是会议暂停，以使让有关政府有时间考虑局势。然后,他们可以带着组成一个稳定和永久联盟的更好前景在马那瓜重新开会。

其他的代表当然反对这个建议。召开一个当前的会议就够困难了,他们担当不起暂时休会的危险。因此他们放下了使尼加拉瓜参加联盟的方案,完成了没有该共和国的盟约。在盟约的第19条中,他们把门敞着,尼加拉瓜可以通过这条参加进来,并增强了安慰性的保证,即基于共同的利益,应该考虑到尼加拉瓜是"中美家庭的一个组成部分"。①

如果读者还记得尼加拉瓜代表希望在盟约中明确地提到该条约,相反的观点就会一目了然了,因为按尼加拉瓜代表所说那样做,其他的国家再也不能对尼加拉瓜因谈判该条约而提出批评了。另一方面,其他的代表认识到,只要有一点提到该条约的地方,就会构成实际上承认该条约的合法性。

# 对盟约的行动

人们对1921年1月19日圣何塞盟约签字的喜悦,由于尼加拉瓜拒绝接受而低落了。中美洲的报刊多半都表示了这样的看法,尼加拉瓜代表未能和其他国家一致行动,是由于尼加拉瓜政府想包揽

---

① 《会议录》,第47—72、119—122、136页;《官方报告》,第22、23、61—63、69页;《萨尔瓦多日报》,1921年2月3、4日;拉米雷斯·布朗前引书第18页。所讨论的第4和第19两条条文如下:

第4款 在联邦政府通过外交手段对所属国家和外国之间的生效条约得以修改、取消或调换之前,鉴于任何一个或一个以上的外国都在最大可能内与现在的事业有关,故各国应尊重和忠实地执行这些它负有责任的条约。

第19款 缔约国对于姊妹共和国尼加拉瓜未能立即参加中美联邦深表愧惜。以后该国如决定参加联盟,联邦在为使尼加拉瓜参加联邦这一目的而缔结的本条约中提供一切方便。

"在任何情况下联邦将继续把尼加拉瓜视为并作为中美家庭的一个组成部分,同样,作为一个国家,可因任何理由而不批准本条约。"(《国际联盟条的汇编》,第五卷,第21、29—31页)

有关运河的一切谈判，继续不受限制地同外国缔结贷款合同以及控制国内的选举。另一些人则悲天悯人地说，尼加拉瓜是一个"受苦受难的姊妹共和国"，希望其余的人不要再进行会使统治者之间发生龃龉的批评了，还是集中他们自己的力量使其他四国保证盟约的批准吧；然后，他们可以联合起来共同努力把尼加拉瓜领到俱乐部里来。这样的努力要求领导者的技巧、权衡和活动力。"问题的关键"在于这条拟议中的运河，它对于尼加拉瓜是至关紧要的，它深刻地影响着整个美洲，而事实上又牵涉到美国的利益。因此，这样一个具有普遍重要性的计划决不能受到一个不确定的联盟盟约的危害。根据一位作者的说法，这就是决定尼加拉瓜政策的那些人的态度。但是，这位作者的结论是，如果他们真正相信联邦对于他们的安全是必要的，并要求美国政府帮助他们组成联邦，尼加拉瓜的政府，或者，至少尼加拉瓜的人民不能仍然无视他们的请求。

另一个作者指出，他们必须认识到尼加拉瓜实际上是美国的保护国。这种附庸地位是不会变的，除非它还清了债务，履行了其他义务。只有到这时尼加拉瓜的政府和人民才会接受盟约。为此，他们现在必须着手准备。让他们把过去的敌对扔在一边吧，为共同的事业而把各自的利益调和起来。

提到"过去的敌对"，暗示以往的过失并非全在尼加拉瓜方面。这是指责洪都拉斯和萨尔瓦多过去曾承认英国对莫斯基托印第安人的保护。在尼加拉瓜对邻国有所需要的时候发生的这种不友好的行为，似乎可以印证目前如布赖恩-查莫罗条约这样的自私措施也是正当的。此外，尼加拉瓜过去曾经支持过 6 个关于联合的建议，并没有使它的邻居落得个与尼加拉瓜今天这样的结果。那么尼加拉瓜的外交部部长问道，为什么他的政府因为没有接受一个会使布赖恩-查莫罗条约变成"一纸具文"的盟约而受到指责呢？

洪都拉斯于 2 月 3 日正式批准盟约，名列第一。它的两个主要政党都自称是联合主义者，他们一致接受盟约并没有平息党派之间的斗争。各派为竞选出席通过联邦共和国宪法的大会的代表展开了尖锐斗争。欧莫亚①地牢里"死囚的臭气"仍然是使政治上的反对派保持缄默的潜在力量,在这个所谓中立化的共和国里,情况没有改变多少,与"步枪是唯一的法律,报复是平常的行为,国家被破坏是唯一的结果"的那个时代,相去并不很远。政治奇迹的时代还没有降临洪都拉斯。

危地马拉于 4 月 6 日以 50 票对 1 票批准盟约。这个压倒的多数给人留下了深刻的印象,但不是令人安心的。出现的唯一反对者希望把他对宗教禁令的规定的反对意见记录下来。他认为这是与本国宪法"世俗"原则相矛盾的。他的抗议看来可能是强词夺理的,但它掀起了一种争论,如同在过去妨碍了联合主义一样,这样的争论会在将来威胁联合主义的。接着就是最近以来曾经鼓舞了所有阶级支持联盟事业的精神大大地消失了。埃雷拉总统仍然全心全意支持运动。曾经出席圣何塞会议的代表想尽办法来支持他所做的努力。他们促使人们注意在会议上阿根廷、智利和乌拉圭显示出来的兴趣,这是联合主义引起了大陆共鸣的证据。在他们联合怂恿之下,危地马拉议会通过了盟约,但一股争吵和小小妒忌暗流威胁着它的稳定性。

在萨尔瓦多,起初政府所显示出的热情远不如人民。会议结束后,总统发布了总统命令,表示了他对盟约的支持,而人民则举行游行、张灯结彩、唱赞美歌和拜谒莫拉赞墓来表现他们对盟约的热情。劳动者的集会也在他们专门的社会节目中增加了联合主义的宣传。学生团体则普遍感兴趣。最后,众议院于 2 月 23 日(全国立法议会)批准了盟约。这样,正如萨尔瓦多的一位主要编辑所写的那样:"明智的引导,使理想主义克服了激情和妒忌,克服了派系的阴谋以及私人怨仇的纠葛。"上述三国实际上已经批准联邦,在这三个国家

---

① 欧莫亚(Omoa)为洪都拉斯的一个小海港,国家监狱设于此。——译者

里，联合主义再也不能作为阴谋反对政府的借口了；至于政府集团，也不能把民族主义用作达到个人目的的手段。

北方三国的行动表面上保证了中美联邦的建立，但这同理想主义者所梦想的联邦相去还远。尼加拉瓜已明确表示拒绝接受盟约了，而局势最稳定的哥斯达黎加却还没有接受。在北方的共和国，政府可以做出决定。在哥斯达黎加，该国宪法规定，这种协定必须首先在国会以三分之二的多数通过，然后由专门为此目的经群众选出代表组成的立宪会议通过。

"达加式"（哥斯达黎加——译者）的政治现状，使联合主义者对联邦能否组成产生了怀疑。国会要迟到5月才开，这段空隙时间可以用于反对该议案的活动，也可以用于支持它的活动。会议主席是一个著名的联邦鼓吹者，但是国内问题使许多议员居于反对地位。人民在蒂诺科统治时期失去安宁之后还没有恢复过来，财政状况危急，在这种情况下，甚至公认的联邦主义者也主张把这个问题搁一搁。

幸而哥斯达黎加和巴拿马之间长期存在的边界争端使哥斯达黎加意识到本身同中美联盟的密切关系。北方三国的首脑立即提供援助，这些政府头头得到一切形式的群众示威的声援。霎时间使人看到第一个引人注目的行动将会是一场圣战，把巴拿马从地图上抹掉。一个编者断言，整个中美将因巴拿马的消失得到好处，即使它的主要城市因此而落到美国手中。幸亏他们的北方顾问出来干涉，制住了这个愚蠢行为。哥斯达黎加虽然得救了，但这并不是完全由于中美洲的团结所致。美国国务院发出停止敌对行为的紧急通知，并立即派遣军舰前往作战地区，实际上这对它的既定政策的那些受益者并没有好处。

另一方面，两个月后在圣何塞举行的国会会议并没有为此事件会引起意见一致提供多少证据。经过一场持续和引导得力的争论，盟约以20票对19票被否决。观察者的意见认为，这种表决不是反对联盟运动本身，而是代表一种决心，等候已接受联盟的三国的事态发展。鉴于尼加拉瓜位于哥斯达黎加和其他国家之间的事实，这个决定看来是明智的。归根结底，关于联合问题，主要应考虑的是尼加拉瓜同美国的地位。在这个问题确定之前，任何更密切联合的建议都是空中楼阁。

在争论中，少数非常热心的联合主义者耽于一种可称为反美热的争论。但大多数的联合主义发言人都表示对美国的友谊，看来有些人甚至准备欢迎美国参与他们的事务。鉴于美国的领土和商业的扩大，有人认为中美洲只有宣布其领土为运河区而完全中立化才能保证安全。仅仅一个不牢靠的联邦是不够的。他们必须加强和他们西班牙美洲邻居的密切关系，或者和其他与美国竞争的国家一道与美国竞争。

但是，一般说来，正如阿尔瓦拉多·基罗斯先生在他最后一次有力的发言中所指出的，联盟的朋友们对美国在中美的权利没有异议。他们只是指望美国政府能够重视当前争取统一运动的意义，这个运动至少是国务卿休斯能了解而且是支持的。这位发言人在这次争论中发表这样的意见是以美国国务卿最近的讲话为基础的。他提到的这次讲话，是国务卿在泛美大厦设早宴招待尼加拉瓜外交部部长马克西莫·H·塞佩达博士时说的。来自地峡的客人提到美国的友谊是尼加拉瓜主权最可靠的保证，并强调这种交情是不会被任何暗地里的动机所破坏的；这种无私的态度深深感动了他的人民。最后，他指出他的政府将继续珍视这种关系，把它作为它的政策的基本原则。在答词中，休斯先生着重谈到中美洲需要和平，他声言，除非一般人民诊视和平的程序，而不求诸暴力，否则和平的持续就不会有保障。接着他补充说："我们对那些使中美诸共和国进行密切合作的提议深感兴趣。如果这些提议得到所有有关人民的默许，我国政府认为它将是一桩好事……用不着我来谈论这些提议的细节，因为我国政府所关心的只是各有关的共和国所签订的自由协定，基于合作是互相有利的这个概念，相信只有通过一个协定而自由加入，所抱的希望才能实现。"①

这篇用词巧妙的讲话，使他们国内在讨论尼加拉瓜持什么态度时增加了燃料。查莫罗政府立即用它来为自己对圣何塞盟约所采取的立场辩护。它的敌手也不甘落后，申言这篇讲话充分证明他们对政府集团所持态度的批评是正确的。一位不妥协的联合主义者写道："上层政客们见鬼的行动，下层政客们的惰性，美国方面的无知，这一切破坏了大陆的团结。这是与各国最善良的人民的愿望相悖的，并让美国剥削者和本国的腐败政客们把华盛顿蒙在鼓里。"但是，在国内争论中，他看不到这种不幸境遇有什么补救办法。"文饰的词句、响亮的讲话都是没牙齿的猛兽。"②

## 联盟和解体

关于中美联盟重建运动的下一步的历史，无须乎我们耽搁太多时间了。即使在新生的联邦政府最后组成的活动中，也有迹象表明运河地区团结的源泉必须求之于华盛顿，而不是中美洲。

1921 年 6 月 13 日在特古西加尔巴召开并组成联邦临时委员会，并立即宣布于 7 月 20 日召开全联邦制宪会议。这个行动当然是晚了，因为委员会当时正在等候哥斯达黎加的结果。但观察家认为到 9 月 15 日签字这一天，还有时间起草宪法。（9 月 15 日这个日子是舆论推测的。）

举行立宪会议的通知分送各共和国，也送给了尼加拉瓜。这完全是礼节性的，根据圣何塞会议通过的决议，接纳该共和国的门一直是敞开的。然而，这倒成了又一次打开争论的闸门：在圣何塞会

① 《商报》(马那瓜)，1921 年 6 月 26 日；国务院新闻稿，1921 年 6 月 2 日。
② 《新闻报》(莱昂)，1921 年 6 月 10 日；《商报》(马那瓜)，1921 年 7 月 22 日。

议上闹分裂,责任究竟在谁。危地马拉的和尼加拉瓜的外交部部长承担了争论的责任。尼加拉瓜的外交部部长把这称为分离尼加拉瓜与美国幸福联系的又一尝试。他的国家将走自己的阳关道,这样可以躲开政治和经济的暴风雨,其他的共和国对此只有妒忌和发狂。

但尼加拉瓜是不容易走上他的部长所夸耀的这条阳关道的。向尼加拉瓜发出的邀请鼓励了查莫罗总统的对手组成了一个"中美联邦主义者同盟"。这个组织可以认为有两重目的:它可能引起政府方面发生政策变化,或者,可能引起政府本身的人事变化(多少是要用暴力的)。政府着重对付后一目的和同盟不顺政府当局对制宪会议的抵制而提出选派与会代表的问题,这就使后一目的更有声有色了。"同盟成员"不打算采用任何暴力行为,但断言他们代表民族感情,这种感情甚至在保守党队伍内也是存在的。讨论的结果,政府派员向联邦临时委员会解释尼加拉瓜将以某种保留接受盟约作为证实该国积极赞助联邦的措施,由政府的反对派派出四名非官方代表参加会议。

国内的和国家之间的争论,给 7 月 20 日举行的、标志着联邦立宪会议开幕的官方和群众活动发出警告。鉴于危地马拉、洪都拉斯和萨尔瓦多国内的派别倾轧,尼加拉瓜的挑衅和哥斯达黎加的冷淡,如果他们希望在分崩离析之前组成新政府,他们必须赶快行动。不光彩的争吵几乎是立刻地在制宪会议中出现了。三个合作的国家应试图联合呼吁使尼加拉瓜立即加入联邦的提议被提了出来。这项提议被认为是一项不必要的步骤并会降低新成立的政府的威望而被否决了。不久这个提议更使人为难地又被提了出来。看来联邦临时委员会应请求美国的道义援助,以消除其他两国参加联邦的障碍。但这个组织本身太不稳定,难以承担如此重大的任务。

联邦主义运动成果的全面动摇,由于 8 月份尼加拉瓜和它的近邻之间发生的一系列新的争端而加剧了。这时,南北两面的边界侵袭威胁着查莫罗政府。这些行动给查莫罗政府带来了双重威胁,既影响财政开支,又影响政治局势的稳定。在国家财政入不敷出的情况下,必须保持一支数百人的武装,也许,如指控所说,哥斯达黎加和洪都拉斯正是为了破坏尼加拉瓜的优良的财政制度而鼓励这些侵袭活动的。至少继续抨击布赖恩-查莫罗条约的圣何塞报刊散布这样的腔调,这就使尼加拉瓜的指控更有凭有据了。这个关于遵守中立义务的老问题的爆发与国内争端联结在起,使联合主义的前途变得更加黯淡。

9月9日,颁布了全部宪法。但要像原来所希望的那样在9月15日开始实行则太仓促了,不过,到了10月1日,三国都宣布执行。但这个新生的联邦政府在它解散之前几乎没来得及行使职权。12月7日,危地马拉发生军事叛乱,推翻了埃雷拉政府,取消了过去两年来大部分的改革。革命者撤换了危地马拉在特古西加尔巴的代表,但联邦执行委员会依据宪法拒绝新派的代表。接着危地马拉众议院宣布过去接受盟约和实行联邦宪法的法令无效,并恢复国家主权。洪都拉斯和萨尔瓦多不得不采取同样步骤,萨尔瓦多的法令是在1922年2月4日发布的。

∙∙∙∙∙∙∙∙∙∙∙

(译自考克斯:《尼加拉瓜和美国,1909—1927》,第739—763页。)

# 第十章　华盛顿公约的复活
## （1922—1926）

失败是中美联邦注定的命运。中美法庭的过早解散竟又突如其来。随着这两个公共代理机构的消灭,阴谋叛乱、干涉和报复这些在 15 年前曾经是常见的悲惨景象又将重演。甚至 1907 年缔结的通约的有效性也遭到怀疑。因此,华盛顿有责任保证这些动乱不安的共和国的和平和经济上的繁荣。必须运用比最近几年所使用的更直接得多的方法。在重新制定的政策中,尼加拉瓜和往常一样仍然居于中枢地位。

## 回到华盛顿

1922 年,混乱状态死灰复燃看来迫在眉睫。这一年春天和初夏,来自萨尔瓦多的政治流亡者,在洪都拉斯同情者的帮助下,正聚集在两国的边界,企图推翻萨尔瓦多总统豪尔赫·梅伦德斯。有些人想把这个阴谋同政府在纽约进行的 600 万美元谈判联系起来。在这一年,正如在他的整个任期中一样,洪都拉斯总统拉斐尔·洛佩斯·古铁雷斯为严重的暴乱所累,这些暴乱大部分是在尼加拉瓜策划的。在尼加拉瓜,查莫罗政府成了一连串叛乱的口实,这些叛乱到 1922 年 8 月达到顶点,奇南德加和莱昂遭到猛烈的袭击。在这次叛乱中,尼加拉瓜的自由派得到洪都拉斯和萨尔瓦多流亡者的帮助,略有伤亡即被赶跑。于是查莫罗总统重新建议同其他两国首脑举行会谈。美国提供当时在丰塞卡湾游弋的"塔科马号"作为会谈场所。1922 年 8 月 20 日,三国行政首脑在该船上达成一项关于他们履行各自的和共同的责任以保持中立的协议。

驻三国的美国公使出席了会谈,并尽一切可能帮助达成此项协定。三国政府首脑答应以最大的努力制止他们境内的流亡者煽动反对邻国的叛乱。各国显然都希望彼此能承担义务,在一次来自该国的成功侵袭的情况下,能派遣军队镇压这种企图,并逮捕和惩办那些帮助破坏中立的分子,使这个几经重复的诺言更加有效。在将来发生暴动的情况下,各国可以从本国赶走那些有严重嫌疑的共谋分子。

这些决议实际上重申了 1907 年通约的第 16 和 17 款。在通过这些决议时,三国首脑表示对该通约的规定仍然赞赏,虽然他们的行动给该通约的有效性带来了某些怀疑。因此,他们提议举行第二次会议,议定使条约更为有效的措施,并讨论其他有关共同利益的问题。他们还请求哥斯达黎加和危地马拉政府批准塔科马协定,并参加拟议中举行的会议。两国政府都拒绝了这些请求,但各自宣称1907 年条约仍然有效。

大约两个月之后,当美国政府发出同样邀请,五个共和国都接受了。1922 年 12 月 4 日,几乎就是在 15 年前第一次会议休会的那个地点,五个共和国的代表在华盛顿开始了关于中美事务的第二次会议。

国务卿休斯在开会词中提出了使 1907 年条约更为有效的措施,并表示希望中美洲的共和国会觉察到运用限制军备会议的某些原则是得当的,这就给大陆的其他国家树立了一个很好的榜样。他提出为所谓"布赖恩条约"而设立的调查委员会可以利用来为他们的共同关系进行工作。同样,也应设立某种仲裁机构以代替解散了的中美法庭。

　　这次会议同 1907 年的会议自有不同之处。要指出的是墨西哥，它不是发起国，事实上它当时在华盛顿连一个正式代表也没有。也没有其他西班牙美洲国家代替它，这就显著看出美国对召集这个会议的单独责任。正如南方的批评所及时指出的，这种真心实意的引导，进一步证明北美对他们事务影响的增长。据一位作者所说，美国的财政控制已经这样重要，以致在巴拿马以北发生的任何事情，没有一桩不是先由它认可的。另一作者指责说，美国政府越来越变成经济帝国主义的工具了。波哥大的一家报纸把会议说成是对西班牙美洲自由的新威胁，是用门罗主义铆起来的经济锁链上的新的一环。其他的评论家，包括引用了这句诽谤性评论的一位圣何塞报刊编辑，并不认为情况全然无望。对当前像尼加拉瓜和危地马拉这样的保护国组成的会议，他不能指望什么。哥斯达黎加的代表也不会给他更多的信心。会议的结果很可能"仅仅"是一首"查莫罗主义的赞歌"。只要美国不谋改善状况，这样的会议会比无用更坏。因为每个国家事后都不免怨气冲天。

　　补救的办法不能造成同他们北方邻居关系的破裂，只能有礼有节地坚持他们的独立，以赢得美国人民的尊敬。如果五国的政府能以庄严和尊重法律的态度，基于相互信任和善良的愿望一道工作，就能够一劳永逸地解决他们同美国的法律关系。他曾敦促哥斯达黎加总统阿科斯塔采取这个政策，并指出在华盛顿通过联合行动可以解决中美洲真正的问题，即尼加拉瓜的不正常的地位。

　　他认为美国和它的伙友共和国的关系是过去各次会议失败的真正原因。美国国务卿休斯最近照会洪都拉斯和萨尔瓦多，劝说两国政府首脑不要对危地马拉奥雷利亚纳将军的政府采取敌对态度，这是造成依附地位的进一步措施。他相信这些或那些试图在外交上施加的压力，都可以通过会上平心静气和坦白的讨论把它消除掉。这位编辑说，因为阿科斯塔总统和其他中美政府首脑宁愿等候"情况的发展"，他预言会议将"不会中魔"。

圣萨尔瓦多的一位编辑同行认为问题不在于"美祸"，而在于本身的骄傲和不团结所造成的危险性。他对拉丁美洲的作者在讨论同美国关系时最常使用的腔调表示愤懑。美国作为大陆的保卫者巍然而立。它的文化有很多值得模仿的东西。中美国家本身需要进一步团结，正如何塞·因赫涅罗所宣告的，需要在中美洲的青年人当中掀起一个新的精神皈依运动，使之改变公共生活的各个方面。

会议的议程对于人们盼望的统一没有提供多少希望。在开幕词中提到已解散的中美法庭，也提到以某种合适的仲裁机构来代替它的必要性。洪都拉斯代表团忠于联邦组织及其宪法，提出应该在议程上增加一项关于联邦的议题。但经过讨论，只有萨尔瓦多代表团支持这个提议，这个问题便留待 1926 年举行的专门会议考虑。这个做法引起报刊的评论，认为这样的话不知要举行多少次代价高昂的会议来实现联盟的理想。接着，12 月 10 日，哥斯达黎加代表团因受到本国政府的批评而辞职。12 月 18 日，哥斯达黎加前总统和前任代表团秘书接替他们的位置。然后，会议表决美国参加代替中美法庭的仲裁机构以及调查委员会工作的提案。有三个共和国反对美国参加，除非美国代表在创设这些机构的协定上签字。最后把这一问题转给反对者所代表的政府（萨尔瓦多、洪都拉斯和哥斯达黎加）考虑，不久，三国政府都同意了美国参加。

尽管时间耽搁了，又有派系的纷争，但 1923 年 2 月 7 日最后通过的协议案还是堂而皇之的。有个新的通约保证中立、稳定和睦邻，有一组协议订明设立中美仲裁厅和国际调查委员会（美国代表作为一方参加），还有一组协议规定限制军备，此外如建立财政、交通、运输、自由贸易、统一劳工法等永久性的委员会，以及关于引渡逃犯、制定选举法、实行公平就业、设立农畜实验站和交换学生等也都通过了协议。总之，正如一位批评者所写的，会议的结果看来包罗了"代表们热带式的幻想所能创造的"一切东西。

# 华盛顿会议的考验

　　会议被它的发起人认为是一个有希望的征兆而结束了。在闭幕会上宣布危地马拉和洪都拉斯之间长期的边界争论将提交美国总统哈定仲裁。对有些出席会议的人来说，这项宣布简直是美国企图的又一更加露骨的象征；而对于另一些人，它意味着这是新的协议案的良好开端。

　　对于协议案的本身，评论不一。一位编辑认为除了有利于美国不会有什么好处。另一位表示不相信这样一个让查莫罗和奥雷利亚纳的代表大出风头的会议。议定书对于这些只对压制自由和继续向美国国务院谄媚感兴趣的政党头头毫无作用。他接着说，中美洲所需要的是由新人任事，灌注新的精神，实行自由选择，建立持久和平，更多地关心无产者的权利。在华盛顿的庆祝活动中，他注意到哥斯达黎加的代表参加过五次早餐会、三次欢迎会和四次晚餐会，他认为这些代表最好还是少吃少说，向"中美肿瘤"开刀，如果不及时制止，它就会进一步影响邻国。萨尔瓦多缔结了带有财政监督的 600 万美元贷款，这种形式确实已经传染了这种病症。

　　萨尔瓦多总统及时地把这几项协议提交该国国会批准。在提交国会的信件中，他表示新设的仲裁机构和调查委员会将会证明是比以前的中美法庭更好的机构。一位萨尔瓦多的编辑指出，这些协定使美国在中美洲事务中更加突出了，但他并不反对这种介入，因为他相信他们伟大的北方邻邦是正直的。他们应该关心的不是"美国祸"，而是他们自己的傲慢和不统一。从墨西哥传来了吓人的评论：如果这些协议被批准，整个中美洲就会"查莫罗化"。这位评论员还说，谣传哥斯达黎加签订了一项协定，这就会同布赖恩-查莫罗条约一样，开了一个"糟透了的玩笑"。那些国家因为一条设想的运河，由于开支原因而永远修不起来，便把自己永久的权利签字出让了。

各国对协议的批准，受到即将召开的第五届泛美会议的影响。一些把华盛顿会议称为出卖了他们的希望而对之表示愤懑的人，现在提出为了弥补这种"背叛"，要在圣地亚哥把联合统一大事渲染一番。秘鲁和墨西哥没有派代表出席华盛顿会议，由于对墨西哥未能出席表示愤懑，也由于哥斯达黎加本身财政的枯竭，有强烈的意见反对哥斯达黎加派代表团出席泛美会议。但最后却选出了以过去联合主义代表人物 A·阿尔瓦拉多·基罗斯为首的强大的代表团。由于这个代表团在圣地亚哥会议上主张改变泛美联邦管理委员会，看来美国在这个委员会的统治地位注定要发生变化，特别是会受到关于选举主席和代表团无须政府承认而具有独立性等规定的影响。

华盛顿会议获得了表面的成功。危地马拉于 1924 年初第一个批准了协约。不久，尼加拉瓜批准了通约和设立仲裁机构及调查委员会的协议。萨尔瓦多拒绝了关于设立仲裁机构及调查委员会的协议。哥斯达黎加于 11 月批准并肯定了全部协议。洪都拉斯经过两年的国内斗争，在 1925 年初接受了通约和关于仲裁机构、调查委员会以及军备限制的协议。这是最后批准华盛顿协议的国家，由于它的批准，华盛顿协议的主要部分便在形式上确立了。不幸的是，开始是洪都拉斯然后是尼加拉瓜的局势阻碍了协议实行，使之没有获得任何实际的结果。

华盛顿会议之后，中美洲的新骚乱接踵而至。1923 年 2 月，有人预言说，"急性总统热"这种病将要在洪都拉斯发作，马上便有人建议派出一名戈尔盖斯（军医）[①]到那里去，调查杆菌的蔓延和扑灭这种传染病。5 月，争夺总统的前哨战已造成很大威胁，看来，美国的干涉是不可避免的了。自由派分裂了，出现了三角斗争。7 月的

---

[①] 威廉·戈尔盖斯(1854—1920)，美国军医，在修筑巴拿马运河期间控制住了黄热病的蔓延，由此为世人所知。——译者

一次暴动，很快便遭到镇压。10月，在大骚乱中开始的选举，保守派或国家民主派的候选人明显获胜。接着是1924年2月，按照惯例，遭到失败的各派候选人便诉诸武力，出现了攻占和防守首都的三角斗争。美国采取了经常采用的方式，断绝外交关系，派出巡洋舰，并命令海军陆战队在南北两岸登陆。美制飞机和美国飞行员受雇于革命者一方，给这种习惯性的屠杀带来了新的恐怖。

斗争持续到4月，然后按照先例在阿马帕拉召开了和会。其他四个共和国派出了代表，美国国务院的萨姆纳·韦尔斯充当会诊的"戈尔盖斯"。根据阿马帕拉公约，革命者之一托斯塔将军就任临时总统，美国的解释是：10月选举可能获胜的卡里亚斯，因为依靠暴力，在当时和将要举行的普选中无被选资格。7月初，在特古西加尔巴举行了一次立宪会议，对损失做了估计，并做了必要的合法补偿。看来洪都拉斯恢复了常态，就是说恢复到了经过相互残杀之后的精疲力竭的时期。

但是，作战的精神并未消耗殆尽。8月，在阿马帕拉发生暴动；接着，9月份在北海岸发生另一次暴动，海军陆战队立即在那里登陆。11月，对临时政府的一切反抗都被粉碎了。这个敌对行动的插曲造成选举延期。但到了12月，要求投票人选出一名常任总统（但愿如此，如果有可能的话）。米格尔·帕斯·巴劳纳在66,000选票中得65,000票，于1925年1月出任总统，得到至少是主要干预国家的政府公开表示的祝贺。这一年的特点是，还发生了另一次一二三式的流产起义（即暴动、干涉、会谈），美国海军陆战队依然执行他们传统的任务。显然，美国政府决心要让动乱不安的洪都拉斯扮演中立角色，这是已经指定要它这样做的。经过这样原原本本说明了华盛顿计划的要旨之后，洪都拉斯于当年批准该计划具有意义的部分。

这些动乱把洪都拉斯毫无希望的财政实在弄得更加糟糕，但通过它的教练员的努力，据报告，为解决长期存在的英国债务，1926年

3月在华盛顿签订了一项协定，洪都拉斯应偿付的总数是600万美元，30年为期，每半年付款一次。这样，该国政府从一笔包括利息增殖总计为150,000,000元的票面债务中解脱出来。"金元外交"获得了另一次惊人的成功。长期票据债务不仅总数减少了，而且名称也改变了。尽管未能有效地控制1924年选举，但华盛顿希望洪都拉斯在偿还英国债务之后，可以满怀信心地展望美好的和平的未来。

## 选举和政变

尼加拉瓜是第二个要进行一次总统选举的国家。这一场选举，无论在哪一点上都注定了对华盛顿协议是一次更严重的考验，并且比在洪都拉斯刚刚发生的冲突影响更大。迭戈·曼努埃尔·查莫罗总统于1923年10月20日死于任上。他的逝世使选举机器落在他的合法继承者巴托洛梅·马丁内斯手中。新的政府首脑和老的一样属于保守党，但不属于查莫罗家族。他暂时保持前任内阁，但不久即有所更动，以便更好地执行他的政策。可以推测这同将要来临的选举有些关系，他希望能左右选举结果，即使不意味着他本人继任。

尼加拉瓜现在有了一个新的选举法，系由美国专家H·W·多兹起草的，经国会于1923年在一次特别会议上通过。多兹先生在前两次选举中曾扮演了"观察员"的角色，大概已经准备好一个能够应付中美洲选民意外事变的法律。但国会在通过之前又把它修改得更不成样子。即将到来的普选加倍重要，如不负发起者的期望，海军陆战队将撤离该国。必须做出专门努力，以保证投票公平。马丁内斯政府在国务院赞同下安排了一批外国的观察员，人数之多足以照顾共和国的14个省区。

在职的总统显然希望为临近的竞选的合法性提供进一步保证。

保守党中的重要成员发生了分裂。该党相当多的成员仍然追随从华盛顿回来亲自参加竞选的埃米利亚诺·查莫罗将军。另一派自称为保守共和派则支持卡洛斯·索洛萨诺。自由党也发生分裂。四个"党派"之间经过一番预备性的小冲突之后，形成了一个较大的集团，并实现了同索洛萨诺的联盟，索洛萨诺当了他们的总统候选人，选中了自由党的胡安·B·萨卡沙为副总统候选人。

1924年7月16日，尼加拉瓜外交部部长将上述提名照会美国国务院，并询问华盛顿是否支持这样的联盟。同日他得到通知，美国政府"对于有关尼加拉瓜总统候选人没有任何偏爱"，它只希望"一次自由和公正的选举，并感到把尼加拉瓜政治活动的中心转到华盛顿有损于该政府的利益"。因此，美国国务院对候选人名单拒绝发表意见，但希望当选者不要违反华盛顿通约的第二款。

在这次直接的，或许有些使人为难的请示之后不久，马丁内斯政府采取了一项重要步骤，朝着真正的自治前进。它通知华盛顿在即将到来的选举中，不拟邀请"观察员"。这当然可以以开支为理由为这一决定辩解，而面对着自己的声明，美国国务院没有强行派出观察员。但后来尼加拉瓜政府撤销了这个意见，只是没有保证观察员在投票时及时出席。

随后进行的选举被认为是尼加拉瓜所曾举行过的最公正的一次选举。在马丁内斯的支持下，索洛萨诺和萨卡沙以48,000票对28,000票的决定优势当选。后来有人指责墨西哥在竞选中插了一手，马丁内斯在竞选中颁布的两项命令后来被最高法院宣布为违宪。最高法院的声明至少并不像它所说的那样重要，其后国会通过的决议认为该选举"在议席上弄虚作假"也不完全令人信服。美国立即承认了新政府。

新的政府首脑并不是一个坚强人物，而且面临要组织联合内阁的问题。保守党和自由党内各派系都试图控制政府而把对方挤掉。自由党在联合竞选中投票最多，但内阁成员少于保守派。国会的情况也一样,保守党两派的代表和自由党一样多,很难控制局面,除了像给自己增薪 50％和延长会期这样的表决外,难以有什么作为。它否决了一笔 50 万美元新贷款的提案,政府计划用这笔贷款来加厚国家银行的资本,还用于财政仲裁人和会计专家杰里迈亚·W·詹克斯教授所提出的在财政制度上的某些改革。这些提议被认为不切实际,导致通过一项要对委员会的开支进行调查的决议。用于铺设大城市街道和建筑下水道的另一笔 500 万美元贷款的建议也未获得国会赞同。这些挫折降低了美国人在尼加拉瓜的威望。

国会中人为的对立导致内阁数次改组和驻华盛顿使节的几番更换。5 月,经对原计划做了很大修改,立法机构通过一项组织一支 400 名警察武装的法律。6 月,美国得克萨斯州的 C·B·卡特被任命指挥这支队伍。8 月,出现了保守党在内阁中不服从命令的谣言,造成内阁官员的进一步更换。海军陆战队于该月初在普遍表示满意的情况下撤离。新任的警察指挥官已于几周前到达。在他踏上国土的东海岸时,情况看不出有什么吉兆;当他前往首都途中直到他就任这支还在胚胎里的部队指挥官时,所获的印象也好不了多少。陆军,这个政治上真正的决定因素并未解散。总统夫人的两个兄弟掌握着首都的各军事要塞,这样也就控制了总统本人。没有等多久,他们就行动起来了。

据圣萨尔瓦多方面的报道,8 月初,由于两名主要部长辞职,避免了一次内阁危机。查莫罗的主要支持者公共工程部部长萨尔瓦多·卡斯特里罗的抗命,被认为是造成危机的原因。8 月 28 日,海军陆战队撤退后三周,索洛萨诺总统公布了一个新内阁。为抗议更多的自由党代表进入内阁,专横跋扈的姻兄之一,阿尔弗雷多·里瓦斯率领 100 人在一次公开的欢迎会上以野蛮的西部方式乱放枪,逮捕了好几个著名的自由党人。其中有公共财政部长。转天,埃伯哈特公使保释犯人,这次示威所反对的内阁成员全体辞职,陆军部部长亦提出辞呈。索洛萨诺接管了陆军部,显然是为了稍后把这职务转给查莫罗。经过几天的进一步谈判,由美国居民出面调解,里瓦斯把他据以控制首都的洛马炮台交给总统。有人指控他曾同意查莫罗以 5,000 美元的代价买下要塞,显然他没有因为未做成这笔买卖而在财政上有所损失。

在这次显示出政府当局的弱点之后,有人劝告索洛萨诺总统把洛马炮台交给警察部队,但他拒绝了。1925 年 10 月 25 日,查莫罗找到了另一个易于买通的官员,控制了垂涎已久的炮台。有了这个有利的地位,查莫罗迫令总统屏退内阁中自由派的成员,要求给他个人 1 万美元处理政变事宜,并任命他为陆军司令。总统在命令警察部队攻打这个篡权者时犹豫不决。当他拒绝向已经在沿岸游弋的军舰求援时,他担任政府首脑的日子也就屈指可数了。副总统萨卡沙害怕丧命逃往国外。

## 麻烦的独裁政权

这样就在尼加拉瓜开始了一个违宪政府的新时期。由于这个政府的头头是过去的宠儿,又是华盛顿会议的代表,因而加倍不受华盛顿的欢迎。眼看着查莫罗的厚颜无耻的背叛,新上任的警察指挥、美国公使、财政代理人和优柔寡断的总统都无计可施。华盛顿不愿在没有当局的明确要求下采取行动。除了消极的不承认外,别无良策。

当时查莫罗通过傀儡政府首脑巧妙地操纵事务。拿不稳定的岁入来加强陆军。咖啡种植者抱怨劳工不足,劳工们被征募到军队里去了。在自由党的根据地里,商人们对军人的所作所为表示不满。新建立的国民警卫队(现在也由查莫罗指挥)的定员不给补足。在这还不是真正的独裁时期,外国监督机构的代理人也倒了霉。

控制了国内局势之后,查莫罗着手在国外巩固自己。总统无可奈何地召回属于自由党的驻华盛顿公使,改命查莫罗的老朋友萨尔瓦多·卡斯特里罗担任这个职务,并立即调换了 1911 年"金元外交"条约的连署人。采取了这样的外交上和军事上的防卫措施之后,查莫罗便向总统职务逼进,他采取合法手段,但也不少用讹诈和强力的方法。1926 年 1 月 13 日,他当了陆军部部长,几乎是同时又当了参议员,虽然担任了陆军部部长又担任参议员就是非法的了。借口选举弄虚作假,有准备地强迫国会宣布 18 名议员的选举无效,并立即把他的伙友补上。这个听话的机构在他的吩咐下传唤当时亡命于危地马拉的副总统萨卡沙回国,要他回答对他阴谋入侵本国的指控。萨卡沙当然拒绝充当会送死的被告,因此国会宣布他旷职,并处以流放两年。

查莫罗现在准备好了最后的行动。国会已经选举他为第一个总统继任者,他劝诱索洛萨诺辞职。国会拒绝接受索洛萨诺的辞呈,但许以无限期休假。于是查莫罗在 1 月 17 日取得了总统职务。表面上他是按法律条文行事的,至少最后的步骤是这样,但实际上他是一个篡权者,他指望过去同美国国务院的亲密关系可以使他在政治上免罪。在此过程中,他的行径使人联想到 1912 年惹起武力调停的梅纳,查莫罗的行动现在会不会造成第二次干涉?

美国国务院并没有让他长期等待美国的态度。1 月 25 日在答复一个照会中,凯洛格国务卿通知尼加拉瓜公使,"美国政府未曾承认也不准备承认以查莫罗将军为首的政权为尼加拉瓜政府,正如"查莫罗于去年 10 月发动政变后,"美国政府曾数次正式告知后者的那样"。其他的中美政府一致同意美国拒绝承认篡权的政府。至少在这一点上,1923 年的通约被证明是有效的。

查莫罗为保证他的统治,提出出售尼加拉瓜铁路和国家银行,但也未获成功。逃亡国外的萨卡沙,此时正在美国,警告一切可能购买的人说,这样一笔交易将是非法的。此外,没有一个有名望的商号会在国务院不予承认的情况下冒险去购买。但另一方面,萨卡沙的恳切陈词也仅此而已。在华盛顿,他被劝以忍耐,人们对他保证说,"一切事情都可以不经流血而会办妥的",他没有得到比空洞的声明更令人满意东西。因此,毫不奇怪,他只好跑到墨西哥和危地马拉去寻找意气相投的伙伴。

看来在1928年法定选期到来之前,查莫罗除了有可能继续在职,不能指望更多实质性的东西。经济状况使他获得某些鼓励。进口继续以较大的规模进行,有足够的岁入与之相当。美国政府坚持拒绝承认他,但许多财政代理人和美国公使同他保持着表面友好的非正式关系。6月,埃伯哈特先生获准度假,使馆事务由秘书劳伦斯·丹尼斯负责。国务院宣布这一变化"没有任何政治含义",但后来发生的事情似乎给人以相反的印象。

5月,战事爆发,自由派袭击在布卢菲尔兹的国家银行分行,由于该行持有由康涅狄格州发给的特许执照,经理的抗议迅速唤来一艘巡洋舰,"保护美国公民和美国财产",巡洋舰舰长宣布布卢菲尔兹为中立地区,虽然自由党占领了该城和附近的据点。自由党企图接管关税引起总税务司的抗议,声称此举是对合同的破坏。月底,感谢这些错综的关系和查莫罗本人的果断措施,他收复了东海岸的被占区。

6月,萨卡沙已经灰心丧气离开美国,前往危地马拉。据报告他准备另一次袭击布卢菲尔兹的计划。查莫罗宣布这次袭击得到墨西哥政府的援助,但墨西哥拒绝这个指责。8月,东西海岸同时爆发战争。查莫罗失去了对东海岸的控制。虽然如此,事实上美国军舰马上就在该地出现了,重新宣布并扩大了中立区。9月,美国宣布禁止向双方出口武器。但墨西哥放任这种做法并继续提供援助,构成了对该国政府提出抗议的基础。查莫罗确曾致电国际联盟申诉。据解释,电文纯属"报告和告发性的",没有要求国际联盟采取行动。这个申诉自然会引起一种有趣的揣测,即它表达了门罗主义。

到了9月底,经集结于这个纷乱国家的美国海军舰队的司令J·H·拉蒂默调停,宣布停战15天。在这期间各方将在科林托举行会谈。参加这次会谈的美国代表，现在是丹尼斯先生，根据华盛顿的指令照例起着指导作用。

总统任期问题是达成协议的绊脚石。当然查莫罗本人也是问题之一。他曾向美国代办承诺，不管会议结果如何，他将准备辞职。自由党坚持萨卡沙任总统，不过在总统问题上，他们又提出了几位中立派，并主张万一在他们本身不能达成协议的情况下，可把问题提交美国国务院的一名代表和其他四个中美共和国的代表仲裁。保守党的最大让步是同意把问题提交美国国务院。该党看来决心推举阿道弗·迪亚斯拿下这次选举，除他而外别无他人，对此他们只好厚着脸去指望华盛顿的支持。他们并没有失望。关于去年10月的政变，用人们熟知的一句话来说，迪亚斯是"像查莫罗掉在泥潭里一样掉在泥坑里"。但是他避免了公开行动，没有为后者所利用。由于没有厕身于特殊的纠缠之中，加上他过去的职务，使得他能够为国务院所接受。对于格腊纳达的保守派来说，迪亚斯和他将来的竞选伙伴卡洛斯·夸德拉斯·帕索斯不如查莫罗使人中意，但是在他们能有另一次机会选举中意的人物之前，他们愿意支持二人竞选。对于自由党来说，迪亚斯并不比查莫罗好多少。他们面临着或者同意迪亚斯或者退出，他们选择了后者，因此会谈破裂了。

在这次毫无结果的努力之后，查莫罗于10月30日把行政权存交第二个总统继任者塞瓦斯蒂安·乌里萨。查莫罗的弃权被看作是美国政策的胜利。但很快就表明这是一个无意义的姿态。查莫罗本来就没有同意和他的对手在科林托进行会谈，除非他得到保证保守党全党支持他在1928年竞选总统。此外，乌里萨是他的私人朋友，也是格腊纳达的贵族所中意的人物，而且恰恰是推行他的计划的。乌里萨的第一批行政命令中就有一项是让查莫罗出掌陆军。乌里萨不同他的教练员商量是不采取任何重要步骤的。查莫罗的卸任证明只是使人落得一场空欢喜。美国国务院继续坚持在"宪法程序"还不完备前不予承认。

在这非常时刻，乌里萨不得不召开特别国会以便选出政府首脑完成未满任期。这是宪法规定的在总统和副总统都出缺的情况下采取的措施。比较合乎情理的做法是让副总统萨卡沙继任。事实上他这时是在国外，但他的旷职是由于害怕查莫罗，随后国会剥夺他的公民权也是由这个独裁者决定的。在查莫罗引退后，美国国务院曾暗示扫清一切表面上的借口，让萨卡沙作为合乎宪法的行政首脑，完成未满任期。国务院被要求不要这样做，因为自由党曾求助于墨西哥，萨卡沙即使没有直接参与，但曾鼓励他们的行动。

乌里萨于 11 月的第二周召开国会，并召回查莫罗赶走的 18 名议员。国会在他们的席位只有 9 人就座的情况下开会，并选出阿道弗·迪亚斯为总统，他得 47 票。67 名议员中有 53 名出席。对这种草草进行有所评论，因为通常国会用较长时间进行组织准备，对其成员来说，放过了一个增加报酬的机会也是不寻常的。

过去一年发生的事件，大大地干扰了美国的财政干预，但并未完全破坏它的成果。查莫罗和那些监督财政的人，包括外交人员，仍然维持个人的表面友好关系。甚至在财政波动影响东海岸时，总税务司在那里还保持了国库规定的部分收入。国防和额外的军务需要扰乱了财政。不能满足其迫切需要的军官威胁要设卡强征。海关的可靠下属偶然当过自由党的就在逮捕之列，外国企业的雇员也面临着同样的威胁。

（译自考克斯前引书，第 765—782 页。）

# 第十一章　国内倾轧和第二次干涉
# （1926—1933）

迪亚斯就任索洛萨诺总统的未完任期以后，尼加拉瓜重新出现1911—1912 年那时的暴风雨般的事件。国内各派系之间的倾轧导致了引起世界注目的纠纷。美国在这里的财政和商业利益以及运河特权，已经使或将会使尼加拉瓜在地峡事务中居支配地位。起初，华盛顿政府的霸权地位的表现，可以称之为军事调停而不是军事干涉，逐渐地，为尼加拉瓜国内的流血冲突所迫，便采取更为公开的做法。这一章叙述引起第二次干涉的各次事件，可以看到这是影响更大的一次干涉。

## 墨西哥和美国的干涉

迪亚斯于 1926 年 11 月 11 日当选总统，三天后就职。11 月 17 日，他得到美国国务院的承认。翌日，据说美国银行家愿提供 30 万美元的临时贷款，接着又说提供 600 万美元的长期贷款。两个报道都被迪亚斯否认了，不过前一笔贷款是实行了，而后一笔贷款则被认为是没有必要。美国的迅速承认，紧接着是新的财政诱惑，这就被他的政敌说成是"只不过是最坏形式的金元外交"。

但迪亚斯对批评者的斥责比这更凶。关于墨西哥援助的指责恢复了，传播比以前更广，而且加上了一个罪名，说它是全世界布尔什维克运动的一部分,墨西哥打算牺牲美国而提高自己的威望。在对美国承认他的政府的照会的正式复文中,迪亚斯总统指出了这些活动,要求美国政府帮助制止,而且补充说,不论美国国务院运用什么方法,"由于我对美国政府的崇高的公正精神的绝对信任",这些方法都会"得到我的赞同"。没有多少人同意这种指责或申诉。来自墨西哥的军火走私是有的,这种走私或多或少得到鼓励,这也显然是墨西哥政府给予的,但是这与其说是牵涉到对国际法的人为破坏,毋宁说是一个临时性质的问题。显然,墨西哥是力求与其南部邻国建立某种亲善关系,但这主要是文化性质的。至于布尔什维主义的指责,正如一家墨西哥报纸所说,这是"0.5％真实,99.5％想象"。

语言、种族、历史和地理位置,这一切把墨西哥和中美洲的共同利益联成一体,无须乎用经济帝国主义这个怪物来解释。墨西哥政府立即拒绝关于指责它对尼加拉瓜斗争进行不适当的干涉,而且根据其外交部部长所说,它将遵循"一条严守正义和绝对尊重尼加拉瓜宪法秩序的指导路线",一家墨西哥报纸指出,中美国家的革命一般是受到美国的鼓励,而不是受到墨西哥的鼓励,而用布尔什维主义的罪名来反对墨西哥只不过是一个"可耻的诡计"。美国如认为墨西哥政府是布尔什维克的,大可不必承认它;同样,正如萨卡沙的代言人所指出,如果迪亚斯一定要把自由党同他们所宣传的扯在一起,也就不会表示让他们在他的内阁中占有席位。或许其动机就是想迫使尼加拉瓜的自由党接受一个给它安排好的和平。

在美国明确承认迪亚斯之后,萨卡沙离开危地马拉,回到东海岸的卡贝萨斯港。在这里,他于 12 月 7 日成立了为墨西哥所承认的"尼加拉瓜立宪政府",随即发表声明,宣布他无意扰乱本国的社会秩序,表示要保证一切财产权,并答应在各个方面鼓励进步。他明确拒绝同任何政府或集团进行妥协性的交易,并答应他的同胞实行和平和相互帮助的政策。

数月以来，他的所作所为违反了他的诺言，但其他人也应对这种情况分担责任。12月23日美国舰队司令拉蒂默根据华盛顿的训令派遣海军陆战队和水兵在卡贝萨斯港和格兰得河口的沙洲登陆，在这两地建立中立区。这一行动被解释为由于同自由党在关税问题上发生争论；但自由党的全权代表宣布这个问题在一周之前已解决，各商业企业同萨卡沙仍保持着友好关系。他认为占领是打算阻止自由党把保守党赶出珍珠滩。总之，自由党的首都卡贝萨斯港暂时处于监视之下，而他们敌人的司令部布卢菲尔兹则被豁免了。两地都被宣布为中立区。

政府方面尽管得到这种非直接的援助，但拉蒂默12月7日的报告说政府遭到进一步的损失，并指出政府的败军正退往布卢菲尔兹附近。他宣布准备解除双方作战人员的武装，如果他们进入已经宣布为中立地区的话。这在自由党方面看是为迪亚斯的军队恢复元气，而不是退出战斗的机会。因为他们在解除武装之后就可以转入内地。

虽然有这种明显的偏袒，还有中立区（已增至六个）、封锁海岸、检查电报和无线电台（后来撤销）等使自由党处于不利地位，但自由党的人数和在国内的声望继续增加。有谣言说又有一批走私军火在丰塞卡湾卸货，另一批正在前往同一目的地的途中。共和国各地传来不时发生起义的消息越来越多。抑制萨卡沙、援助迪亚斯的政策似乎使前者更得人心，据报告，美国、加拿大、法国以及墨西哥的军官都在他的旗帜下任职。西部战区如果扩展到奇南德加，看来这是不可避免的，那么马那瓜和内地的其他地点将会发生粮食供应困难的威胁。

新年来到，危险日增，鉴于这种威胁，迪亚斯向美国国务院提出更加迫切的援助要求；与此同时，英国和意大利的代表照会美国驻马那瓜的公使，这种动乱的状态威胁着他们侨民的生命和财产。在这双重要求采取行动的鼓励下，美国当局立即行动，武器出口的禁令被撤销了,舰队司令拉蒂默奉命采取措施保护一切外国人的生命财产。一月中,在被围地区的水域内有 15 艘候命的舰船和 4,500 名官兵随时准备执行国务院的命令。在东海岸和科林托建立了新的中立地区,海军陆战队又在首都出现了。这些令人讨厌的保护者的代表在首都受到的欢迎,其诚恳的程度不下于 18 个月前他们离去时所表现的欢欣。

这个外国宗主国惹人注意的姿态马上激起了一股国外的批评浪潮。不友好的评论已经见诸拉丁美洲的报刊。哥斯达黎加的一家报纸问道:"美国是不是想要一笔勾销国务卿休斯在中美会议上的工作?"智利圣地亚哥的一家报纸(也许有几分恶意地)提议南美国家对这样有损于美国道义声望的事件应该出来调停。另一家古巴圣地亚哥的报纸一面责骂美国的"帝国主义",一面责骂拉丁美洲国家的"怯懦",未能保卫尼加拉瓜。秘鲁利马的报刊指责这种干涉,马德里的自由派报纸表示对"暴力"下的牺牲者的同情,唯有泛西班牙主义可以挽回局势。国内外的知识分子,从布宜诺斯艾利斯到巴黎,利用大学的讲坛和学生的集会通过许许多多的决议,发出了反对的呼声,伦敦和柏林的报刊加入了谴责的行列,虽然有些英国专栏作家似乎准备要欢迎美国进入到"帝国主义者"这一伙中来。智利和西班牙两国教会的报纸则使用较为慈悲为怀的语调,但这主要是由于他们的反墨西哥的偏见,而不是亲美。

美国国会方面也通过了一系列谴责的决议。对于这样和那样的异议,凯洛格国务卿反驳说,承认迪亚斯并许诺他一切,这要比让萨卡沙回来上台所卷进去的干涉要少得多。柯立芝总统于 1927 年 1 月 10 日致国会的特别咨文中引申执行 1923 年条约的必要性,为迪亚斯政府的合法性辩护,并指责墨西哥政府在尼加拉瓜引起敌视美国所造成的局势。

就连这份煞费心机的咨文,加上凯洛格国务卿的所谓布尔什维克活动的罗列,也不能把由于干涉尼加拉瓜而引起的争论和附带发

生的同墨西哥的争论平息下来。在国会,参议员博拉和伦鲁特分别
扮演了攻击和辩护两派的主角,攻击一方说这是"帝国主义",而辩
护一方则说这是根据门罗主义所采取的必要行动。在国会外,各报
刊根据党派而分野,独立的报刊一般都反对政府,大多数学生和职
工团体也表示反对,赞成把有争论的问题提交仲裁。在国外,非官
方的评论都反对美国政府,虽然倾向于区分政府的政策和人民的态
度。在政治圈子里的许多高级人物中,他们想起了威尔逊总统的声
明,现在都压低了声调讥笑柯立芝总统和凯洛格国务卿的窘境。但
伦敦《旁观者报》同情地指出,美国既然在巴拿马有了立足点,就必
须干下去,直到整个中美都处于它的控制之下。

在马那瓜,正如可以期望的那样,柯立芝总统不仅因致力于保
护尼加拉瓜的美国人的生命财产而有功,而且保护了美洲大陆使免
遭邪说的侵袭。他的那些翻来倒去的关于布尔什维主义的谈论,圣
地亚哥(智利)《民族报》说它们无非是一种借口。来自古巴的圣地
亚哥的指责说,帝国主义正在摧毁尼加拉瓜。布宜诺斯艾利斯的报
刊发表了一个较为公平的说法:

> 显然,美国总统的咨文,未能使国会和全世界相信采取这
> 样极端措施的必要性,这种措施本身损害了文明国家所信守的
> 国际正义的理想和感情。军事干涉证明为违背美国人民的行
> 动,美国对待其他不像尼加拉瓜那样弱小的国家时,总该是首
> 先尽量运用外交手段和方法的吧。

> 柯立芝总统在一个弱小的中美国家面前,面临有关保护他
> 的国家的权益的问题,仅仅是由于这种可能得到的权益会被触
> 动或可能受到威胁,便推行一种不正当的行动原则。很难设想
> 这样一种被整个国际舆论谴责的原则能够得到美国公民和他
> 们在国会中的代表的赞同。他们奋激的抗议已经迸发出来了,
> 它具有令人信服的权威,在全世界和历史面前保护美国的
> 声望。

# 敌对的主张和地方的调停

在公众评论的热潮中,两个敌对政府的原告人,都为自己做进一步的陈述。迪亚斯重申他对墨西哥的指责,为他当选的合法性辩护,并宣称他已解决了财政债务的束缚。萨卡沙抨击他的对手使自己高升的所作所为,并抱怨拉蒂默舰队司令对他本人和他的军队所施的限制。他否认对美国有任何的敌对,准备接受美国的友谊和美国的协助以推进运河的计划,并接受美国资本家开发尼加拉瓜的资源。针对萨卡沙的声明,迪亚斯声言他的同胞在 1924 年犯了一个错误,不应从一个党选出正总统而从另一个党选出副总统。他认为在美国根据它的宪法不可能发生这样的事情,但他们在尼加拉瓜还没有纠正这个缺点。他又说,这样的事情也不可能提交中美各国政府仲裁。在美国,关于海斯-蒂尔顿之争,并没有发动外部援助进行解决。

除了援引这一外国的历史先例,他还否认美国银行家正在支持他,闭口不谈美国政府的援助,只是控告他的对手接受墨西哥的援助。他声言利用这种外部援助来反对查莫罗政府,不管这个政府有多少过失,但它是尼加拉瓜真正的政府,这就构成了萨卡沙被弹劾的最充分的理由,恰如国会所做的那样。在反驳声明中,萨卡沙争论说,他是在努力制止战斗,他再次对舰队的封锁提出抗议,并质问华盛顿政府是否忘记了小国需要有一个表白意见的机会。他同样希望友谊而不是保护,并要求撤销不公平的限制。

反对美国奉行的路线的同时,通常都提出通过仲裁来解决。除了这种在宗教和学术团体中特别流行的一般性建议,危地马拉和哥斯达黎加政府已经提出愿意充当调停。前此之时萨尔瓦多和洪都拉斯承认了迪亚斯政府,但危地马拉和哥斯达黎加则都拒绝。哥斯达黎加总统希门尼斯声称他不能承认迪亚斯是合法总统,也不承认萨卡沙是"事实总统"。萨尔瓦多总统解释说，他所以承认迪亚斯，因为这样做可望在没有外国干涉的情况下能更快地恢复和平。

由于立即得到美国的承认，迪亚斯认为调停是不必要的。1927年1月中旬，不断听说哥斯达黎加又建议调停。在华盛顿的官员本身虽无表示，但看来是高兴的。此外，萨尔瓦多的一些头面人物不等他们政府的批准，就力主接受这个提议。在圣何塞召开的一个医药协会会议的成员也采取同样的行动，并决定向哈佛和哥伦比亚大学各系科以及拉丁美洲的主要的学会发出呼吁。

萨卡沙立即表示愿意接受哥斯达黎加的建议，但迪亚斯拒绝了，理由是希门尼斯总统抱有成见，并曾准许自由派使用利蒙港作为反对他的行动的基地。希门尼斯立即驳斥了这个不公平的指责。在哥斯达黎加的国会中有人提议停止同果品公司的合同，直到尼加拉瓜恢复正义为止。其他人则表示坚决呼吁美国总统撤退在尼加拉瓜的军队，稍后，他们建议举行拉丁美洲大会，审议干涉问题。一位作者分析说，尼加拉瓜的局势所以这样，是由于那里的政党的分裂，特别是保守党的分裂，并指出这个事例应该引起别的国家注意，必须引以自防。

危地马拉也再次提出调停。迪亚斯通过他的外交部部长建议说，这个问题可以派遣一位代表通过正常外交途径交换情况得到解决。这当然是直接告诉危地马拉承认尼加拉瓜。迪亚斯声称危地马拉由于害怕墨西哥而尚未承认他的政府，他还断言危地马拉由于同样的畏惧心理而受到卡列斯预谋的鼓动掀起国内混乱，没有一个中美洲的政府能够独立地调停尼加拉瓜的冲突。自由派的一位将军丹尼尔·梅纳也反对调停，但观点不同。他宣称，这次纷争是一桩家务事，除非怀有善意，它不指望外部干预。后来，据说他支持一个把东海岸从该国其他部分分离出去的运动。

在拒绝调停的同时，迪亚斯提出了明确的和平建议。现在，有美国的保护，不怕墨西哥布尔什维主义了，因此该国准备进行重建。

为此他提出下列计划：完成他的总统任期，但自由党参加担任主要官职；1928年举行在美国监督下的自由选举；建立由美国人、自由党和保守党代表参加的混合委员会以解决最近造成的债务；由政府收购自由党交出的全部枪支。

迪亚斯坦白承认，美国的合作是他的建议的必要基础。几天后，柯立芝总统正式接见了他的驻美公使，该公使重申这个争取"指导、合作和援助"的愿望。萨卡沙在对这个建议和以前关于调停的各次提议进行评论时也说，他和他的同事准备欢迎美国提供的方便，但他继续说：

> 令人忘不了的恐惧是多年来对尼加拉瓜和其他中美弱小共和国所采取的行动。它不是一个有利于全体美国人的美国国策，而是为了某些银行家的独占利益的政策。

> 我们希望尼加拉瓜和美国之间有一种坦白和严肃的了解，一种两个主权实体之间的关系着商业和财政的巨大利益的了解。

> 我们不希望在保卫美国资本的借口下对我们国家进行侵犯，明目张胆地无视我们国家的弱小、权利和尊严。

> 财政政策，让我们称之为"金元政策"，这在美国最近推行的政治手段中已经解释得很清楚了，它给美国造成的损失比她的最大竞争者所能得的要多得多，美国无须让自己害怕，也无须实行保护贸易的诺言。

> 总之，我们无须讨论就可以给予美国商务特惠，我们对世界上所有的国家友好，也希望世界上所有国家对我们友好，但是对损害我们的尊严和主权的保护权我们一概不承认。

在接见迪亚斯的代表时，柯立芝总统表示无意干预尼加拉瓜的内部事务，并表示希望很快就可能从该国撤走美国军队。局势是谁也不肯让步，也找不到有希望的解决办法。萨卡沙又一次提出退职，表示不偏不党，不过他仍旧不接受迪亚斯作为总统。他说他只是在保卫他的人民解决本身内部事务的权利。看来他的前景惨淡，因为美国海军曾通知他，由于柯立芝政府已经承认迪亚斯，就不会承认其他任何人了，哪怕他控制了整个国家。鉴于这种干预，他害怕美国和自由党军队可能发生冲突，虽然他将尽力避免这一灾难。

经过一番舌战，提出和平建议和表明态度之后，自由党军队于1月底重新开战。2月6日绝早，向重要的中心奇南德加发动攻击。经过几天的战斗，该城失而复得，绝大部分地区被焚毁。数百名战斗人员被杀死或受伤。自由党被迫撤退。双方都推卸火灾的罪责，迪亚斯把伴随战火而来的恐怖说成是尼加拉瓜历史上最可怕的灾难。保守党把这种后果归罪于自由党士兵，而不针对他们的指挥官，自由党则把它归之于美国飞行员，说他们从轰炸机上侦察和鼓励保守党的作战人员。然而，人们说他们是"私人"服役，他们的所作所为是美国国务院所不同意的。

在奇南德加灾难的一周之后，马那瓜传来迪亚斯准备告退的通告，如果该动议得美国同意的活。迪亚斯的这个提议附有一项声明：移交一开始，美国海军陆战队应继续留在该国。他对《联合杂志》说："我一直反对撤退海军陆战队，我欢迎他们回来帮助我们国家。"这个通告可能是舰队司令拉蒂默斡旋的结果，当时他访问了迪亚斯和萨卡沙。邻国不友好的消息也日渐增多。危地马拉撤回了它的特别代表，但正如它的政府所指出，这仅仅是因为他没有完成调解任务，至于将来，据称它将严守中立。在中美各国的首都，迪亚斯将去职的通告引起了关于协商可能候选人的有趣讨论。

华盛顿收到迪亚斯退职的声明和萨卡沙同样的声明，显然表示满意，但未加评论。然而也有像萨卡沙的代理人巴卡博士那样不够体谅的人，他说：

> 迪亚斯对《联合杂志》说："如果美国认为我最好让位，我立即照办。"如果美国认为他最好留下，他就留下。

尼加拉瓜问题从来没有过像这个坦白的、有发明天才的宣言这样规矩地、信赖地提交国务院。就在今天的这个宣言中，迪亚斯对局势做了一点进一步的说明，宣言说："只要我是总统，我就认为美国海军陆战队应该留在尼加拉瓜。"

这两句引文道出了迪亚斯冒险事业的关键。他的冒险事业已经毫无必要地在整个拉丁美洲引起这样深的恶感，使尼加拉瓜流了这样多的眼泪和鲜血。如果迪亚斯继续破坏宪法，反对尼加拉瓜人民的意志，整个拉丁美洲局势恶化的可能性就大了。

萨卡沙和自由党现在是而且永远是准备为光荣的和平而不考虑他们自己的。他们不追求个人所得和权力，他们所期望的仅仅是尊重法律和一个属于尼加拉瓜人民的和由尼加拉瓜人民治理的政府。

这个对迪亚斯声明的批评，附有对美军破坏自由党军需品的抗议。这个冷酷的指控与四天后迪亚斯的外交部部长帕索斯·阿拉纳的一篇声明真是旗鼓相当。阿拉纳宣称他的上司的立场遭到曲解：

尼加拉瓜政府不相信有可能达成以迪亚斯总统去职为基础的任何和平协议。

自由党毫无法律的和道义的理由而把国家扔进灾难的战祸之中。迪亚斯总统作为保守党政策的指导者，指望通过协商、说服和调整的办法谋求和平，不幸的是自由党的不妥协使他的努力归于失败。

他的敌人迫使他用武器来实现和平。政府的军事行动到处取胜，今天，东西两岸的革命集团被打散了。目前，只有蒙卡达将军的纵队还有武器，处于朝不保夕的状态，困守在马塔加尔帕和东海岸之间的森林和山地。只要它突围到开阔的和有居民的地区，我们的军队就能攻击它，把它消灭掉。

尼加拉瓜政府的地位是强大的和难以战胜的，尽管有时一群革命者会突然攻打城镇，像在奇南德加那样，他们破坏、纵火和抢掠，这些行动判明他们只是土匪而不是革命者。

我们不能在友好的序曲中获致和平，只好在尾声中用武力强取，但一当和平牢固地建立起来，迪亚斯总统就能详细拟订心慈意善、光明磊落的调解计划，这是保守党所必须承诺的。

这个"心慈意善、光明磊落的计划"的要旨见于一个拟议中的尼加拉瓜和美国的同盟条约中。这个拟议中的盟约于2月20日知照美国驻马那瓜的公使，五天后，在华盛顿公布。根据尼加拉瓜政府首脑的说法，它体现了两项基本保证，他说："第一，保证我们的主权和独立，不中断地保持一个保证生命、财产和个人自由的胜任政府。第二，保证美国人民根据布赖恩-查莫罗条约应有的权利，建筑一条穿过尼加拉瓜沟通两洋的运河，并在尼加拉瓜建立一个海军基地。"

由于这个建议和存在着重新爆发比在奇南德加规模更大的流血冲突的前景，美国政府采取了一项更为强有力的政策。至此它的做法可以说是干涉而不是调解了。现在，根据舰队司令拉蒂默的建议，经过同埃伯哈特先生磋商，又一批海军陆战队和水兵在科林托登陆，占领铁路沿线的主要车站，因而使沿海和首都之间的交通畅通无阻。建立了新中立区，并制止自由党攻打会危及美国人和其他外国人利益的其他地区。这一批增援部队到达尼加拉瓜，使兵力增加到5,000人以上。

美国增加兵力当然会引起批评。自由党表示愤懑，因为这实际上增援了他们的对手。国内的评论认为它预示着完全的军事占领，而外国观察家认为这是朝着公认的保护国迈进的第一步。美国政府的辩护是重新拾起必须维护侨民利益的遁词，并恢复关于墨西哥有所活动的谣传。然而，比这更有力的辩护是英国更换了代表，并派出一艘巡洋舰到了尼加拉瓜的西海岸。

英国巡洋舰在科林托逗留不到两周,也没有派遣海军陆战队登陆。这件事激起了对门罗主义的广泛讨论,并引起了若干批评,甚至在尼加拉瓜国会中有人暗示这是英美外交家的合谋。不管是这一场议论,还是过去迪亚斯对联盟所持的反对态度,都没有使美国政府改变它的政策。

另一次调解的尝试发生在 2 月底。两名自由党和一名无党派的中立派组成代表团,由拉蒂默参谋部的两名官员陪同,他们离开马那瓜前去同蒙卡达将军谈判,把美国的军事措施以及迪亚斯所提出的条约告诉这位自由党的头目,然后试图在此基础上达成某种永久性的解决办法。这个代表团引起的是过高的希望。3 月初,代表团的成员回到马那瓜,报告说蒙卡达"原则上"接受他们的和平条件,但未得萨卡沙的明确认可,不愿采取行动。和他的政治领袖一样,他愿在今后 18 个月里接受美国的管理,但不接受迪亚斯继续担任总统。

## 斯廷森出使

未能缔结一个令人满意的协定,这就意味着要继续一场流血的但不确定的斗争。美国国务院现在试图结束这个不能容忍的局势。无论如何,美国的声望要求它在这个麻烦的国家实现和平,纵使是强制的和平。这个责任就成了斯廷森这次出使的理由。

2 月 25 日国务院宣布卖给迪亚斯政府 3,000 支步枪、200 挺机关枪和 300 万发子弹,总值 217,718 美元。尼加拉瓜每月付款 5,000 美元,利率 6%,1929 年 1 月 31 日到期。应该说明,这笔债务得由后任总统照样承担。政府解释这一做法时,援引了 1921 年 11 月卖给尼加拉瓜一批武器以及 1923—1924 年墨西哥叛乱期间同样地卖给了墨西哥一批武器的先例。

4 月 7 日宣布亨利·斯廷森启程赴尼加拉瓜。柯立芝总统的这位特别代表（人们都这样称呼他）曾任塔夫脱内阁的陆军部长。他宣布此行的目的是同各式各样的美国代理人以及尼加拉瓜国内正在冲突的党派领袖会谈。通过这些个人交谈，相信这要比通过正常途径更能把美国政府的观点更为明确地传达给双方的主角，并把那里所见到的较为真实的情况带回华盛顿。美国在很早以前的外交活动中就曾采用过斯廷森这种带有特殊使命性质的旅行。此外，他使人联想到这是总统经常用于处理特殊微妙局势的"最高委员"。毫无疑问，尼加拉瓜现在这种处在死胡同的绝境，使他担负的使命显得格外重要，他的后盾是一支人数相当多的、云集在加勒比地区执行作战任务的部队，这是 1898 年以来未曾有过的。

4 月底，斯廷森先生到达马那瓜并同美国公使、舰队司令拉蒂默、其他的美国代理人、保守党官员以及自由党领袖等进行会谈。他报告说迪亚斯和他的同事愿意服理，而他们的对手也有采取"公正和通情达理的态度"的表示。但后者很难接受迪亚斯担任总统，也不相信在 1928 年选举他的继承人时能够保证公道。

这些怀疑，特别是第二点，在斯廷森先生看来是达成协议道路上的两个主要障碍，正如他这样表示的：

> 我的调查表明，政府控制选举这一弊端是尼加拉瓜问题的根子，一直都是这样。由于这样的事实，即一个政府一经掌权，就习惯地通过控制选举使它本身或其党派永远掌权，革命就成为不可避免而且是没完没了的了，因为只有通过革命才能使一个已经控制了政府的党派失权。凡是和我谈过话的各个政党的人，都承认这个弊端的存在及其不可避免的后果。他们都表示了一个诚恳的希望，即由美国监督选举，可望永远消除这个弊端。

为了促成斯廷森解决这个问题的愿望，迪亚斯提议设立一个选举委员会和建立一支由美国控制的非党派的警官队。对于 1928 年

监督选举的计划,萨卡沙的支持者抱同情态度,但他们反对迪亚斯继续任职。在这一点上斯廷森坦白地告诉他们:

> 我很清楚在当前的危机中不存在中立或公平无私的尼加拉瓜人。此外,尼加拉瓜国会在尼加拉瓜法律的形式下选举代替迪亚斯的人的任何尝试,在当前情况下几乎一定会造成促使派别冲突更加尖锐化的机会。

这样一来,斯廷森先生就把自由党领袖的立宪主张撇在一边。在马那瓜,关于解决办法的可能基础的谣传马上充斥起来。该城三名著名的自由党人拍无线电报给萨卡沙,告诉他柯立芝总统的代表在同迪亚斯会谈后所提出的条件。萨卡沙于4月16日回答他们说:他一如过去那样,为了获致本国的光荣而有效的和平,他准备放弃宪法给他的权利。但他无意认可由于不正当的政变而造成的局势,"它已经使尼加拉瓜几番流血,惨遭苦难"。但是他还是派出代表前往马那瓜。

他们很快就从卡贝萨斯港到达马那瓜,他们到达时和会谈中所得到的印象,令他们和斯廷森先生都感到满意。这时有必要弄清蒙卡达指挥的军队的意见。5月3日,斯廷森在蒂彼塔帕和蒙卡达以及萨卡沙的代表举行的会议上,重申他已经提出的、包括迪亚斯总统留任的和平建议。看来他认为这些条件应普遍地被采纳,蒙卡达虽然有些勉强,最后还是答应劝告他的军队放下武器。为了促成这一过程,斯廷森给这位将军写了如下的一封信件:

> 确认今天上午的会谈,我荣幸地通知你,我受权说明几点,美国总统准备接受尼加拉瓜政府的请求,对1928年的选举进行监督;对干这个计划来说,迪亚斯总统任满未满任期,被认为是必需的,并将坚持这一点;为了正当而成功地指导选举,全国普遍解除武装被认为是必要的;美国军队将受权监管那些愿意放下的、包括政府军的武器,并迫使那些不愿这样做的人解除武装。

把这个通知送交作战双方需要时间,因而宣布直到下星期六(5月7日)这段时间内停火,美国海军陆战队和水兵进驻沿蒂彼塔帕河一线,隔开作战双方。5月5日,迪亚斯宣布大赦,一当解除武装,立即实行全面的新闻自由。根据蒙卡达的建议,迪亚斯还同意在六个省内任命自由党人担任省长。让步促成了他同他的敌人的真正和解。同一天,蒙卡达答复斯廷森特使、埃伯哈特和拉蒂默,同意回到自己的军队中去设法使他们同意解除武装。

如果我们研究一下蒙卡达那天发表的宣言,这个决定对于这位自由党的将军来说是不容易做到的。对于他的部下,这也是一桩好不容易的事。从他后来给斯廷森先生的电报可以看出,他告诉后者说他几乎用了整整八天的时间才取得一致意见解除武装。根据这个协议的约章,应给予蒙卡达将军一定的供应和服装,此外,每交给美军一支步枪付给 10 元美金。蒙卡达拒绝对西边他不能控制的军队负责。萨卡沙博士的个人代表也不拟接受这个困难的条件。经过 5 月 7 日和 8 日的交谈,斯廷森报告说他们表示他们集团的成员不能在迪亚斯内阁中任职,虽然他们答应在最近将来的国会补缺选举中合作和接受举行 1928 年选举时这种不得已的局面,并在将来国家重建工作中贡献力量。

这种态度得到萨卡沙的完全认可。他在 5 月 7 日的回信中赞扬他们对美国最后通牒的抗议,这份最后通牒极大地侮辱了尼加拉瓜人民,而且意味着把一种为舆论所拒绝的制度通过武力强加于人。关于军队,萨卡沙让蒙卡达将军去决定,因为蒙卡达能比他更好地判断军队的感情,他在信末说:

> 我对这样的事实深感遗憾,美国政府仅仅为了维持一个从政变中产生的政权而背离正义的原则和忘记了一个弱小国家的真正利益,这不仅违背共和国的宪法,而且也违背在华盛顿签订的中美国家条约而把它们撕得粉碎。
>
> 由于这一理由。我们根本不能接受上述政权,更不用说我

们的荣誉和国家的尊严了。

这是一个勇敢但被证明是无能为力的挑战。能做出真正决定的是蒙卡达手下的指挥官。正如他们之中的一位所指出的，认识到和平的必要的不是那些乘坐大型快艇从卡贝萨斯港到科林托做了52小时旅行的"自由党旅行家"，而是那些怀着悲壮的心情从东海岸到西部高原战斗了52周的人。

5月11日，斯廷森先生在蒂彼塔帕同蒙卡达和他手下的一个将军举行第二次会议，埃伯哈特公使、舰队司令拉蒂默和海军陆战队的费兰德将军参加了会议。会上他们就叛军解除武装的细节达成协议。次日下午发出的电讯予以证实。蒙卡达和11位"将军"，这包括了他手下除桑迪诺外的全部重要指挥官都接受了解除武装的条件。根据斯廷森先生的说法，这个决定标志着叛乱的结束。同日，海军陆战队的罗伯特·Y·雷亚上校被任命为警官队队长，立即开始工作。

5月15日斯廷森先生发出如下抱有希望的电报：

现在尼加拉瓜的内战的确结束了。几乎所有的政府军队和实际上全部蒙卡达的叛军已经解散，他们把全部武器确实地交给我们监管。因此，我们收到了6,200多支步枪，272挺机枪和500万发子弹。没有出现什么混乱。美军没有对双方有组织的军队开过一枪。自从我们5月4日的行动以来，尼加拉瓜人的自相残杀完全停止了。

土匪和游击战的危险性要比我最初所害怕的小得多。就连奇南德加的游击队领袖卡布拉也已经通知我们他将听从蒙卡达的领导交出武器。双方军队在交出武器之后，都赶忙回家以便及时播种今年的庄稼，或重新开始他们在和平时期所从事的职业。这个结果是双方相信我们许诺在1928年选举中进行监督并给予双方一个自由与公平的选举而取得的。关于这一点,5月11日蒙卡达和我进行最后一次会谈时在他所做的正式声明中得到充分说明:"自由党不能不相信美国政府通过柯立芝总统的个人代表所做的诺言是能够实现的。自由党再次把他们的信任寄于美国。军队的领袖将力图说服他们的部下相信公平选举的诺言将会实现。军队希望保证的中心点是美国要尽力为尼加拉瓜在1928年提供一次公正的选举。"

我相信我们的行动会得到尼加拉瓜不论什么党派的有心男女的普遍赞同。关于这一点,在各党派中都是显而易见的。唯一不满的几乎就只有萨卡沙的私党这一小撮极端分子了。萨卡沙通过在墨西哥、哥斯达黎加、危地马拉以及美国各地组织好的报刊机构设法传播关于局势的纯属捏造的印象。这些没有为他们的事业进行过战斗的人,他们的观点在尼加拉瓜是无足轻重的。叛军的战斗人员已经对我们的行动有了一种更为真诚和气量豁达的看法,并准备在未来的工作中共同合作。在和解和重建的工作中,迪亚斯政府已经做了令人鼓舞的开端。甚至在军队放下武器之前就宣布了大赦,并做出了要把法庭和国会恢复到查莫罗政变以前的状况的保证。还答应了在自由党的省份任命自由党的官吏。我带来了共和国政府向美国提出在1928年选举中进行监督的正式请求,我相信尼加拉瓜沿着和平、秩序和完全自治的路线发展的道路现在已经打开了。

# 直接后果

中美洲的评论总的来说是苛刻的。萨卡沙在华盛顿的代表 T·S·巴卡博士宣称地方自治的问题仍然是所有中美共和国的生死存亡的问题,他们再也不能忽视它了。圣何塞的报刊对于尼加拉瓜的自由党这种一给他们付钱就放下武器的做法很不以为然,对后来只有土匪集团继续进行战斗的这种现象深表不满。拉丁美洲国家，特别是中美国家应该抗议那种在借口下行事的行径，因为它威胁拉美国家而给全面干涉打开大门。

萨卡沙在卡贝萨斯港否认投降已既成事实。认识到尼加拉瓜主权的人民和维护宪法的军队是永远不会接受迪亚斯的。他预言一连串的流血冲突将要发生，因为一年来曾经备尝艰苦的战士是宁死也不受屈辱的。5月23日，他和身边的人们离开了六个多月来曾经是他的"首都"和真正的监狱的卡贝萨斯港。他取道利蒙港前往危地马拉。在利蒙港，尼加拉瓜侨民对他热烈欢呼，然后从这里前往目的地北方共和国，在那里他受到了多方面怀有敬意的欢迎。

在美国，一家反对派的报纸指出，在尼加拉瓜上空的和平"不像一只鸽子的姿态，而是一只兀鹰"。其他持相同说法的人马上指出：美国政府对尼加拉瓜实行了事实上的托管。然而大多数报刊都欣然祝贺和平，并对这个灾难的国家的迅速恢复满怀希望。他们表彰斯廷森"做了一件好事"，而纽约《世界报》认为"新的干涉政策无论如何都比去年11月以来政府所采取的可笑的管闲事的政策要强得多"。

解除武装之后，立刻爆发了第一次同美国海军陆战队的敌对行动。5月16日，在拉巴斯森特拉，有300名"游击队"攻打一支45人的美军小分队。经过短时间的作战，这支以一位名叫卡布拉的人为首的队伍撤走了，留下了14具尸体。美国海军陆战队的损失，计一名军官和一名战士被杀死，若干人受伤。后来，这个卡布拉被通知要他前来谈判关于交出武器的事。月底，他在自卫中被一名前来逮捕他的美国海军陆战队军官击毙。

但是，这些不幸的冲突都比不上桑迪诺所遭遇的悲剧。这位游击队的领袖出席了除他而外蒙卡达的军官都同意放下武器的会议。他不信任他的上司，他感觉到蒙卡达已在操纵军队，以便造成全军混乱，而使投降成为不可避免。别人经蒙卡达的劝告同意投降，他拒绝投降，但要求在距会谈地点不远的希诺特加点交武器。蒙卡达没有把这个安排通知美国人，而桑迪诺就有了三天时间撤退他的士兵和辎重。他发现他的主要成员不想在希诺特加同美国人作战，于是他撤往更远的荒野地区。在那里，经过慎重选择作战地点，他可以用同伴们和压迫者的鲜血来进行立宪主义的神圣事业。

桑迪诺鼓舞其他领袖重新进行出没无常的战斗显然获得了某些成功，但他们的所作所为很快便带有盗匪性质。6月底，据报桑迪诺要把过去他曾受雇过的一个矿山夺过来。矿主立即要求派军队前来保护他的财产。洛根·费兰德将军率海军陆战队和保守党的联军前往作战。桑迪诺没有坐等挨打，他率领300人在奥科塔尔向一支小部队开火。经过长时间的抵抗，一架侦察机领着五架轰炸机飞到战场上空，炸死炸伤二三百名进攻部队。美军方面的损失是，一名海军陆战队被杀死，一名受伤。正式媾和虽然已经过了几个月了，但令人厌恶的灾难性冲突仍在一桩一桩地发生。桑迪诺于6月攻打巴特勒矿，这是第一次危害美国人的财产，迄今为止美国人的财产一直是受到所有尼加拉瓜人的尊重的。

桑迪诺的老上司蒙卡达并没有在他的批评者手中交好运。我们提到过他在蒂彼塔帕附近摆弄他的部队，以便使投降成为不可避免的事情，因而受到指责。正如一个观察者所说，他的"金色美梦"是使自己成为自由党的党魁和尼加拉瓜的总统，为了实现这一野心，他不惜牺牲一切，包括国家的独立。那些发表这种意见的人没有看到美国政府结束尼加拉瓜冲突的新的决心。他们也忘记了"军事首领制"是许多拉丁美洲国家所采纳的制度，而蒙卡达的军队，正如萨卡沙本人所指出的，是斗争中的决定因素。投降后的电文往来至少可以解释为两人之间在表面上是相互信任的。从蒙卡达的教养和条件来看，他是可望担任总统职位的，他可以下决心通过唯一的有把握的方法取得总统职位，这就是美国的支持。在尼加拉瓜进行一笔新交易的时机已经成熟。查莫罗、萨卡沙和迪亚斯的名字激起人们痛苦的回忆。在总统竞选中必须有新的人物站出来，而蒙卡达的旗帜位居前列。10月26日，美国国务卿说："就我所知，他不是没有资格的。"斯廷森先生则公开地支持他这位候选人。

对尼加拉瓜的武装干涉必然伴随着财政活动。已经提到过的有迪亚斯就职后不久30万美元的临时贷款和美国以长期赊销方式向尼加拉瓜出售军火。1926年年底，据估计由于战争需要而造成的国债已经达370万科多巴。尽管有国内冲突的扰乱，1926年对外贸易总值为23,283,791美元，仅次于该国历史上的最高额，只有1920年能与之相当。1927年上半年的军事行动使国债显著增加，虽然定期的利息和还债基金立即偿还了，到1927年3月31日，整个债务估算为10,183,010科多巴，比一年前的6,955,203科多巴增加了3,227,807科多巴。1927年3月31日的国债数字如下：

（单位：科多巴）

| | |
|---|---|
| 未付的1909年债券 | 3,521,010.08 |
| 1918年担保关税债券 | 2,632,000.00 |
| 1904年未到期债券 | 30,000.00 |
| 债务和赔偿要求，估计 | 4,000,000.00 |
| 总　　　计 | 10,183,010.08 |

1927年3月21日，迪亚斯政府的财政代表查巴拉博士同塞利格曼公司和纽约担保信托公司签订了100万美元的贷款合同，次日送交尼加拉瓜国会批准，23日在尼加拉瓜报刊公布。银行家得佣金1万美元。经由高级委员会决定，这一合同以银行信贷形式进行，在总金额中扣回6%的利息，因此，尼加拉瓜实收资金的全部损耗为7%，比许多其他政府所受的耗费要少。担保抵押用1927年1月21日起所征的税收、预算结余50%，以及国家银行和国家铁路这两个企业的红利及其全部股票。合同于1928年3月期满。

大约与此同时，由于贷款的银行增多，国家铁路和国家银行的董事会进行了改组。前存于加拿大皇家银行纽约分行的国家银行结余和两笔汇兑资金在贷款谈判以前取息 2.5% 至 3%，这三笔账转到贷款各银行手中，户头虽然改了，但自过户后取得更高的利息。作为担保抵押而交存的铁路股票和银行股票，其背书空着留给贷款各银行签署。尼加拉瓜的前任财政代理人曾批评过这样的背书是一种麻烦事；然而这是银行的惯例，在抵押期间要求股票转让时必须执行的。这次股票抵押，当合同期满时，股票仍将为尼加拉瓜所有。也有人指责给那些所谓挂名的公司职员支付的薪金太多了。对这种指责的反驳说，各企业所支付的薪金是合理的，这为已经获利的企业所证实，他们保证企业有利可图，而获利的企业又巩固了政府的利益。银行赚得红利，铁路每年上交约为 30 万美元。

国务院给威廉·W·坎伯兰支付薪金和开支。这位曾任海地财政顾问的坎伯兰是国务院在 11 月选中，"经尼加拉瓜政府提名，得到尼加拉瓜两党赞同的人，由他对尼加拉瓜的财政、经济进行考察并调查该国的资源和需要，以便尼加拉瓜和国务院根据他的建议考虑一项适当的贷款，这笔贷款准备用于如下用途：增加国家收入，以偿付由于最近的革命所引起的赔偿要求；建立和保持一支有效的国民警卫队，以维持国内秩序；解决 1928 年举行总统选举的开支；建设长期被搁置的显然是非常需要的从首都至大西洋岸的铁路以及其他公共工程。"

..............

（译自考克斯前引书，第 782—808 页。）

# 1928 年选举

1927 年 5 月 15 日，迪亚斯总统正式请求美国监督 1928 年的选举。他建议选举机构必须置于一个有两党代表参加、由一个美国人担任主席的委员会的全权管理之下，该委员会有权调动新建立的警察队伍以确保登记和投票的正常进行。他还要求在组织警官队期间应有足够的美国海军陆战队留在尼加拉瓜。美国总统于6月10日正式答应了这项要求帮助的请求,并于7月2日宣布将提名弗兰克·R·麦克伊将军为选举委员会主席。

1928年1月10日,尼加拉瓜的参议院定出新的选举法,但当送到了查莫罗将军的追随者仍占多数的众议院时,表面上基于宪法的理由,对新选举法做了修改,大大地削弱监督的作用。美国国务院坚持斯廷森协议必须执行,不仅是表面地,而且是真心真意地执行。经过长时间的谈判,又以令人满意的形式定出另一选举法,于3月间在参议院通过。它再次为众议院所否决,但信守执行斯廷森协议诺言的迪亚斯总统于3月21日发布一项总统命令,授予美方选举官员以必要的权力。

关于候选人提名,发生了一些麻烦问题。尽管尼加拉瓜宪法有第104款的规定,而查莫罗将军显然还是保守派提名的主要竞争者之一,但他于1927年10月22日在华盛顿拜访国务卿时,接到了一份书面声明,全文如下:

> 1929年1月1日美国政府将面临必须决定能否言行一致地承认尼加拉瓜的新政府是该国合法政府的问题。美国不支持也不反对任何政党候选人,它最大的愿望是在总统选举中可能取得优势的人根据宪法其被选资格在这时不会发生问题,因为美国希望同新政府进行最充分和最赋有同情心的合作。

> 因为这种情形,考虑到有关查莫罗将军打算成为1928年选举中总统候选人的各方面的报告,美国政府别无他法,只好根据尼加拉瓜宪法的规定,美国政府认为查莫罗将军在1929年1月1日开始的任期中的任何一个阶段都不具有被选为尼加拉瓜总统的资格。

随后,查莫罗宣布他将不当候选人,但他仍然是保守派中一个很强大的派系的公认领袖,他们反对以迪亚斯总统为首的保守党执政派。这些派别之间的争斗,一时间使得美国监督的主要目标之一,即给予两大政党在同等条件下衡量力量的机会,会因保守党在候选人问题上不能一致而遭挫败。全国选举委员会拒绝承认任何一派在排除另一派的情况下代表该党。7月26日,保守党终于取得一致,提名格腊纳达的一位著名公民阿道夫·贝尔纳德为候选人。

8月20日,全国选举委员会中一位保守党成员拿出许多理由对自由党候选人蒙卡达将军的候选人资格表示异议,但他的争议被委员会的多数所反驳。当时美国政府并没有就1923年中美洲条约的规定对蒙卡达将军候选人资格公开发表看法,这可以被推测为美国政府认为该条约不适用于此情况,因为蒙卡达所领导的革命没有造成推翻宪法政府的后果,又因为这时正处于选举准备之际。

投票人的登记于9月开始,选举定在11月4日举行。蒙卡达将军得76,676票,贝尔纳德先生获56,987票,接着蒙卡达于1929年1月1日就任尼加拉瓜总统。

选举前,蒙卡达将军和贝尔纳德先生在10月份交换了信件,双方同意不论哪一个候选人获胜,都将请求美国仍将监督1932年的总统选举。

〔蒙卡达将军写道〕我们现在亲眼看到正义,那些交由美国监督在正义指导下的事情正在进行,他们怀着慷慨的、值得称赞的热忱,通过真正的、诚实的自由选举,帮助我们发展共和制度,我们这些希望尼加拉瓜会出现一个和平和奋发时代的人们,同意未来的一届或数届立宪政府接受同样的监督。

## 征讨桑迪诺,1929—1932

选举之后立即从尼加拉瓜撤退美国海军陆战队被视为是不可

能的,因为国民警卫队还未能应付在北方不断发生的叛乱。财政上的困难不可能征募足够的兵员,只有 18 个月的时间训练一个尼加拉瓜军官的班底,时间未免过短了。然而,蒙卡达总统就职后不久,美国军事当局就通知他不能无限期地依靠美国帮助来维持秩序,必须尽快地采取步骤来加强警卫队。蒙卡达总统完全同意这一政策。因此海军陆战队从 1928 年选举前夕登陆的 5,673 名水兵和陆战队的最高额减至 1929 年 9 月 1 日的 2,215 人和 1930 年 9 月 1 日的1,384 人。

桑迪诺在 1929 年 6 月离开尼加拉瓜,暂时住在墨西哥的梅里达。这一年下半年,北部状况有很大进展,只有小股的、武器简陋的匪徒出没。1930 年春,叛乱首领回到国内,他的同伙重新活动起来。在此后的两年中,北部多次发生战斗。

但到了 1930 年底,警卫队几乎承担了全部作战责任,并且干得很出色。1931 年 2 月 13 日,美国政府宣布它在今后数月内准备将全部海军陆战队撤离战斗岗位,只在尼加拉瓜警卫队中留下美国军官和一个教导队来支持他们,还有一个航空队给陆路运输无法到达的北方省区运送给养。这一步骤是打算为在 1932 年选举后立即撤退全部海军陆战队铺平道路。这一计划是执行了,到 1932 年 4 月 1日,在尼加拉瓜的美国兵员,除警卫队中 205 名军官外,只有 750 名海军陆战队和海军。

1931 年 3 月 31 日,马那瓜发生地震和火灾,约死 1,000 人,而实际上全部居民都无家可归。当时凡是可以腾出来的警卫队和海军陆战队都从事救护工作,政府的正常工作全部瘫痪了,桑迪诺的军队就在这时候突然袭击东海岸,洗劫卡博格拉斯亚城,杀死许多平民,包括 9 个美国人和另外几个外国人。标准水果和轮船公司的8 名雇员被捕后惨遭杀害。事件发生后,美国国务院给其驻尼加拉瓜代表发出如下训令:

　　鉴于在尼加拉瓜在此以前还没有发生过暴行的地区爆发

了土匪活动，你要告知美国公民，本政府不能在尼加拉瓜全境使用美国军队对美国人实行普遍保护。这样做将会使本政府承担不拟承担的困难和责任。因此国务院劝告所有认为尼加拉瓜政府的国民警卫队所提供的保护不够安全的美国人撤离该国，或者至少搬到沿海城市，在那里可以在紧急的情况下得到保护或撤走。那些留下来的人要自行负责，绝不能指望美国军队会被派到内地去帮助他们。

当这一行动在国会和美国报刊上受到批评时，斯廷森国务卿指出尼加拉瓜现在的局势与1926年大不相同，那时，美国能够通过建立中立区来保护外国人。那时：

> 没有有组织地杀害任何外国公民的企图。那时的问题不外是保护他们免遭战争的不可避免的灾难……现在情况是一小股被尼加拉瓜政府视为歹徒而自己承认是法外之徒的分子，正在穿过丛林进入东海岸，声言要杀害和抢劫该国普通居民。发生事情的地区是世界上最难穿越的丛林地区之一……这个地区即使正规军打算采取行动，也是无法有效地进行的。

在指出尼加拉瓜政府正在尽一切努力以其自身的军队应付局势之后，斯廷森先生继续说：

> 单纯从保护的观点来看，保护在尼加拉瓜东部森林地带突然遭遇这种危险的美国公民和外国公民，最有效的方法就是向他们告警，并提供逃至受保护的沿海城镇的机会，然后让受过专门训练的警卫队在丛林同匪徒作战。如果现在东岸的警卫队的人数不足以实现这一目的，在别处肯定有足够的力量增援他们，以对付这些人数较少的非法匪徒。美国海军舰艇现正在各个受到威胁的东岸港口停泊，携有保护这些港口的生命和财产的命令。这些舰只将一直留驻那里，直到危险消除。

尼加拉瓜政府在力图加强警卫队的力量通过军事行动消灭匪徒的同时,也力图消灭那些使匪徒有可能存在的经济状况。在资金允许的范围内,蒙卡达已经执行一项修筑公路和铁路的计划,这可使不少人就业,不如此这些人就会沦为匪徒。这项计划还为军事和商业目的开辟了通路。但经济萧条使这个政策很难执行。尽管尽了一切努力去改变这种情况,但在蒙卡达总统任职后期,桑迪诺仍然活跃于北部,而且事实上已把他的劫掠活动扩展到较为重要的城镇和农业地区附近。

## 监督选举,1930 年和 1932 年

为了实现 1928 年选举前同保守党对手达成的协议,蒙卡达总统在他就职后不久便正式请求美国政府指定一位美国公民担任全国选举委员会主席。1930 年 5 月,美国接受了这一请求,当即提名美国海军上尉艾尔弗雷·威尔金森·约翰逊担任该年 11 月举行的国会选举的监督。1932 年 1 月 4 日,舰队司令克拉克·霍尔韦尔·伍德沃德同样地被提名为下届总统选举期间的全国选举委员会的主席。

任命伍德沃德后不久,蒙卡达总统派出由两党成员组成的他的私人代表团前往华盛顿和国务卿商讨拟在即将到来的选举中不拟选举国会成员,而是选举立宪会议的代表。尼加拉瓜总统的意见是:选举法、1914 年的运河条约以及建立国民警卫队的协议都是同现在的宪法相矛盾的,因此应该通过宪法修正案,同时修正的宪法也要能保证在一定的政府部门中都有两党的代表。蒙卡达将军的这个计划看来是在保守党的领袖中得到了一些支持,但他遭到许多自由党人士的强烈反对,尽管他一再否认,但他们还是怀疑他的真正目的是想继续控制政府。

在同尼加拉瓜的代表商谈之后,国务卿使他们相信运河条约是

合乎宪法的,不存在什么问题,并指出对宪法做任何必要的改动,如只是为了承认警卫队,这是很容易办到的事,有如给少数代表准备口粮一样,只要通过正当程序修改现行宪法即可,不必考虑通过一部新宪法。他说整个问题当然是一个由尼加拉瓜人自己来决定的问题,但如果尼加拉瓜政府一定要决定改为选举制宪会议的代表,美国考虑到拟议中的这种做法是否适当和合法,将不愿监督1932年的选举。直接修改宪法的计划因而放弃了。

自由党分裂了,不仅由于对举行制宪大会的问题有分歧,而且也由于对党的机构的控制有争夺。总统的支持者和反对者已经分别建立了各自的机构,都要求全国选举委员会承认其为自由党的合法代表。伍德沃德最后指令他们举行"全党投票",决定哪一个候选人作为自由党的候选人,但在投票之前,两派同意提名曾于1927年任东海岸革命政府首脑的萨卡沙博士为候选人。保守党对参加选举是否合适有所犹豫,又考虑到缺乏竞选经费,后来提名阿道弗·迪亚斯为总统候选人、埃米利亚诺·查莫罗将军为副总统候选人。

1932年监督选举所采用的方法与1928年和1930年所采用的略有不同,那时候美国人出席全国所有的投票地点,有庞大的海军陆战队维持秩序和保卫执行选举的全体人员。到了1932年,如我们所知,美国军队已经减少为一支小教导队和在马那瓜的一支航空小队,维持秩序的责任已完全移交给警卫队了。为了避免把美国人派入那些因其国籍而会遭到桑迪诺分子袭击的地区,同时也为了让尼加拉瓜人获得选举经验,在429个地方选举委员会中有247个由尼加拉瓜人担任主席。考虑到以后的选举可能会没有美国监督的事实,这个安排是特别得当的,又由于美国国会禁止为选举目的而动用海军基金增派海军陆战队前往尼加拉瓜,这个安排在选举人员因而减少的情况下使选举能得以照常进行。如同前两次选举一样,充分做到了投票的自由和公正。在国会清点选票确定保守党的候选人被足够的多数击败后,保守党中央委员会于12月17日在尼加拉瓜报刊上发表了一项宣言,在宣言中他们承认选举的结果代表大多选举人的意向,并保证同新政府合作。

# 党际协定

保守党的宣言和同一天自由党发表的关于承诺在新政府的管理下公平对待全体尼加拉瓜人的宣言,表明自从 1926 年至 1927 年内战以来两党的态度已经完全改变了。选举前数月两派的主要领导人事实上已经在进行合作,研讨维护一个稳定的政府的计划,并考虑不再依靠美国帮助进行自由、公正的选举来解决政治问题这样的办法了。他们的共同努力终于达成了包括四个项目的一组党际协议,于 1932 年 10 月和 11 月签字。第一项协议虽然没有发表,但人们都知道它规定了采取联合行动对付桑迪诺。其他几项协议规定让少数党参加政府工作,尽可能通过行政和国会的行动直接安排,并修订宪法使之永久化。在新的制度下,保证在国会、法院、市政府等都有两党的代表,设置一个永久性的两党委员会供共和国总统咨询,并在一定程度内能限制总统在外交和财政方面的权力。选举机构将加强,争取指定一个两党都能接受的公民担任全国选举委员会的主席。这个计划的一部分不久以后就执行了。1932 年 12 月由国会选出新的法官,在高等法院中保守党代表得到了席位。几个月后,国会任命了一个委员会起草为少数派得在政府的其他机构中任职所必需的宪法修正案。

为了保持警卫队的非党派性质,两党的总统和副总统候选人于 1932 年 11 月 5 日签订了一项单独协议。随后又从社会人士中委派了一批官员,代替美国人至今还在担任的职务,他们也是以差不多相等的数目从两大政党中挑选出来的。

1933 年 1 月 2 日,萨卡沙博士就任共和国总统后的第二天,最后一批美国海军陆战队撤离尼加拉瓜。

# 同桑迪诺的协议

随着美国海军陆战队的撤离，这个桑迪诺曾声言并为之而战斗的目标已经实现了。他不大可能继续得到外国的支援了，而两大政党已经表明他们决心帮助政府结束桑迪诺的活动。因此，他被劝服进行和谈。1933年2月2日，他的代表同两党授权的代表签订一项协定，订明他的一伙获得大赦并允许他们在科科河谷地尚未占用的公地建立一个农业移民区。桑迪诺则保证除保留将同警卫队合作维持新移民区秩序的一百人外，全部解除武装。协议并订明同意兴建公共工程，特别是在北方的省区，尤其尽可能多地让桑迪诺的同伙就业。尼加拉瓜政府正式接受这项和约，执行中未遇严重困难。

（摘译自芒罗：《美国和加勒比地区》，第 260—271 页）

# 第十二章　索摩查的发迹和国内
# 经济状况(1934—1956)

## 索摩查的发迹

安纳斯塔西奥·索摩查出生于 1896 年,是圣马科斯镇一个咖啡种植园主的儿子。他在种植园长大,最初在马那瓜上学,后入格腊纳达国立学院,短期去西班牙留学。他前往美国,在费城的皮尔斯学校学习簿记和商业管理,并在一家汽车行当账房,从那里他学到了一些俏皮的由四个字母组成的俚语,使他的英语谈话饶有风趣。在费城七年期间,年轻的索摩查逐渐形成对美国的根深蒂固的敬意,成为费城菲力斯棒球队的一个球迷,并与一名杰出的尼加拉瓜外科医生的女儿结婚。

索摩查回到因动乱而千疮百孔的祖国后,当过会计师、卫生检查员、体育运动会社发起人和汽车行经理。他的这些活动,以及1925 年后担任莱昂税官一职,使他很快就钻进政治旋涡之中。蒙卡达总统就职时,索摩查是他的坚定的拥护者,因之被任命为莱昂省总督,旋即任陆军参谋长秘书。索摩查工于心计,着手培养个人势力。蒙卡达逐渐对索摩查个人势力的增长感到担心,就派他出任尼加拉瓜驻哥斯达黎加公使。不久热情奔放的索摩查又不得不被召回国,跃升为外交部部长,虽然他那时刚刚 30 岁。

在 1932 年关于撤退最后美军的安排中，索摩查被升为陆军首脑。他当时已在军中积极活动，此后一直控制着尼加拉瓜的军队，直到 1956 年逝世为止。他的第一件工作就是最后平定叛乱者桑迪诺。索摩查亲自指挥军队与桑迪诺作战。1934 年，桑迪诺同意缔和，并根据一项准备解散其游击队伍的休战协议来到马那瓜。在总统府参加欢迎他的宴会后，桑迪诺带着少数几个助手离去，大约没过几个小时，他已被一阵机关枪弹结束了生命。

索摩查的反对者们指责他搞懦弱无能的谋杀活动。后来，他就此事发表了一篇简短的说明作答，替自己开脱罪责。这件事保密极严，知道真相者至今寥寥无几，而且他们始终讳莫如深。究竟索摩查个人是否应该负责，现在尚不能确定，虽然他是十分可疑的。作为军队司令官，他应对部下参与任何此类活动负责，而尼加拉瓜士兵是肯定参与了的。结果是使无法无天的桑迪诺成了殉难者。时至今日，许多在索摩查制度下受欺骗的人提起桑迪诺仍深怀敬意。

安纳斯塔西奥·索摩查很快即成为尼加拉瓜最有权势的人物；他只差参加下届选举取得总统的名义了。在宫廷阴谋的帮助下，他轻而易举地当选了。1937 年 1 月 1 日，安纳斯塔西奥·索摩查就任尼加拉瓜总统。直到最近的 1956 年，尼加拉瓜始终在他的掌握之中。索摩查的许多批评者当中，有些人回溯到四分之一世纪以前，为 1932 年索摩查升任陆军首脑一事，攻击美国公使马修·汉纳。一位作者指责汉纳被索摩查华丽的辞藻、出众的风采和精湛的舞技所折服。这种主张硬说，毒如蛇蝎的索摩查通过纯属社交活动中的魅力使易于上当的美国官员中了圈套。但是汉纳公使的观点是不难赏识的。一个独立的尼加拉瓜的前途在很大程度上取决于军队对文职政府的强有力的支持。这就意味着需要一名坚强稳定的国民警卫队司令官。索摩查的批评者当中，很少有人攻击他的行政才能或魄力的。对于美国官员来说，这个人似乎最能控制和加强国民警卫队了。是在美国军队撤离四年之后，索摩查才达到了最高的地位。很难说他在社交方面的魅力和北美人的质朴会是决定性的因素。索摩查之所以能够在 20 年前当上总统，是由于历史环境、管理才能、天生机智乃至适当的机缘等一系列因素凑在一起造成的。今天的尼加拉瓜是索摩查的各项政策和措施的反映。其中之一就是关于民主政治和自由政府的问题，即缺乏民主政治和自由政府的问题。但是索摩查为促进国民福利而采取的种种措施也具有同等重要的意义。

# 国内的发展

对国内进展进行任何考察，必须采取比较的方法，即将 1937 年的情况同今日的现状做出对比。这可以分成财政、农业、经济发展、运输和卫生等项。任何可能取得或未能取得的成就，其责任都在索摩查身上。

1937 年，尼加拉瓜遭到了经济危机的严重侵袭，这一危机以不同的严重程度流行了好几年。当时咖啡生产者正在被他们邻国的对手所超过。国民经济被无法预测的国际市场价格所控制。已知的矿藏完全没有开采，赋税压在大部分不能承受这一重担的居民身上。财政赤字使政府一筹莫展。由于缺乏公路，农产品难以运到较大的商业中心。索摩查总统颁布了允许外国自由投资的法令。他急于减轻税收负担，计划在不耗尽国家资源的情况下吸收外国资本作为解决政府经费的手段。由于索摩查政府显得相当稳定，外国实业家日益愿意进行投资。二次大战期间，外国投资度缩减，但在轴心国投降后，又空前增加。

通过了一系列的法令为外国资本提供适当的保障，这在中美洲大概是条件最优惠的和推行最严格的。1955 年 2 月 26 日，国会制定了现行的法令，它反映了以前法令的精神实质，如果不是实际做法的话。

第一条　按照本法令的各项规定，外国资本可以不受限制地进入和离开本国家。所谓外国资本,即指……存在和来源于尼加拉瓜之外的、属于外国人或永久居住国外的尼加拉瓜人的资本……

第九条 凡经登记的外国资本,享有下列权利:

甲、在任何时候……可全部或部分提回;

乙、既经登记的资本,其所获得的净收入可不受限制地汇出;本条款也适用于各类贷款所得的利息;

丙、外国投资中的机器或物资设备,可再输出或转让,销售这些物资所得的款项,可自由汇出……

第十五条 外国资本的企业可以按照本方面的有关法令招用技术管理人员、会计师、查账员和其他专门人员。①

这个法案还给予外国企业在尼加拉瓜法庭以平等待遇。劳动法不应对外国资本有所歧视,凡适用于尼加拉瓜人者,对于非本国人将同样有效。

再没有人比索摩查更了解此项立法的重要性了。他长期是美国的朋友,强调鼓励美国的实业公司。1955 年 4 月 17 日在尼加拉瓜国会就新《外国投资法》发表讲话时,他宣称:"发展计划的调整,国民经济的扩展,和平与安全的环境,以及国家的高度信誉,所有这些因素合起来为外国资本的投资创造了极其有利的条件。为了给这种投资提供适当的保障,在 1955 年 2 月 26 日制定了一项法令,从根本上规定外国资本可以不受任何限制地出入尼加拉瓜。"②

索摩查政权同样致力于鼓励私人企业的发展。他并不期望单靠增加外国投资就可以支撑住摇摇欲坠的财政结构。政府设立了尼加拉瓜国家银行,以带动更多的国家企业和个人投资。每年发放的追加信贷促进了这类活动。到 1954 年,此项数字已升至104,123,143 美元,比 1953 年约增 3,700 万美元。1955 年仍继续增

---

① 《现代尼加拉瓜》,马那瓜,1955 年,第 7 页。
② 《现代尼加拉瓜》第 5—6 页。

长,虽然不如以前显著。全国银行信贷总数中,大约有39%由尼加拉瓜国家银行发放;贷款主要用于发展农业,工业方面接受的款额要少得多。在缺乏更近的数字的情况下——因为这类材料的收集工作是令人遗憾的迟缓——现以1954年的数字来说明:

（单位:美元）

| 耕作和农业改良 | 25,035,607.73 |
|---|---|
| 工业 | 3,359,750.43 |
| 商业（进口） | 11.94,545.60 |
| 杂项 | 2,541,361.24 |
| 总计 | 42,131,265.00 |

在农业改良这一单项内,信贷分配如下:

（单位:美元）

| 棉花和粮食 | 15,59,076.57 |
|---|---|
| 咖啡 | 4,524,428.83 |
| 家畜 | 2,535,622.63 |
| 拖拉机、农具 | 2,376,479.70 |
| 总计 | 25,035,607.73 |

政府在发展国民经济方面再次做出的这些努力;与仅仅数年前的数字相比时,就显得更加醒目。这里,1954年的资料仍为最新的资料:

（单位:美元）

| 年度 | 1950 | 1954 |
|---|---|---|
| 棉花、粮食 | 3,009,716.72 | 15,599,076.57 |
| 咖啡 | 2,224,033.15 | 4,524,428.83 |
| 家畜 | 1,432,806.23 | 2,535,622.63 |
| 拖拉机、农具 | 991,567.41* | 2,376,479.70 |
| 总计 | 7,658,123.51 | 25,035,607.73 |

* 此处是1951年数字,1950年材料无法利用。

从财政的角度来看，这种投资的增长，除了促进经济发展外，还有助于政府恢复财政方面的完整。长期是地峡各国最重负担的税收，有了大量的缩减，而且征收工作极少弊端，效率尤高。在外国税务专家的指导下，尼加拉瓜评定出了较低的所得税，并极其谨慎而稳重地予以推行，政府财政愈稳定，投资的条件就愈有利。与此同时，政府还小心翼翼地利用其财政上的好转来发展贸易，增加进口，促进经济的进步。

进口贸易最初上升甚慢，但自1950年后剧烈增加。出口贸易增长的幅度甚至更大，以致进出口之间出现了不恰当的不平衡。1954年的进口额较1949年增加了70％。同期的出口额则增加了三倍。

（单位：美元）

| 年度 | 出口 | 进口 |
|------|------|------|
| 1949 | 21,300,000 | 25,600,000 |
| 1950 | 34,642,000 | 24,701,000 |
| 1951 | 46,184,000 | 29,967,000 |
| 1952 | 51,332,000 | 39,709,000 |
| 1953 | 54,506,000 | 43,550,000 |
| 1954 | 66,200,000 | 43,560,000 |

值得特别注意的是欧洲在作为尼加拉瓜产品购买者方面所起的新作用。数字表明，美国继续是尼加拉瓜产品的最大买主。但是，欧洲将其进口额增加了几乎四倍。尼加拉瓜向欧洲的出口在1949年价值为400万美元，到1952年已升至到1,500万美元，1953年则达1,700万美元。这样，尼加拉瓜就保持了与美国的商业牢固关系，并扩大了对欧洲的贸易活动。

同时，根据经济发展的政策，增加对经济和资本援助方面的预算。每年的开支都经过认真的考虑，量入为出地做出计划，收支之间相差甚微。

（单位：美元）

| 年度 | 收入 | 开支 |
|---|---|---|
| 1950—1951 | 14,111,000 | 14,111,000 |
| 1951—1952 | 19,487,000 | 19,758,000 |
| 1952—1953 | 26,440,000 | 25,320,000 |
| 1953—1954 | 30,515,000 | 30,323,000 |
| 1954—1955 | 32,068,000 | 32,066,000 |

以上数字表明，国家预算在过去五年期间上升极为迅速，这部分是由于国际市场上咖啡和棉花价格有利。索摩查总统在1955年的咨文中向公民们发出警告，指出，情况会发生变化，有利于国家繁荣的条件可能迅速消失：

咖啡和棉花在国际市场上的高昂价格是我们当前一片兴旺景象中的暂时因素。可是，我们在很大程度上依赖这些因素来取得我们必须输入的物品。为了有能力应付我们出口商品的跌价，我们必须在经济领域中采取战略的立场，防备此种情况的发生。为了避免通货膨胀和我们的国际收支平衡出现混乱，我们必须坚持一种谨慎小心的政策。现在必须对政府公共工程的开支和奢侈品的进口进行仔细的审查。①

索摩查总统大力宣传他的1950年施政纲领，宣布他的政府打算采取长期的行动来促进经济发展。在以后几年里，正当反对者们谈论索摩查食言的时候，鉴于国际银行在其他地方已做过这样的工作，他邀请国际银行派遣一个考察代表团到尼加拉瓜来协助制订一个全面的经济计划。国际银行应邀派出代表团从1951年7月到1952年5月进行了考察和商讨。在此期间，代表团在尼加拉瓜国内

①《现代尼加拉瓜》，第8页。

旅行了大约一万英里,走遍了主要的农业和林业地区以及仅有的几个工业配置点。代表团访问了所有的省份和千人或千人以上的大多数城镇,不辞辛苦地进行他们的工作。

根据协议,代表团的正式任务有三:"(甲)协助政府起草一个全面的、广泛的发展方案;(乙)就当前经济政策以及改进现有行政和财政结构的问题向政府提出建议,以便为此项发展方案准备基础;(丙)协调来自国际银行和其他国际机构的专家们的工作,并协助政府实施这些专家们提出的建议。"[1]尼加拉瓜对考察团的专家们给予充分的合作。由经济部部长担任国家经济委员会主席,委员会成员在尼加拉瓜方面包括财政、农业、公共工程等部部长和国家银行经理。考察团团员也与美国第四点计划的人员进行了商谈,特别是有关农业、教育和公共卫生方面的问题。代表团成员分别代表各个有关的经济领域。公共财政方面是来自纽约联邦储备银行的专家,农业方面是联合国粮食及农业组织的专家,银行信贷方面是国际货币基金组织的专家,还有智利发展协会的专家负责设计一个发展研究所。尼加拉瓜官员从索摩查总统以下,全部希望代表团能够提供积极的帮助,以制定一个先进的经济发展方案和广泛加强国家的经济基础。

1952 年 5 月,代表团提出《尼加拉瓜的经济发展》报告书(见附注一),宣布他们的考察结果,概述了尼加拉瓜目前状况,并提出了各项专门任务。注意到尼加拉瓜是中美洲最大的国家,并拥有无限的土地可供开发,代表团得出结论认为尼加拉瓜的潜力是巨大的。国家已经在进步之中,造成这一进步的原因,既有永久性的,也有暂时性的。

诸如和平与安全的维持,国家银行的信贷政策,以及政府行动的协调一致等这样一些非暂时性的原因,都是经济进展的基础。索

---

[1]《尼加拉瓜的经济发展》,巴尔的摩,1953 年,第 5 页。

摩查的 20 年统治带来了空前未有的政治稳定。对外与哥斯达黎加的纠纷,虽然影响了和平,但始终是暂时性的。至于国家银行,我们已经看到它对私人企业,特别是在农业方面的不断增加的帮助,这是促进国家繁荣的一个手段。银行信贷的上升趋势对于地方实业家扩大他们的活动和增加个人的责任也证明是一种精神上的鼓舞。政府行动的协调一致是由于采取了一系列的措施(多数是行政方面的),消除了工作重叠和责任分散的现象。机构改革的核心是设置一些诸如国家经济委员会之类的高级委员会,其详细情况这里无法赘述。

近年来,尼加拉瓜政府日益信赖来自联合国机构(包括国际银行)和美国第四点计划的专家们在技术方面提出的意见。此外,还进行了贷款谈判,以支助那些政府本身无法提供资金的计划。到 1953 年 4 月 30 日,已与国际复兴和发展银行谈妥数笔贷款,生息本金总计 530 万美元。1955 年 6 月,华盛顿银行答应给予 750 万美元的新贷款,供扩充动力之用。这笔贷款被用来帮助在马那瓜投资建设一座 3 万千瓦的火力发电厂,这是中美洲第二大发电厂(次于萨尔瓦多的兰帕河发电站)。同时准备架设电线通往边远地区的居民点。1955 年还达成协议,由美国提供完成中美洲公路新建和修理工程所需的三分之二的经费。

国际市场上的价格被列为促进尼加拉瓜发展的一个暂时性原因。咖啡和棉花在 20 世纪 50 年代特别畅销,使尼加拉瓜获益匪浅。索摩查亲自警告说,鉴于国际市场的本性,丝毫不容掉以轻心。"国际市场上的价格和条件是会改变的。我们必须加强我们经济的基础部分,对未来可能发生的任何意外事件,才能有备无患。"[1]他在 1955 年 4 月致国会的年度咨文中继续同一主张,甚至建议将重点转向扩大粮食作物,以便避免通货膨胀和"不冒搅乱国际收支平衡的

①《现代尼加拉瓜》,第 13 页。

风险"。尽管有这样的警告，事实上棉花和咖啡价格这一暂时性的条件仍然继续是尼加拉瓜经济进展中的一个主要因素。

《尼加拉瓜的经济发展》提出了十项专门任务。唯一属于财政方面的措施是促进和发展对工农业的长期信贷制度和技术援助。其他建议包括全部国民经济项目。各项任务涉及农业、运输、交通、扫盲、公共卫生、工业和动力各个领域。政府在着手解决报告提出的各项专门任务之前，决定先制订一个对国家发展全面负责的包罗一切的计划。结果制定了《全面发展方案》这个1952—1957年的五年计划。该方案是代表团离开后不久订出的，规定了五年计划期间投入各方面经济发展的财政资金的分配额。

《全面发展方案》将资金分为六个不同部类：农业、运输交通、教育、公共卫生、工业和动力。外汇成本和地方通货成本做了总的计算，目标分成最优先的和"为达到国家最低限度的发展"而要实现的两类。

### 最低发展方案

（单位：美元）

| | | 地方通货成本 | 外汇成本 | 总计 |
|---|---|---|---|---|
| 农业 | 发展研究所 | 6,675,000 | 10,325,000 | 17,000,000 |
| | 农业部 | 450,000 | 2,550,000 | 3,000,000 |
| 运输、交通 | | 14,610,000 | 7,365,000 | 21,975,000 |
| 教育（在现有经费水平之上增加的） | | 850,000 | 2,275,000 | 3,125,000 |
| 公共卫生（在现有经费水平之上增加的） | | 2,850,000 | 3,950,000 | 6,800,000 |
| 工业 | | 1,310,000 | 490,000 | 1,800,000 |
| 动力 | | 3,500,000 | 1,000,000 | 4,500,000 |
| 最低方案总额 | | 31,345,000 | 27,955,000 | 59,300,000① |

———————————

① 原书数字如此，恐系计算错误。——译者

**附加最高方案**

（单位：美元）

| | | 外汇成本 | 地方通货成本 | 总计 |
|---|---|---|---|---|
| 农业 | | 1,000,000 | 6,000,000 | 7,000,000 |
| 运输交通 | 支线 | 750,000 | 250,000 | 1,000,000 |
| | 电讯交通 | 1,265,000 | 425,000 | 1,690,000 |
| 教育 | | 250,000 | 500,000 | 750,000 |
| 公共卫生 | | 2,125,000 | 2,125,000 | 4,250,000 |
| 工业 | | 1,500,000 | 500,000 | 2,000,000 |
| 附加方案总额 | | 6,890,000 | 9,800,000 | 16,690,000 |

农业计划内包括将咖啡树株数增加 25％，以努力与竞争国的咖啡生产相抗衡。但并不准备增加咖啡在出口贸易中所占的百分比，因为咖啡已是主要的出口商品了。尼加拉瓜从来就不像其他美洲国家那样依赖于一种作物。咖啡占出口总额难得有超过 50％ 的时候。到 1953 年，这一数字已降至 39％，在 1954 年和 1955 年降得甚至更低。但咖啡树株数增加了。这在 1954 年有所反映，那时咖啡出口的净值第一次超过了 2000 万美元的界限。两年前，咖啡出口值为 18,456,494 美元。另外的推动力还来自非政府方面，1956 年组成了一个尼加拉瓜咖啡私人种植者协会。1956 年 3 月 17 日他们在马那瓜成立了尼加拉瓜太平洋沿岸种植者联合会。这个组织仅限于西海岸的种植者，包括马那瓜、马萨亚、拉斯塞拉斯、莱昂、希诺特佩以及其他边远地区的主要种植主。联合会的创办资本为 100 万科多巴，共有两个目标：减少供求波动和消灭咖啡投机商。

为了农业多样化的利益，报告极力主张进一步发展棉花生产，棉花在尼加拉瓜是一种新作物。它的种植面积一直在扩大，受到发展方案新的推动后，生产进一步蓬勃发展。在六个中美洲国家中，只有巴拿马和哥斯达黎加谈不上生产棉花。尼加拉瓜远远超过了其他国家。1953 年,10 万英亩棉田收获近 10 万包棉花。一年后,棉花种植面积几乎翻了一番,产量超过 20 万包。这一作物在 1954 年大为获利,以致 1955 年的种植面积又增加 25%。尽管专家们发出棉花增长太快,会造成经济比例失调的警告,种植者仍迫不及待地扩大他们的棉花种植面积。对于这项肯定赚钱的买卖,种植者和出口商蜂拥而来,竞相逐利,纷纷要求进一步承担发展棉花作物的任务。棉花很快就超过咖啡成为尼加拉瓜的主要出口产品。

在几个月的时间里,这股暴涨之风受到生产骤跌的威胁。1955 年,将近 36 万英亩土地播种棉花。一场场不合时令的暴雨使作物遭到严重的损害;尽管种植面积增加了,1955 年棉花产量却降为 175,000 包,比 1954 年几乎减少了 30,000 包。到 1955 年底,种植者又担心国际价格可能由于美国在中秋季节进行过剩倾销而下降。为了解除这一顾虑,尼加拉瓜政府于 12 月采取果断措施,提出以每百磅 29 美元的价格收购棉花,并答应补偿该价格与最后出口价格之间的差额。然而,价格仍保持在每百磅接近 31 美元的水平,较 1954 年平均价格低了 3 美元。因此,作为一种自然而然的反应,人们开始对未来谨慎小心起来——在当时的情况下,这样做看来是明智的。据《纽约时报》报道,尼加拉瓜大约 1,700 名棉花种植者当中,将近 20% 的人在 1956 年就没有种植棉花。

其他产品同棉花的突飞猛进和咖啡的持续繁荣相比虽然相形见绌,但也不断以较小的规模向前发展。现在,尼加拉瓜也出口稻米和玉米这两种过去只供国内消费的作物。香蕉和蔗糖的生产是少量的,但也添列出口项目。计划利用尼加拉瓜丰富的森林来发展木材生产,可是几乎还未见任何结果。近年来木材有所减少,仅占国家出口的 8%。菜牛长期以来为尼加拉瓜提供上等的牛肉,在中美地区质量最佳。有 90 万英亩土地被用来放牧,在一些年里索摩查总统本人就是那些不付一般关税、擅自将牛群赶入哥斯达黎加境内的畜牧主之一。

1954 年 1 月 8 日,政府采取了发展农业的新步骤,新建的尼加拉瓜国家生产研究所正式揭幕。索摩查总统在发表主要讲话之后,赠给研究所一张 500 万科多巴的政府支票。政府答应在直到 1961 年的八年期间总共提供款项 5,000 万科多巴。成立研究所的目的是要在农业方面补充发展方案,但它最初做出的努力是在咖啡工业和正在增长之中的工业生产方面。

索摩查就职总统时,尼加拉瓜实际上没有公路。最初没有做什么工作来改善这种状况。1943 年尼加拉瓜有 30 公里道路,铺上路面的还不到 2 英里。认识到道路为市场取得农产品所必需,索摩查开始鼓励建立一个广泛的公路系统。今天,只有萨尔瓦多的公路能与尼加拉瓜相比。1955 年政府公布的数字表明,公路和道路已达 3,693 公里,或大约 2,290 英里。铺好路面的公路,包括中美洲公路和太平洋—大西洋公路的接通路段在内,总计 673 英里。穿过农村的各季通行道路有 498 英里;旱季通行的道路有 1,100 英里,其中有些在八个月的雨季期间也可通行。

美国副总统理查德·尼克松于 1955 年访问中美洲之后,美国同意为完成直达巴拿马市的中美洲公路提供待修段落经费的三分之二。这一协定包括尼加拉瓜在内……尼加拉瓜还与美国签订一项双边协定,由美国于 1956 年另外贷款 300 万美元来完成太平洋—大西洋公路。索摩查曾与罗斯福总统签订一项行政协定①,决定为了第二次世界大战的防务目的修筑一条沟通太平洋和大西洋的公路。这条全长 162 英里的道路于 1943 年开工,但在战争结束时远远没有完成,其后有一些年代完全停工。已经修好的路段也毁坏失修。1955 年 4 月,美国国务院同意以 300 万美元的贷款来加速建设这条公路,该公路的建设将成为尼加拉瓜道路网中一个重大的进

---

① 行政协定(executive agreement)指美国政府行政部门无须参议院批准而与外国政府所订的协定。——译者

展。随后,与美国公共道路局签订了以 1,281,311 美元修筑 19.5 公里的路段的合同。到 1956 年底,这条公路已完成到所经过的中途点圣托马斯了。接着又由北卡罗来纳州达勒姆城奈罗·梯尔公司继续修筑约 37 英里,费用为 260 万美元。到 1958 年底,这条俗称"腊马路"的公路已经接近完成。于是,尼加拉瓜临太平洋这一边的地区将第一次与腊马河港相连①。

通过 1940 年和 1954 年车辆登记数的比较,可以进一步看出公路运输的增长。在 1940 年,整个尼加拉瓜总共只有轿车和卡车 234 辆,拖拉机 6 台。而 15 年后已有 8,000 辆轿车和卡车以及大约 2,500 台拖拉机了。从 1943 年到 1953 年 10 年期间,汽油和柴油的消耗量由 500 万加仑增至 2,000 万加仑,增加了 300%。这就是运输方面的进展情况。这个在近年来加快发展速度的计划,基本上反映了国际银行代表团报告的意见。报告在各项专门任务中,极力主张"完成一个将首都马那瓜同格腊纳达、莱昂、奇南德加、希诺特加、南圣胡安等城,并同图马河流域和东海岸相连的公路干线网……"②,以及一个"全面沟通农村和市场的道路网"。

在道路运输之外,报告还指出海港条件和内地水路运输的不足,建议"更新主要海港设备和改进湖泊运输"。在促进湖泊运输方面,没有做多少工作。100 年前,在那些急于赶到美国太平洋沿岸去淘金的人们推动之下,湖泊运输曾经盛极一时。今天,在马那瓜湖和尼加拉瓜湖以及接通他们的蒂皮塔帕河上,几乎不存在什么运输事业了。然而,索摩查总统为"更新"海港采取了措施。小小的科林托港,一些年来吃力地担负着太平洋贸易的重任,设备突然得到扩充。装卸机械进行了更换、改进和现代化,泊船设备也有了增加。

1955 年 12 月 19 日,索摩查总统着手建设一个居然以索摩查命

① 可通航的埃斯康迪多河从加勒比海的布卢菲尔兹港蜿蜒而上,直达腊马路的终点腊马。
②《尼加拉瓜的经济发展》,第 78 页。

名的新太平洋海港。为了缓和海港装卸设备的不足，计划将索摩查港设于距马那瓜最近的太平洋岸上，那里在此以前几乎是一片荒地。很快就议论纷纷起来，有人评论说畜牧主索摩查在港址附近拥有一个大牧场，还有人说轮船老板索摩查需要一个新海港来停泊自己的轮船。这一切全是千真万确的。但太平洋岸也确实迫切需要一个新港口，而现在它正在建设之中，并已部分使用。到完成时，它将能够同时装卸三艘轮船。

在此两年之前，索摩查当上了马梅尼轮船公司的主要股东。这个正在德国造船厂中建造的私营商船队，共拥有 14 艘轮船，总吨数超过 10 万吨。计划在几年内还要扩大。另一方面，索摩查的塔马林多牧场通过一条现代化的铺面公路与马那瓜相通，在索摩查港完成之前，继续将牛肉送往其他地方。此外，还在扩大公路建设，使马那瓜、马萨亚和索摩查港——以及塔马林多农场——都有良好的公路相通。

国际银行报告还要求开展扫盲运动，指出应该"减少文盲率，加强职业技术的教育和训练"。尼加拉瓜的识字率为 40%。居中美洲各国的第三位，但比过去已有进步。1938 年学生总数为 41,267 人。到 1955 年增加到三倍，达到 112,303 人。考虑到尼加拉瓜整个人口增长的缓慢，这一数字就会显得格外惊人。学校建设的速度大体上与入学儿童增长的速度相当。在 1955 年以前的三年期间，修建了552 所学校。至于教师方面，在国立大学听过教育课程的人数增加了，虽然还是很不够的。到 1954 年，国家发布消息说，尼加拉瓜的教师人数已超过军队数目——比数 4,991 比 4,052——这种情况是邻国哥斯达黎加一些年来经常引以自夸的。

学校建设方案中还包括成立一个国立学院，训练技术和职业方面的人才。在美国的职业教育工作人员的指导下，建立了一些小型的职业学校，这些工作人员是通过第四点计划的赞助而借用来的。新建国立学院的车间，都装备现代化的机器和工具。今天，学院的工作人员可以自豪地引导来访者参观这些装置,指给他们看宿舍、体育馆和大运动场,并告诉他们该院在夜间还为白天不能正规上课的学生开设广泛的课程。

尼加拉瓜的教育设备仍极不完备。从 7 岁到 13 岁的教育是免费和义务的,但很多儿童根本没有上学。尽管建立了新的学校,但有关数字是有水分的,因为许多老学校的建筑都已经破陋不堪,走进去都有危险。作者曾在南尼加拉瓜靠近里瓦斯的中美洲公路旁见到两所这样的学校。这里是尼加拉瓜人口较稠密的地区。当这种学校不得不关闭时,就必须以新的来代替。政府就这样在时间和财政匮乏两相矛盾的压力下,同愚昧和文盲进行着斗争。

公共卫生是另一个棘手的问题。国际银行代表团建议扩大医院和卫生设备,"在主要城市和较小的居民点建立净水和下水道设备"。在卫生部的领导下,设立了门诊病人诊疗所、流动医疗站和化验室,每天接待病人 1,000 人次以上。全国建立了 25 个卫生中心,为各个分散地区提供医疗服务。1950—1951 年度预算中,卫生设备费为 402,000 美元;1954—1955 年度,已增为 1,153,000 美元。

医院建设的速度也在增长之中。从 1943—1953 年十年期间,医院数目由 16 所增加到 37 所。尼加拉瓜 16 个省份当中,除了两省,至少各有一个医院。首都正在修建一所尼加拉瓜最大的现代化医院。该院可望于 1958 年完成,它的电力、洗涤、消毒、供水和排水等装置都是全国最好的。此外马那瓜总医院继续在首都服务,而且以 100 多万美元的费用进行了设备更新,床位增至 100 个。

因此,索摩查总统统治的年代给尼加拉瓜带来了一系列显著的国内发展:健全的财政、贸易和农业,改进了的运输、卫生和教育事业,总之,比 1937 年以前的状况有了无可比拟的全面的发展。国民生产总值从 1951 年的 1 亿 7000 万美元增至 1956 年的 3 亿 1000 万美元。但是,还有许多不足之处。经济仍然过分依赖国际价格。公路建设必须以更快的步伐前进,以便通达处于孤立状态的内部地区。教育应将目前 40％的识字率提高一倍。卫生设备仍远远不如其他国家,例如哥斯达黎加和萨尔瓦多。

　　在评价索摩查的这些措施时,必须记住这些进步有许多是很慢才实现的。索摩查在公路建设、农业发展和公共卫生方面起步很晚。检查一下前文所举的材料,就可以看出最大的进步是在 20 世纪 50 年代做出的。可是索摩查在十好几年以前就已经当选了。因此,这一记录是靠不住的。有许多事例表明,政府对发展一些必要的计划显然漠不关心,不到万不得已,不会对情况予以注意。

　　(译自马尔兹:《中美洲:危机和挑战》,第 166—181 页。标题有改动。小标题部分为译者所加。)

# 第十三章  索摩查和他的周围世界

尼加拉瓜的外部关系较其内部问题更为人所了解。时起时伏的对外纠纷不时成为西半球报纸的新闻标题。索摩查一直敏锐地关心世界大事,在中美洲的范围内他多年居于显要的地位。大概没有别人曾像他那样经常出现在该地区国际关系的最前线了,他的统治时间(最近刚刚结束)特别长是其原因,但不过是原因之一。为了方便起见,尼加拉瓜的对外政策可分成两个方面,即中美洲的政治和对美关系。

## 同哥斯达黎加的摩擦

与邻国哥斯达黎加的关系在过去十年里特别尖锐,索摩查今虽死去,但这种尖锐关系大概还会继续下去。冲突的原因在很大程度上是直接由于索摩查同哥斯达黎加的何塞·菲格雷斯两人之间的深仇私怨。一开始,索摩查在尼哥边境进行的非法活动激起了摩擦。索摩查长期是尼加拉瓜的主要实业家,自掌政后积极从事畜牧业活动。在担任总统的早期年代里,他搞过将尼加拉瓜牲畜运入哥斯达黎加的非法运输。畜群被赶过边界进入北哥斯达黎加的瓜纳卡斯特省,优质的菜牛在那里售价甚高,哥斯达黎加的菜牛劣于尼加拉瓜,无法与之竞争。

1940 年,拉斐尔·卡尔德隆当选哥斯达黎加总统,他开始与索摩查结交。交情成熟时,两位总统决定在这方面做一小笔交易。卡尔德隆同意接受索摩查走私的牛群,出售后,两人分肥。有关这一勾当的文件证据从来没有被发现,但此事众所周知,无人争议。卡尔德隆总统的国内反对派抓住这个问题,使政府受到持续不断的批评。他们剀切陈词,力证当质量更高的外国菜牛非法进入国内时,处于劣势的哥斯达黎加畜牧业就毫无希望了。何塞·菲格雷斯是这个反对派的领导人之一,他们称自己的团体为内政改良委员会。

1944 年,卡尔德隆总统鉴于自己不能取胜,就提名靠不住的特奥多罗·皮卡多为官方的候选人,并支持他的竞选获得成功。随着皮卡多的当政,索摩查和卡尔德隆两人继续干他们的牟利勾当。他们希望下届在 1948 年使卡尔德隆再度当选。但是反对派在卡尔德隆和皮卡多的八年统治期间成长壮大了,结果报业主奥蒂略·乌拉特以 1 万票的优势击败了卡尔德隆。经过一星期的政治阴谋活动后,皮卡多政府宣布选举结果作废,但是在此关头,由何塞·菲格雷斯领导的一支预先武装好的革命军在哥斯达黎加首都以南的地方起义了。1948 年 3 月 12 日,哥斯达黎加陷入内战状态。

革命的经过是曲折复杂的。……然而,从尼加拉瓜的立场看来,它是由一伙离经叛道的年轻人进行的反对政府的非法暴动,其领导者(菲格雷斯)是一个激烈的左翼空想家,可以预期他只要有一半的机会,就会用社会主义的改革将他的国家闹个天翻地覆。对于索摩查来说,无论是私人的交情还是牟利的买卖,都受到威胁。他迅即援助交战中的政府部队,但这一援助程度有多深,则始终不清楚。索摩查对卷入尼加拉瓜以外的活动一向是小心谨慎的。只要看来恰当,他就准备从任何冒险行动中撤身。他在这一事件中的援助肯定只限于少量的武器和弹药。

何塞·菲格雷斯和哥斯达黎加的其他人至今坚持,尼加拉瓜国民警卫队有一大支部队越过边境与政府军并肩作战。据说有 200名警卫队不知怎么地在瓜纳卡斯特省中了革命军的埋伏,全给歼灭了。于是索摩查立即撤回他的军队,不再冒任何进行干涉的风险。对于哥斯达黎加人说来,这是一个家喻户晓的传说,大家津津乐道,甚至菲格雷斯总统的敌人也都这样说。然而,没有证据说明,曾经发生过这样一次围歼。好几个政治要人告诉作者,他们确实不知道这一传说究竟有任何事实根据。

索摩查总统承认曾经对卡尔德隆的部队派出援助。如他所说,合法的政府面临来自暴乱者的挑衅,为了维护正统和区域和平,他感到有责任提供支持。但这一援助究竟达到了何种程度,他始终讳言。索摩查的确直截了当地说过,他派了几飞机国民警卫队——大约400人——到达北哥斯达黎加的克萨达城。按照索摩查的说法,他收到美国国务卿乔治·C·马歇尔的私人电报,当时马歇尔正率领美国代表团出席在波哥大召开的美洲国家会议,打海底电报请索摩查为了和平的利益撤回他的军队。索摩查总统便颇为自得地大谈他是多么迅速地将人空运回尼加拉瓜本土。

这种说法的一些情节似乎不大可能。1948年春季,马歇尔将军正困扰于一大堆棘手的问题,其中包括柏林封锁和其他冷战争端。他好不容易才抽出足够的时间离开华盛顿去率领美国在波哥大的代表团。而区区几百名尼加拉瓜部队到达哥斯达黎加北部一个小村后不过几小时,他就会得悉此事,这似乎是难以置信的。人们可以推测,索摩查实际是在哥斯达黎加损失了一队军队,就把其余的迅速撤回,并捏造了所谓马歇尔来电之说。从另一方面来看,其间也许不存在任何联系。哥斯达黎加的实际战斗大多数在圣何塞以南进行,离开瓜纳卡斯特省或者克萨达城都很远。就算可能如其所说,反正索摩查毫无疑问从道义上和财政上都支持了卡尔德隆的部队。他对于尼加拉瓜参与哥斯达黎加内战是毫不在乎的。这只是尼加拉瓜对哥斯达黎加事务进行一系列干涉的第一次而已。

1948年12月初,当哥斯达黎加革命政府试图使一切走上正轨时,卡尔德隆从尼加拉瓜的领土上发动了一场对抗的运动。他在马那瓜向报纸宣布："革命是非法的和动机不纯的……我的目的是要恢复被何塞·菲格雷斯领导的一伙亡命徒所破坏的秩序,无论在法律上还是在精神上,菲格雷斯都是一个冒险家。"①发表这一声明后,他离开马那瓜前往边境,在那里听候信息向离边界40英里的利维里亚进发。哥斯达黎加赶忙再次动员菲格雷斯的解放军。菲格雷斯宣称,尼加拉瓜国民警卫队的参加将意味着一场同尼加拉瓜的"真正战争"。马那瓜立刻否认参与其谋。哥斯达黎加政府宣布出动全部力量来击退侵略者,全国实行戒严令和新闻封锁。在第一次革命时曾居间帮助安排停火的大主教萨纳夫里亚也谴责这一侵略。

最初的一些报道矛盾百出。对侵略军数目的估计,从800人到5,000人不等。一天之内,该数字又降为300人。战斗是零星分散的,战斗公报提到伤亡情况时,举的是人名而不是数字。入侵后两天,双方军队在边境以南数公里的拉克鲁斯相遇。有38名叛乱者投降,其领导人也在内。这个人名叫奥多涅斯,他承认从路易斯·索摩查那里接受武器,路易斯·索摩查是索摩查总统之子,本人是尼加拉瓜国会的议长。两天后,菲格雷斯和奥蒂略·乌拉特到达前线,奥多涅斯受到进一步审问。据报道,奥多涅斯声称索摩查曾答应给革命队伍全力支持。索摩查再一次宣布否认。

不久就明显看出,叛军没有取得什么进展。他们原希望圣何塞的卡尔德隆分子会起来响应,但这些希望完全落空了。入侵一开始,哥斯达黎加就向美洲国家组织发出呼吁。它指控尼加拉瓜进行了明目张胆的干涉,要求根据九天前刚成为法律的《里约公约》(《美洲国家互助条约》)采取行动。公约第三条宣布:"缔约国同意任何一国对美洲一国的武装攻击应视为对全体美洲国家的武装攻击……因而,每一上述缔约国承诺行使……单独或集体自卫的固有权利以援助应付攻击。"哥斯达黎加在提到这些段落之后,要求执行

--------

① 1948年12月12日马那瓜《新闻日报》第1页。

第六条,该条规定:"如果任何一个美洲国家的领土的不可侵犯性或完整,或其主权,或政治独立遭受到非武装攻击的侵略的影响,或遭受到大陆以外或大陆以内的冲突的影响……协商机关应立即召开会议以便商定援助……被难者……[与]为大陆的共同防御和维持其和平与安全所应采取的措施。"①

美洲国家组织判定哥斯达黎加的请求是合法的,并召开了外交部部长紧急会议。同时,一个以秘鲁的包蒂斯塔·德·拉瓦列博士为首的调查委员会被派往该地区。这个五人委员会先赴圣何塞,然后往马那瓜。委员会于12月14日到达,但由于德·拉瓦列博士根据秘鲁政府②的命令突然退出委员会而暂时陷于瓦解。墨西哥的路易斯·金塔尼利亚被任命为委员会临时主席。同哥斯达黎加官员在卡萨阿马里利亚开了两天会议之后,于12月20日继续前往马那瓜,两天后返回华盛顿。他们在机场发表简短声明,赞扬两国政府给予的合作。

圣诞节前一天,美洲国家组织开会研究委员会的报告,通过决议呼吁尼加拉瓜和哥斯达黎加避免敌对行动。要求尼加拉瓜对在它的领土上组成的各革命团体严加管制。要求哥斯达黎加取缔加勒比退伍军人协会分子的活动,这些人从事推翻尼加拉瓜、多米尼加共和国和洪都拉斯等国执政当局。两国都应遵守不干涉和团结的原则,由委员会继续进行磋商,直到两国政府对此做出保证为止。报告毫无疑问地透露,入侵是在尼拉加瓜进行准备的。但是没有官方与谋的确凿证据,并且在战斗第一天开始后,据报告尼加拉瓜已采取一切必要的步骤使叛变者不能从尼加拉瓜得到进一步的供应或援助。指派了另一个五人委员会负责观察有关停止敌对行动这一要求的遵守情况。

①《美洲国家互助条约》(华盛顿,1948),第3页。
② 哥斯达黎加对于成立了一个月之久的曼努埃尔·奥德里亚将军为首的秘鲁革命政府尚未给予外交上的承认,因此秘鲁政府怏怏不乐撤回德·拉瓦列博士以示愤懑。

由于美洲国家组织采取了行动,尼加拉瓜和哥斯达黎加于 2 月同意对它们之间的纠纷达成和平解决。1949 年 2 月 21 日,尼加拉瓜外交部部长塞维利亚和哥斯达黎加外交部部长塔斯基维尔签订了一项友好公约。尼加拉瓜和哥斯达黎加之间冲突的第一阶段随之有效地结束。以后的插曲,比第一阶段的冲突还要严重。当选哥斯达黎加总统的奥蒂略·乌拉特在何塞·菲格雷斯临时政府掌权18 个月之后,于 1949 年后期开始当政,两国关系立刻得到改善。乌拉特在他的报纸上曾激烈批评过索摩查总统,但在当政期间对处理与尼加拉瓜政府的关系则是最谨慎不过的。1953 年 11 月,何塞·菲格雷斯重新掌政,享有全部任期。不过几个月,他和索摩查就再一次卷入互相攻讦之中。已经被危地马拉摇摇欲坠的红色政权闹得惶惶不安的中美洲,屏息希望索摩查和菲格雷斯能够维持正常的关系。但是到 4 月时,风暴来临了。

# 暗杀事件

1954 年 4 月 5 日,尼加拉瓜政府宣布破获一起谋杀索摩查的阴谋。总统宣称这些革命者来自哥斯达黎加。尼加拉瓜立刻封锁边界,并下令戒严。索摩查在政府机关报《新闻日报》上宣布,有三名暗杀者已在攻击开始后被一排枪弹击毙。

暗杀我的尝试是经过周密策划的,暗杀者选择的[攻击]地点是星期六夜晚我离开美国大使馆后不久的地方,该晚我出席了美国大使[托马斯·E·惠伦]为陆军准将[莱斯利·J·惠特洛克]举行的欢迎会。但是,他们的计划遭到失败,因为我采取了预防措施,在我离开前几分钟,先从大使馆派出了一支巡逻队。他们一见到巡逻队就四散分开,有的逃往巴塔霍拉,其余的人向相反的方向逃跑……我们正在调查有关这一罪恶尝试的一切细节,尼加拉瓜人民必须确信军队和政府的机智谨慎,足以保证共和国及其国家制度的和平与安宁。①

次日,尼加拉瓜外交部部长向新闻记者宣布,确信加勒比退伍军人协会应承担责任。据报道,暗杀者包括阿道弗·巴埃斯·博内、豪尔赫·里瓦斯·蒙特斯和阿马多·拜纳,他们全是退伍军人协会的著名成员。尼加拉瓜驻圣何塞大使向哥斯达黎加外交部部长递交照会,要求遵守 1949 年的友好条约。第二天,马那瓜的外国记者看到总统府周围聚集大量部队。索摩查报告说:

> 我是未来事态的观察者。我正在注视哥斯达黎加政府将采取何种态度。我希望它按照应该采取的步骤,并以必要的速度前进……当事态恶化到试图谋杀本共和国总统的时候,确实已走得很远了,尤其是当一些友好国家也牵涉在内的时候……这个威胁到尼加拉瓜和平及其居民生命的阴谋是受到卡洛斯·普里奥·索科拉斯②、罗慕洛·贝坦科尔特③和另一个中美洲国家政府的支持的……如果这一罪恶攻击得逞,尼加拉瓜将成为反对古巴、委内瑞拉和多米尼加共和国的活动基地。④

次日,4 月 8 日,尼加拉瓜外交部部长奥斯卡·塞维利亚以较为和解的情绪讲话,宣布尼加拉瓜不准备将事件提交美洲国家组织。同时,索摩查总统也同意说:"哥斯达黎加的善良人民是不同意流血的。"然而,哥斯达黎加驻马那瓜领事馆被封闭,一些在尼加拉瓜的哥斯达黎加人遭到监禁或暂时拘留。在圣何塞,罗幕洛·贝坦科尔特断然否认索摩查对其参与共谋的指控。

国民警卫队继续追捕暗杀者。阴谋的明显主犯巴勃罗·莱亚

---

① 1954 年 4 月 5 日《新闻日报》,第 1 页。
② 流亡的古巴前总统。
③ 流亡的委内瑞拉前总统,菲格雷斯的密友和顾问。
④ 1954 年 4 月 6 日《纽约时报》。

尔已在阴谋者与政府军队的第一次交锋中被击毙。阿道弗·巴埃斯·博内也已死去。在继续追查过程中,国民警卫队对尼加拉瓜前总统埃米利亚诺·查莫罗将军表示怀疑,他是一名参议员,多年对索摩查政权进行批评。索摩查宣称卫队已查获与查莫罗有关的文件,并声称哥斯达黎加人也牵连在内。警卫队答应在几天内公布这些文件。4月10日,政府对反索摩查的马那瓜《箭报》所有者埃尔南·罗夫莱托提出控告。他已下落不明,虽然该报仍每日继续出版。4月12日,索摩查在接见美国全国广播公司的马歇尔·班内尔和另一名《时代》周刊记者时说,何塞·菲格雷斯事先清楚地知道这一阴谋,并且丝毫未加制止。索摩查授予他们充分权利,可以直接引用他的讲话。同时,他又说缴获的某些革命者的武器上标有"哥斯达黎加政府"字样,马那瓜各家报纸已刊印这些武器的照片。

哥斯达黎加的反应是不慌不忙的。从菲格雷斯总统以下,政府官员都否认与暗杀尝试有任何牵连。几天后,外交部部长马里奥·埃斯基维尔要求尼加拉瓜对索摩查所提出的严重指控进行解释。他要求尼加拉瓜从边境撤退军队,请求重新开放边界。埃斯基维尔向记者们说,如果得不到满意的答复,哥斯达黎加将再次诉诸美洲国家组织。尼加拉瓜没有立即作答。第二天——颇具讽刺意味的是这天恰好为泛美日——尼加拉瓜驻美大使吉列尔莫·塞维利亚(外交部部长的兄弟)告诉华盛顿报纸,他的政府掌握了预谋暗杀者所使用的大部分武器,它们显然是哥斯达黎加的。同时,他的政府拥有充分的文件能够证明索摩查总统提出的任何一项指控和全部指控。而哥斯达黎加驻美洲国家组织的代表阿尔维托·马尔特恩和费尔南多·博略·桑切斯也在华盛顿矢口否认这一切指控。

最后,哥斯达黎加在4月21日同意进行直接的谈判。除了安排双边会谈事宜外,将不再吁请美洲国家组织。哥斯达黎加的博略·桑切斯在华盛顿宣布,尼加拉瓜要求进行面对面的谈判是令人满意的。马那瓜报纸立刻宣称这是一场外交的胜利。与此同时,博略·

桑切斯认为有几点需要澄清。首先，尼加拉瓜已设下边界限制，影响到哥斯达黎加的公民。此外，尼加拉瓜军队包围了哥斯达黎加在马那瓜的领事馆，并对要求在那里进行外交避难的避难者拒绝给予通行证。尼加拉瓜还拒绝美洲国家组织直接参与此事，并且在边界驻扎相当数量的军队实行封锁。

这时，整个中美洲都轰动起来。索摩查与菲格雷斯的不和已经是众所周知的，自从菲格雷斯于 1953 年后期重新执政就有人为之担心了。一般的情绪都觉得索摩查确实受到了不应有的触犯。但同时，也全希望索摩查能够运用他的相当大的权威作为一种稳定局势的力量，而不是同哥斯达黎加挑起更多的纠纷。萨尔瓦多《拉丁日报》的一篇社论请求索摩查为了避免全面的战争而下野。社论认为他是星星之火，可能点燃所有其他中美洲国家的烈火。《拉丁日报》承认暗杀尝试是非法的，但极力主张"为了表现真正的中美洲主义，索摩查应放弃权力"。4 月 22 日，正在萨尔瓦多旅行的哥斯达黎加前总统奥蒂略·乌拉特称这次危机是中美地区历史上最严重的一次。他认为当务之急是缓和紧张局势，并要求恢复区域和平。

尽管不止一次地试图安排双边谈判，但这些努力似乎都受到了阻碍。马里奥·埃斯基维尔于 4 月 24 日向新闻记者宣布，局势仍然严重："我们曾召集一批深谙对外事务的哥斯达黎加重要人士来考察局势……并请他们就解决同尼加拉瓜纠纷的最确实可行的办法，[提出]他们的意见和建议。"①这一批人包括前总统胡里奥·阿科斯塔、外交部前部长费尔南多·拉腊、未来内阁部长阿尔维托·卡尼亚斯和劳尔·贡迪安。菲格雷斯总统发表讲话，宣布他相信能够恢复正常关系。尼加拉瓜仍然不断发出指责，很少有缓和紧张关系的趋势。《新闻日报》发布新闻指责菲格雷斯直接援助革命者，这项指控超过以往的激烈程度。总之，索摩查对阴谋极为愤怒，毫无忘怀

_____

① 1054 年 4 月 24 日圣何塞《哥斯达黎加日报》，第 1 页。

之意。他怒气冲冲地对一个会见者说："他妈的,用一场光明正大的战斗去推翻政府,这不是犯罪,但谋杀就是另一回事了。"①

在一段时间暂时平静之后,国民警卫队参谋长小安纳斯塔西奥·索摩查又对菲格雷斯挑起另一阵攻击:"南方有一个人,对尼加拉瓜的和平、自由、建设和进步感到妒火中烧,他就是何塞·菲格雷斯……我敢于公开说……到这里来的人并不是想打一场战争,他们只是携带足够的武器来暗杀索摩查总统。但是,我们仍愿意维持和平……"②第二天,1954 年 5 月 6 日,索摩查总统在另一次接见中打破了几天来的沉默。他声称在尼加拉瓜的太平洋沿岸查获了武器,其中包括小型武器、来复枪、手榴弹、机关枪和弹药。他预先警告说,如果这些是共产党人传送的武器,那么,尼加拉瓜不久就会成为另一个朝鲜,而对自由世界也会引起同等的麻烦。

在尼加拉瓜国内,继续对所有阴谋者进行搜捕。政府捕获了豪尔赫·里瓦斯,并迅速进行审讯。据想,他是革命的加勒比退伍军人协会进行活动的首领。里瓦斯是一个洪都拉斯公民,职业冒险家,有个老婆在哥斯达黎加。他诡谲地承认一些年以前曾暗杀弗朗西斯科·阿拉纳上校。在审讯中,他承认曾在墨西哥同古巴的普里奥·索科拉斯谈过话,但拒绝做不利于菲格雷斯的见证。而另一方面,当问及菲格雷斯是否牵连在内时,他也不表示否认。

在外交战线上哥斯达黎加要求对菲格雷斯的指控做出解释,尼加拉瓜对此迟迟才做答复。5 月 14 日,奥斯卡·塞维利亚送出了一份带有附件的 43 页文件,其中包括里瓦斯的审讯口供和其他拼集的资料。随同送出的还有有关文件的影印相片。据认为,索摩查一家三人——总统和他的两个儿子路易斯及安纳斯塔西奥——全在预谋杀害之列,并且随即会制造无政府状态、混乱和恐怖。尼加拉

---

① 1954 年 4 月 26 日《芝加哥每日新闻》,第 1 页。
② 1954 年 5 月 5 日《新闻日报》,第 1 页。

瓜大使在圣何塞递交了这份官方文件及一份塞维利亚的个人函件。递交函件后,数星期一直没有行动。哥斯达黎加在承认收到官方文件并答应进行研究之后,没有再发表任何言论。6 月 4 日,尼加拉瓜大使馆不得不对圣何塞《自由新闻报》上关于两国关系将正式断绝的传言予以否认。"尼加拉瓜政府甚至连这种撤回的可能性都没有考虑过,而只是小心谨慎地期待着哥斯达黎加政府的答复……"①两天后,格雷罗大使亲自进行更正,承认他准备随时回国,同时《迈阿密先驱报》也重复了这一传言。《先驱报》的埃德温·莱希报道说,索摩查总统认为哥斯达黎加同危地马拉一样,是一个"共产主义阴谋者的巢穴",并预言不久将断绝外交关系。1954 年 6 月 10 日,在试图谋杀索摩查事件发生后 66 天,尼加拉瓜终于宣布从哥斯达黎加撤回大使。

这一行动并未完成。在格雷罗正要离开圣何塞的时候,萨尔瓦多请求索摩查改变他的决定,给哥斯达黎加一个最后机会进行答复。据报道,哥斯达黎对尼加拉瓜的行动感到吃惊,就请萨尔瓦多出面尽可能延缓尼加拉瓜的行动。尼加拉瓜宣布:关系将继续维持到 6 月 27 日,如果届时仍得不到满意答复,将再次召回格雷罗。在最后时限前一天,草约科科长阿纳尔多·奥尔特斯乘飞机来到马那瓜,带来了对尼加拉瓜各项要求的长篇答复。奥斯卡·塞维利亚仅仅说,尼加拉瓜在发表任何进一步声明之前将先对照会进行研究。

时间一天天过去,6 月转到了 7 月。据说尼加拉瓜正在准备另一份外交文件,但是详情不知。索摩查总统有一天随意提到,他愿同菲格雷斯在边界会晤。菲格雷斯立刻回击说,索摩查"要在边界会见我,不过是想得到一张跟我一起照的相片来给他的人民看看"。实际上,如埃德温·莱希以后所写,索摩查是想带着驳壳枪去开会的。由于他们的答复一拖再拖,人们开始知道,尼加拉瓜认为哥斯

① 1954 年 6 月 4 日圣何塞《自由新闻报》,第 1 页。

达黎加的来文完全不适当,并正在再一次考虑召回大使。7 月 16 日,在挑起整个纠纷和暗杀尝试发生后三个多月后,《新闻日报》写道,尼加拉瓜人民已为这些事件所激怒,战争肯定近了。该报引述索摩查总统的话说,菲格雷斯毫不尊重尼加拉瓜人,并且野心勃勃地想组织一个傀儡政府。索摩查宣称,曾有 200 名武装的哥斯达黎加人来到边界,向对面的尼加拉瓜警卫队大声喊道,他们不久就要在尼加拉瓜的总统府聚餐了。菲格雷斯并不示弱,告诉美联社记者,他担心侵略迫在眉睫。各机场都实行戒备,圣何塞将近一星期每天凌晨 2 时至 5 时禁止一切灯火。

# 入侵哥斯达黎加

实际战斗于 7 月 25 日爆发。那一天,一伙卡尔德隆分子,显然企图为搞一次危地马拉式的革命谋取经费,拥入萨拉皮基小镇抢劫一家银行。附近的哥斯达黎加部队赶到现场,于第二日包围和俘虏了大部分暴乱者。其他人窜向圣胡安河,进入尼加拉瓜避难。在这过程中,一架尼加拉瓜空军飞机被击中受伤。尼加拉瓜立即向圣何塞连续发出两次抗议照会。外交部部长塞维利亚说:"如果菲格雷斯总统要战争,那一定会如他所愿。我们政府的忍耐不是无限度的。"哥斯达黎加拒绝这些指控,但是毫无疑问,他们曾向这架尼加拉瓜飞机开过火。飞机的左侧引擎的电制动被步枪子弹所打坏,虽然它勉强飞回尼加拉瓜机场。争论的焦点是这架飞机是否正在掩护败退的卡尔德隆暴乱分子。索摩查总统愤怒地派出长达一英里的坦克和军事运输车辆前往边界"保卫尼加拉瓜的领土"。在总统府前检阅完这些武装队伍之后,他骑着马走在队伍的最前头,一直领到马那瓜市郊,然后才打发他们前往边界。部队既已屯驻边界,看来这些事件是战争的明显前奏。

美国一直在不安地观察着这一连串事件的发展,于 8 月 1 日迅

197

速出动空军飞机六架前往哥斯达黎加。这些 C—47 运输机既不载客，也不运货，仅在圣何塞的拉萨瓦纳机场停留了三天。然而，这一举动的含意很快就被人明白了。它是对索摩查和反政府的哥斯达黎加人的一个明显的警告，表示美国反对激起更大的战斗。这些飞机不但对哥斯达黎加再次提供保证，而且向整个中美洲暗示：一次严重的革命，就是两个月前在危地马拉发生的那一次，对当时来说应该够了。尼加拉瓜部队不久即撤离边界，危机因之渡过。如《时代》周刊所写："尼加拉瓜的塔乔①是属于了解此种举动含意的那一类人。"②

随着尼加拉瓜军队从边界撤退，第二次纠纷宣告结束。与第一次不同，哥斯达黎加远远不是无可指责的。索摩查将军理所当然要被谋杀的尝试所激怒，而这一行动显然是从哥斯达黎加策动的。加勒比退伍军人协会分子被安置在俯览着东圣何塞的一个 19 世纪的要塞里，他们曾经在菲格雷斯总统的"斗争不止"种植园里饮食、起居和接受训练，其中许多人是痛恨索摩查的尼加拉瓜流亡者。后来获悉，曾有一辆墨西哥公共汽车在伪装车身下面装了一批武器越境进入哥斯达黎加。大约有 25 名暴乱者领取了这些武器，偷偷进入尼加拉瓜，取道尼加拉瓜湖北上，经蒂皮特帕河到达马那瓜湖，约定与另外的 175 人会合。他们是带武器来武装这些人的。

由于某种原因，约定会见的人一直未曾露面，那 25 名暴乱者马上惊慌失措起来。有几位立刻逃走了。其他的人踌躇不决地执行着他们的计划。由于他们已掌握了索摩查总统两周内的个人行止和公开活动日程，他们有了取得成功的良好机会。正如一个尼加拉瓜人后来对笔者提道："可不是，他们差点儿就干掉老头子了。"然而，由于遭到失败，他们签署了自己的死亡证，国民警卫队兜捕了 18

---

① 塔乔即索摩查，他的全名是安纳斯塔西奥·索摩查·加西亚，塔乔是他的别名。——译者

② 1954 年 8 月 9 日纽约《时代》周刊，第 37 页。

个人，把他们押到墙边排成行，未经审判当场处决。

也许有那么一点可能，菲格雷斯个人不知道这一计划，虽然情况很不像是这样的。但毫无问题，他的政府成员和许多上层菲格雷斯分子是清楚地知道这个计划的。加勒比退伍军人协会的一些成员在圣何塞的酒吧间内亲自吹嘘谋杀索摩查的各种计划。甚至今天，有些菲格雷斯分子仍不拟否认预先知道谋杀索摩查的计划。当问起这件事情时，他们意味深长地微微一笑，适当地略做迟疑，然后改变话题。也许，何塞·菲格雷斯本人不知道这一阴谋。他的政府成员是一定知道的。

在尼加拉瓜，安纳斯塔西奥·索摩查本人直到临死那一天仍确信，菲格雷斯是阴谋的幕后策划者，而且只要卡尔德隆不在哥斯达黎加重新当政，其他的阴谋还会接二连三地发生。既然对他的攻击是如此之阴险毒辣，索摩查就心安理得地运用一切手段来动摇菲格雷斯政权。这一切想法支配着他在 1954 年炎夏的一切行动。当然，他的行动是不容宽恕的。他明显地干涉了一个邻国的事务，企图推翻其合法选出的政府。可是，暗杀他的阴谋也确实是一次强烈的挑衅，因而他的行动是可以理解的。即使在拉丁美洲，也还有某些道德上的行为规范。而暗杀不是其中之一。

下一次的爆发在 1955 年 1 月以入侵哥斯达黎加达到最高潮。但在上一年的 11 月，煽动即已开始，仇恨之火浓烟欲喷。11 月中旬，索摩查总统谈妥了一笔买卖，从瑞典购入 25 架北美 F-51 野马式战斗机。用螺旋桨推进的野马式战斗机是二次大战时期最好的一种战斗机，塔乔购买这一批飞机就迅速地拥有了中美洲最可怕的空军力量。11 月 27 日，菲格雷斯总统宣布哥斯达黎加面临严重的局势。一支卡尔德隆叛军正在准备侵入哥斯达黎加。已有 250 名士兵在边界准备迎击这一进攻。在纽约，菲格雷斯的亲信和无任所大使丹尼尔·奥杜维尔承认叛军的身份尚未确定。但他坚持这些人必定是卡尔德隆的支持者。尼加拉瓜驻华盛顿大使吉列尔莫·

塞维利亚说,菲格雷斯表现出了令人惊讶的神经紧张和缺乏镇静。他表白了一番两国之间的友谊,指出在奥蒂略·乌拉特执政期间紧张关系曾有所缓和。但是,"菲格雷斯先生现在如此轻易就发现子虚乌有的侵略,而对今年年初哥斯达黎加的加勒比退伍军人协会分子在菲格雷斯政府援助下对尼加拉瓜所进行的侵略,并且发展成为一次谋杀索摩查总统和发动尼加拉瓜内战的险恶阴谋却视而不见,这是严重的……"①

亟于避免战争,美国为了平息交战双方再一次采取措施。空军派出了六架喷气式战斗机来到巴拿马运河区。其明显的意图是要打消有些职业冒险家想用索摩查的一架新飞机来支持卡尔德隆分子入侵的企图。据悉,他们真的派出了飞机扫射和轰炸了圣何塞。在首都的煽动者则准备鼓动群众,激起一次向菲格雷斯总统住所的进军,逼迫他辞职。只要使得飞机不能出动,入侵者成功的机会就会减少。危机暂时被压住了,在 12 月的第一个星期,菲格雷斯简单宣布:"本周末预计不会发生入侵。"

索摩查和菲格雷斯之间的攻讦不久再度爆发。1955 年 1 月 9 日,哥斯达黎加向美洲国家组织发出呼吁,宣称某一美洲国家政府已派出"一队十架满载人员的军事运输机进入尼加拉瓜……〔意味着〕发动进攻的时刻已经来到"。② 他们非正式地宣扬委内瑞拉的飞机已派往马那瓜。美洲国家组织理事会于星期日上午 10 时半召开特别会议,听取哥斯达黎加代表费尔南多·福尔涅尔和安东尼奥·法西奥介绍情况。他们指控一支"冒险家组织的军队"正在准备发动进攻,尼加拉瓜被指控为一个"罪恶昭彰的破坏和平的惯犯"。吉列尔莫·塞维利亚从墨西哥城火速赶回,当时他的兄弟阿尔维托正在该地患重病。理事会经过三小时的辩论后,决定不

---

① 1954 年 11 月 28 日圣何塞《民族报》,第 1 页。
② 1955 年 1 月 10 日《纽约时报》,第 1 页。

必立刻采取行动。他们建议延缓到下星期三召开第二次紧急会议时再做决定。这使 21 个成员国代表有时间同他们的政府进行商议。

哥斯达黎加向美洲国家组织吁请援助后几小时，一群哥斯达黎加流亡者乘飞机在克萨达城的机场着陆，占领了这个小镇；同时，另有数百名流亡者越过哥斯达黎加的北部边界；第三股入侵者驾着小船来自尼加拉瓜的太平洋沿岸。克萨达城的联络立即被切断，只是在接到相邻的扎尔塞罗市长的来电后，哥斯达黎加政府才得悉该镇已落入叛乱者手中。菲格雷斯宣布："我认为这是一次尼加拉瓜的侵略行为。"他解释说："这是索摩查把他的国家中的雇佣军队放出笼，并让他们按原计划提前行动。"他还说，入侵是从尼加拉瓜发动的，虽然叛乱者的卡车原属哥斯达黎加，但飞机和队伍本身都来自尼加拉瓜；索摩查说事务纯属国内性质，他的种种主张是力图"通过扩大宣传来愚弄美洲国家组织"。

马那瓜的反应是迅速的，而且和过去没有什么不同。索摩查宣称，菲格雷斯指控尼加拉瓜和委内瑞拉同谋反对哥斯达黎加政府，是"我闻所未闻的最恶毒的污蔑。从来没有人曾经像那个人那样称呼过我。最荒谬绝伦的是我竟然有了一个贼党家庭"。再者，菲格雷斯是"一个该死的说谎者"。索摩查拒绝发表正式答复。"我为什么要答复他呢?"他问道，"我不会变得那么低声下气的。"他发出一个真诚的邀请，让菲格雷斯手里拿着左轮枪在边界等着! 这项建议在中美洲以外的地方被当成了荒唐的笑料。"既然他对我有这么大的私人仇恨，那就干脆来一场单打吧! 没有理由要我们两国之间流血。既然他恨我，正如他企图暗杀我所表明的那样，那为什么不这样干一下呢?"[1]菲格雷斯听到这一挑战后，答复道："他简直比一头

---

[1] 1955 年 1 月 13 日《纽约时报》，第 1 页。

仲夏烈日下的山羊还要按捺不住。"①从而更增添了两人交锋的戏剧性色彩。也许，索摩查作为一个第一流的手枪射手，他并没有发狂。他是经常骑马驰骋在他的牧场上以射击羚羊取乐的。

战斗是混乱的，报道不一，然而是真实的。哥斯达黎加立即派兵北上，在不同的地点与敌人交战。叛乱者在好几个地点受到挫折，但没有被包围，仅仅是后退，重新组合，并在其他地方恢复进攻。有好几天叛乱者似乎很可能向首都逼近，虽然政府军总的来说坚守住了他们的阵地。叛乱者具有空中优势。入侵开始后第二天，为了进一步刺激人心，他们甚至从一架双引擎战斗机上对圣何塞进行扫射，但只引起了一些群众哄乱和打坏了几条行人道。政府的"空军"只包括一架在机舱口架有机关枪的 DC-3 商业运输机。

与此同时，美洲国家组织再一次准备采取行动。1月2日，星期三，美洲国家组织理事会任命了一个美洲国家组织最干练的代表组成的五人委员会调查这一入侵。两天后，当委员会正在哥斯达黎加调查情况，同圣何塞的官员进行会晤的时候，理事会通过决议谴责"外国军队"的进攻，同时要求尼加拉瓜停止对叛乱者输送武器装备。他们接受美国国务院拉丁美洲事务负责人亨利·霍兰的建议，使用美国提供的观察飞机，这是美洲国家组织采取的几次前所未有的行动之一。从运河地区派出了海军飞机，委员会成员及其助手飞往战场和出事的边境上空，注意观察尼加拉瓜参与共谋的证据。他们报告说，显然有人正在越过边界运入供应品，虽然还不能指控尼加拉瓜本身参与共谋。

随着美洲国家组织的出场，索摩查总统同该组织的工作人员进行充分合作，并接受他们的各项要求，包括沿边界暂时建立一个缓冲地带。他还关押了败逃过境的叛军残余。美洲国家组织的最后报告，不仅答复了哥斯达黎加的控告，而且也处理了尼加拉瓜关于

---

① 1955年1月14日圣何塞《共和国报》，第1页。

前些时候试图谋杀索摩查的指控。委员会的报告显然力图尽可能避免刺激双方的情绪,对于冲突者只提出轻微的批评,致使双方都不满意。不幸的是,对尼加拉瓜所扮演的角色的估计,是不能以委员会发表的见解为根据的。

按照美国驻圣何塞大使馆的情报,最早的入侵者数目为 400 人,其中充其量只有 10％是尼加拉瓜的国民警卫队,他们全穿便衣参加作战。叛军队伍由小特奥多罗·皮卡多指挥,他是卡尔德隆扶持上台的前哥斯达黎加总统之子。小特奥多罗在美国西点军事学校受过教育,是不成问题的战场指挥者。在尼加拉瓜度流亡生活的卡尔德隆承认曾从尼加拉瓜策划这一入侵,虽然他决不牵连索摩查在内。与此同时,一般公认在队伍发动进攻之前,曾分别在索摩查的一些庄园的广阔土地上训练了好几个星期。此外,还有一层联系,即现住在马那瓜的哥斯达黎加前总统特奥多罗·皮卡多是索摩查的私人秘书,至少是领取薪俸的。索摩查肯定知道这次入侵计划,正如菲格雷斯知道 1954 年反对索摩查的阴谋一样。他们两人之间的怨恨已深到彼此什么事情都干得出来的地步。索摩查在战斗进行期间告诉《纽约时报》记者西德尼·格鲁森说,他真想将全部军事力量投入反对哥斯达黎加的战斗,只是由于想到会造成“无辜的流血”才勉强制止。

索摩查是一个好战的反共分子,在危地马拉的阿本斯政府当政时期,曾倾全力进行反对阿本斯的活动,因此他决不相信哥斯达黎加的菲格雷斯会不牵连在反对他的共产主义阴谋之中。一方面,索摩查虽然经常称菲格雷斯政府为“共产主义的宝贝们”,但他承认菲格雷斯本人不是赤色分子。另一方面,他直到死时仍坚信菲格雷斯为了个人的野心而与美洲的共产党人暗中勾结。正是为了这个道理,索摩查相信 1954 年谋杀他的尝试是共产主义阴谋者所策划的,或者至少是他们唆使的。这只是他个人对共产主义深恶痛绝的另一个理由。

(译自马尔兹前引书第 181—197 页。小标题是译者所加。)

# 第十四章　索摩查王朝(1937—1958)

## 铁腕人物

索摩查总统一些年来被国外人士——以及一些尼加拉瓜人——认为是一个独裁者,是拉丁美洲政治的坏传统中的一个专制铁腕人物。作为一个总的论断,这大概是正确的。但同时,它也包含若干未必正确的东西。索摩查的性格是一种由人格、魅力、智慧和机敏构成的不常见的混合体。

索摩查从 1937 年迄去世时为止,除了很短一段时间,一直任总统。在执政将近 10 年之后,他于 1946 年让莱昂纳多·阿尔圭略出来掌权。阿尔圭略令人惊异地采取了独立的行动,不久下令在仍然是索摩查私人领地的国民警卫队高级军官中进行人事变动。当索摩查提出反对时,阿尔圭略让他在 24 小时内收拾家当离开尼加拉瓜,索摩查要求给他三天的时限获准,这样他就有了集合自己力量的时间。他撵走了阿尔圭略,并在几个月后把他的舅舅维克托·雷蒙-雷耶斯扶上台。当这位老人于 1950 年死去时,国会重新请索摩查担任总统。他任满了这届总统余下的任期,并使自己在 1951 年再度当选为六年任期的总统。

索摩查是国民自由党的领袖,保守党多年反对他,但都没有奏效。他在 1950 年 4 月 3 日与保守党领袖埃米利亚诺·查莫罗达成协议,给他们一些安抚。通过新宪法,允许少数党在国会两院即参议院和众议院①中占有固定比例的代表名额。这样,保守党就在立法机关中占有三分之一席位,在外交使团和最高法院席位中也有一定份额。

在 61 岁时,索摩查偶尔有所思地跟朋友们谈起下野问题。但直到 1956 年下半年突然逝世时为止,还没有明显的继承人。他的前两个儿子是可能的候选人。但是,小安纳斯塔西奥的生涯一直在国民警卫队中度过,而从事政治活动的路易斯似乎不孚众望,也没有魄力。正是考虑到这些因素,索摩查在 1956 年 2 月同意再次参加下届选举。就在他被暗杀前一天,索摩查由国民自由党代表大会正式提名为总统候选人。预计他将会再次当选,他的执政期便延长到 1963 年,从他最初掌权起就超过 25 年了。

一些年来,索摩查一直是美洲国家出版协会(SIP)不断攻击的目标。他们宣称,他是一个暴君,除了其他方面,还一意实行全面的出版压制。双方在这些年里始终争论不休,彼此都不满意。近年来美洲国家出版协会不断做出努力,以消除他们认为是出版检查的那些限制。斯坦福大学西班牙美洲研究室主任罗纳德·希尔顿曾写过,尼加拉瓜甚至自 1937 年以来就领教到索摩查的权威了。1953 年发表的一份详细报告称现行的出版法是错误的和专制的。按照尼加拉瓜法律,凡有损国家声誉的文章都应受到谴责。这就容许政府对新闻做出解释,并对它所不喜欢的任何文章进行压制。索摩查叫批评者注意他最近为保护新闻和通讯而做的一篇讲话。“我们国家的公共舆论是经常能得到有关国家事务的消息的。1954 年,我提交了三篇关于尼加拉瓜经济发展的公开政治咨文,一篇〔专谈〕政治形势的咨文。我经常召开国内外记者招待会,各个政府机构都出版报告、公报和刊物。我倾听人民的意见,人民也倾听我的讲话。我

---

① 尼加拉瓜是唯一具有两院制立法机关的中美洲国家。

们进行着对话。"①

1956 年 5 月 4 日,当索摩查总统邀请美洲国家出版协会帮助他起草一项新出版法的时候发生了意见不合。他写信给美洲国家出版协会主席詹姆斯·G·斯塔尔曼,表示他想废除该会所批评的现行出版法。他答应在下一届立法会议上提出新的法律,并在信中希望"由你的组织指派一名技术人员或专家参加"。索摩查显然希望同美洲国家出版协会和解,结束双方多年来的争吵。斯塔尔曼主席立即予以拒绝。他宣称,宪法既已保证言论和出版的自由,如 1951 年宪法所规定的那样,没有必要另立新法。他打电报给索摩查:"我们深信报刊不应向任何适用于全体公民的法律顺从……阁下将明白,我们并不为新闻记者或报纸寻求特别的权利,因为报刊接受了特权条件就放弃了它的部分独立。"②

索摩查政权的批评者们这些年来也一直激烈地攻击美国。说美国支持拉丁美洲军事独裁政权,这种论断是可以理解的,并在许多事例上是正当的。然而,尼加拉瓜的情况有些不同。从美国的观点看来,索摩查确实是一个好朋友。在第二次世界大战以前和期间,以及其后进入冷战的年代,索摩查一直充分与美国合作。驻华盛顿大使吉列尔莫·塞维利亚近年来在各次国际会议之前,奉召回国接受指示 50 次以上。对他的指示总是相同的一句话:"与美利坚合众国代表团充分合作"。尼加拉瓜的劝说曾不止一次地有助于联络拉丁美洲其他国家来支持美国的不得人心的政策。美国国务院向尼加拉瓜政府提出的要求很少有被拒绝的时候。索摩查至死时为止,一直急于吸取尽可能多的外国和美国的投资,这是他的国家在中美洲国家中享有最高国际信誉的另一个原因。

然而对这些忠心耿耿的支持,索摩查所得的报答却是可怜的,

①《近代尼加拉瓜》,第 18 页。
② 1956 年 5 月 6 日《共和国报》,第 1 版。

尽管有一项共同安全条约,他向美国购买武器的尝试经常受制。当他要把武器用来反对哥斯达黎加时,这种受制是可以理解的。但在其他时候,他的要求也往往在没有正式解释的情况下就被简单回绝。索摩查一次说道:"美国可以放心地相信尼加拉瓜的忠心耿耿的友谊,我无论作为一名官员还是作为一个无官职的公民,都一直促进这一友谊。在危急的时刻,美国将发现我们站在星条旗的一边。"①经济援助也受到了忽视,美国只为中美洲公路和大西洋—太平洋公路的修建提供了一笔数量可观的资金。美国显然不大理解小笔款项对帮助像尼加拉瓜这样的国家实现现代化是必需的。索摩查本人简明地总结了这方面的情况:"我们促进友好得到什么好处呢? 你们像对一个年老的妻子那样对待我们。我们倒愿意当一个年轻的情妇。"②

如读者所知,安纳斯塔西奥·索摩查是一个爱社交的、殷勤的和兴致勃勃的人。纽约市尼加拉瓜领事馆挂着一幅旧像,显示出索摩查当总统前与国民警卫队在一起时是一位英俊的青年。到 1956 年时,虽然体重达 200 磅,并且逐渐秃顶,索摩查仍然是一位漂亮人物。哪怕只见过短短的一面,不管政治见解如何,很少有人会不欣赏他的坦率和热情洋溢的豪兴的。接见说英语的访问记者时,他的谈话有声有色,有些措辞往往无法刊印。尽管上了年纪,索摩查仍然是一个精力充沛的爱跳舞的人和射击能手。说他是一个独裁者,他对这个指责一直敏感,并且幽默地加以驳斥。1952 年在访问华盛顿时,他说:"我恨被人称为独裁者。假如我是一个独裁者,我就离不开我的国家了。"③但另一方面,1948 年,也是在美国旅行的时候,他告诉驻旧金山的领事说,离开尼加拉瓜毫无危险。"他们都是一

---

① 《近代尼加拉瓜》,第 16 页。
② 1952 年 9 月号纽约《信使》杂志。
③ 1953 年 9 月号纽约《信使》杂志。

些笨蛋。那里没有一个人能够干这种事情〔搞一次革命〕。"①

尼加拉瓜不止一次被人戏称为索摩查国。索摩查承认拥有全国将近十分之一的可耕地。他的财产包括酒坊、糖厂、弹棉厂、木材、牲畜、水泥、肥皂、纺织品、人造冰，甚至还有一家理发馆。他是马梅尼海外航运公司的主要股东，而尼加拉瓜航空公司则由他的儿子何塞经营。他的个人财产估有 6,000 万美元，是西半球最大的产业之一。尼加拉瓜的公路系统几乎总好像是要通向或经过他的某一个牧场或咖啡园。有一条新建的公路通往他的塔马林多牧场，该牧场离马那瓜 40 英里，沿途几乎没有房屋或居民。尼加拉瓜有些城镇以索摩查港和索莫托命名。竖立在国家体育场的是一座巨大的索摩查像。许多人把尼加拉瓜看作一个大牧场，肯定索摩查是把它当成一个牧场来经营管理的。几乎任何一项重要的决定都必须提交索摩查决断。部长们都是一些挂着好听的头衔的办事员。

多年来索摩查单独统治尼加拉瓜这一事实无可争议。但同时，也没有人能够振振有词地说，尼加拉瓜在他的统治下没有取得进步。索摩查上台时，尼加拉瓜是一个混乱的、没有秩序的、不断发生剧烈动荡的、落后的小国。他带来了空前的和平，以医治使尼加拉瓜多年来分崩离析的种种创伤。在 1955 年，索摩查能够确切无疑地说："国家在过去 18 年间所得的一切进步，如果没有和平是完全不可能实现的。政府成功地做出了努力，使和平成为国家建设工作的基础。"②一旦实现了和平，索摩查就转向经济和物质的问题，这些年来获得的成果是普遍可喜的。当然，尼加拉瓜增加的财富有许多落入索摩查之手。然而，人民的经济状况比以前好多了。连穷乡僻壤的农民也普遍有了保证，能够种植足以维持生计的庄稼。这似乎还不够充足，但对于早先的状况来说已是一个进步。

---

① 一名美国大使馆官员在马那瓜与作者谈话时所引用。
②《近代尼加拉瓜》，第 12 页。

但这一切不能否认压制民主反对派、禁止工会主义、偶然压制出版自由和政府持续不民主等事实的存在。德鲁·皮尔逊曾写过，若干年以前，在一次开诚布公的谈话中，索摩查告诉富克林·D·罗斯福说："我想对每一个人都好。民主政治在中美洲恰如一个婴儿——而没有人会给婴儿吃每一样东西的。我正在给人民自由，但按照我的方式。如果你给婴儿一块热的五香碎肉蒸玉米面馍馍，你就杀害了他。"安纳斯塔西奥在尼加拉瓜所取得的成就，也许是其他任何人都不能做到的。但今天，这个"婴儿"已经20多岁了，无疑它有条件要更多的民主，要远远超过"自由，但按照我的方式"所能匀出来的那种民主。

# 独裁者遇刺

1956年9月21日晚11时，索摩查和他的妻子是莱昂城工人馆一次欢迎会上的贵宾。一天前，他被国民自由党提名为该党的1957年总统候选人。索摩查为他的再被提名而高兴，精神特别好，讲着热情的故事，使朋友们笑逐颜开，在"嚓、嚓、嚓"声中迈出活泼有力的舞步。突然从跳舞的人丛中冲出一个年轻人，拔出一支史密斯和韦森厂制的0.38左轮手枪，对着总统连发五枪。放到最后一枪时，他被尼加拉瓜国家建设计划主席阿纳尔多·拉米雷斯·埃瓦从背后拖倒，很快就中满了总统卫队的子弹。他中了20多弹。索摩查中了四枪，清醒地坐在椅子上等候医疗救护。听到刺客当场毙命的报告，他说："应该活捉他。"有一枪没有击中总统，打伤了一个妇女。

消息几乎立刻传到了马那瓜，总统的私人密友美国大使托马斯·惠伦派出直升机将总统载回马那瓜。他同时向华盛顿报告，并且未经尼加拉瓜请求就要求马上派出医疗援助。艾森豪威尔总统下令从运河区的戈尔加斯医院组成医疗队飞往马那瓜。该院应召派出了两名外科医生、一名骨科专家和一个麻醉师。几小时后，艾森豪威尔知悉索摩查情况严重，就命令沃尔特·里德陆军医院院长伦纳德·D·希顿陆军少将去与马那瓜的其他美国医生会合。

9月23日，星期日，决定将索摩查空运到巴拿马的戈尔加斯总医院，那里的设备条件较马那瓜为佳。索摩查一到巴拿马，立刻就动子弹摘除手术。一颗子弹穿过他的右前臂，打碎了骨头。另一颗打进右肩，第三颗击中右大腿，第四颗最严重，停留在脊椎的底部。除一颗被认为无关紧要的子弹外，四小时的神经外科手术成功地取出了其他全部子弹。巴拿马的神经外科医生安东尼奥·冈萨雷斯·雷维利亚博士从脊椎底部取出了子弹，为此切断了两三处神经根。手术公报说，索摩查的右小腿由于子弹靠近脊柱而瘫痪。在其他方面，他的状况据认为是令人满意的，很有恢复的希望。

星期一，总统情况突然恶化。为了帮助呼吸，外科医生在他的喉部开了一个小口。同时，他变为左半身全部瘫痪。从脊椎取出子弹显然是致使瘫痪的原因。虽然这时左腿瘫痪正在减轻，这一新变化被认为是"一种手术后意外并发症，还没有很好的办法"。巴拿马运河区卫生主任查尔斯·布鲁斯上校的病况报告除了指出总统血压和体温良好、心脏跳动有力外，没有更详细的说明。在这一周中，索摩查开始缓慢好转，并有恢复的希望，虽然他自从到达巴拿马以来始终没有完全清醒过。星期五早晨4点40分，巴拿马总统里卡多·阿里亚斯和运河区总督威廉·R·波特得悉索摩查情况危急。他们曾与索摩查夫人和总统的女儿莉莲·索摩查·德·塞维利亚在总统的床边会晤。9月29日早晨5时5分索摩查去世。

在尼加拉瓜，索摩查的儿子们于枪击发生后立刻行动起来，掌握了全部权力。总统的长子、34岁的国会议长路易斯在32岁的国民警卫队司令塔奇托的支持下掌政。路易斯在星期五晚召集内阁会议，宣布戒严，暂时停止宪法保障的言论自由、集会自由和人身保护。从晚上10点到早晨5点，马那瓜实行宵禁。星期六马那瓜完全平静，商店照常营业。索摩查两兄弟立即开始进行调查。在星期六，200 名以上反对派领导人被拘捕，其中包括 84 岁的老埃米利亚诺·查莫罗和同年龄的埃诺克·阿瓜多，后者是一批反对索摩查再被提名的自由党人的领袖。《新闻报》的发行人佩德罗·华金·查莫罗也被逮捕。他的报纸一直反对索摩查再当选。

刺客被查明为里戈维托·洛佩斯·佩雷斯，是一个尼加拉瓜人，几年来在萨尔瓦多经商销售留声机唱片。他最近刚回到尼加拉瓜。事实上，他首先应该是一个萨尔瓦多公民，而不是尼加拉瓜公民。除了可能梦想当一名殉道者和明显痛恨索摩查的动机外，没有发现其他方面的证据。在枪击前几天投给莱昂《纪事家》的一篇文艺稿件中，他写道："永垂不朽是生活的宗旨，也是光荣牺牲的目标。"他还主张"魔鬼是人类所不承认的最伟大的诗人"。索摩查兄弟请求萨尔瓦多总统莱穆斯帮助进行调查，因为刺客是最近由萨尔瓦多来的。

9 月 26 日，尼加拉瓜向所有中美洲国家发出信件，告诉它们尼加拉瓜的流亡者和其他人正在策划一场革命。尼加拉瓜请求对颠覆活动加以制止，声称国外的颠覆者们企图利用当前局势。通知中呼吁实施中美洲外长会议在 1955 年 8 月通过的对待政治流亡者颠覆活动的一项决议。信中请求"采取必要的措施，对所有企图危害尼加拉瓜和平与安全的人所进行的颠覆活动，实行最有效和严格的控制"。

第二天，外交部部长塞维利亚宣称，流亡者正在组成一个联合阵线。他列举九名流亡者为这一团体的领导人。所谓的联合阵线包括在危地马拉、洪都拉斯、古巴、萨尔瓦多和多米尼加共和国的尼加拉瓜人，哥斯达黎加的流亡者包括 1911 年担任尼加拉瓜总统的阿道弗·迪亚斯和他的外甥埃内斯托·索洛萨诺·汤普森。

1954 年阴谋反对索摩查的唯一幸存者曼努埃尔·戈麦斯·弗洛雷斯则在墨西哥。《箭报》发行人埃尔南·罗夫莱多也住在墨西哥。塞维利亚说，他已经要求他们避难的国家针对这些人采取"预防性措施"。几天之后，墨西哥的尼加拉瓜流亡者庆祝索摩查之死，并预言一支"解放军"的组成将把尼加拉瓜从索摩查家族的统治下解放出来。阿尔维托·加麦斯·雷耶斯在墨西哥说，不许索摩查的儿子继续其父的暴政。他乐观地指出，仅仅在哥斯达黎加就有6,000 名流亡者。事实上，在哥斯达黎加工作的尼加拉瓜人是接近这个数目的，但其中只有少数的人是从他们的国家流亡出来的。

在马那瓜，被拘留受审的人数很快达到 300 人。然而，在一个星期的时间里，所有的人事实上全被释放，没有披露任何新的情况。反对派的报纸在索摩查死前几天就开始重新出版了。马格丽塔·卡德纳尔·德·查莫罗夫人当她的儿子佩德罗被拘留时，从芝加哥乘飞机回来出版《新闻报》。《消息报》和《箭报》也在第二天再次出现于街头。然而，这三家报纸都受到指示，要限制有关政府活动的政治报道。

在索摩查挣扎生命的一周内，没有发生进一步激动人心的事件。索摩查在此期间接受了教皇庇护十二世的祝祷，殡殓后庄严陈放在巴拿马的圣心天主教堂中，并在那里举行了安魂大弥撒。弥撒结束后，他的尸体由仪仗队护送前往阿尔布鲁克菲尔德空军基地，由飞机运回马那瓜。在机场和从机场到马那瓜市区沿途排列成行的尼加拉瓜人数以万计。在八天国丧的第一天，尸体庄严陈放在国家宫。尼加拉瓜人整夜排成长队走过灵柩，平均每分钟 50 人，许多人伤心得流下泪来。尸体在机场受到他的两个儿子路易斯和何塞的迎接。塔奇托没有参加，怕参加了就会成为暗杀的共同目标。在国家宫停放一夜后，灵柩移至马那瓜大教堂，由主教举行安葬弥撒，然后轮流在市政厅、总统府、军人俱乐部停放，再回到国家宫。1956年 10 月 2 日，安纳斯塔西奥·索摩查安葬于国民警卫队公墓的军官堂。

各方反应是很不相同的。萨尔瓦多的公民们欢喜若狂。正在欧洲旅行的哥斯达黎加总统菲格雷斯表示希望尼加拉瓜将建立一个民主政府。乌拉圭议会通过决议向谋杀者里戈维托·洛佩斯·佩雷斯致敬。与此同时,古巴则宣布全国致哀三天。墨西哥总统鲁伊斯·科尔蒂内斯发出深表个人同情的唁电。巴拿马表示吊唁。艾森豪威尔总统表示了自己的同情,并称这一攻击为"懦弱无能",激起了许多反感。

报刊评论也不一致。许多日报哀叹他的逝世,说是失去了一位伟大的拉丁美洲领导人。其他的报纸则欢呼这是民主生活中的一件大事。布宜诺斯艾利斯的《世界报》对艾森豪威尔致尼加拉瓜人的唁电进行攻击。"在一个鲜明昭著的文件里……艾森豪威尔污蔑里戈维托·洛佩斯·佩雷斯的行动'为一次懦弱无能的攻击'并称颂死去的独裁者对美国的伟大友谊……就好像这一死亡……〔仿佛是〕装饰北美国旗的一颗星陨灭了一样。"①少数几篇理智而不动感情的评论之一,10月1日的《华盛顿邮报和时代先驱报》这样写道:"尼加拉瓜通过暗杀摆脱了独裁,现在她的自由的美洲邻邦将希望:她能够在今后的政治生活中把这两种传统都抛掉。"

"有些人能够容忍索摩查的自我的、反民主的制度,对他们来说安纳斯塔西奥·索摩查个人是令人敬佩的。也有些人不能容忍,暗杀他的人就是其中之一,但他的愚蠢行为是不能原谅的。然而,由于他的子弹已结束了索摩查总统的生命,尼加拉瓜人就能够抓紧机会来使他们的政治机构实现自由化了。"②

## 继承者

索摩查之死为尼加拉瓜可能发生的革命布置好了舞台。枪击后的不安定和索摩查的最终死亡是影响巨大的,许多人预计随时都

① 1956年10月1日布宜诺斯艾利斯《世界报》,第1页。
② 1956年10月1日《华盛顿邮报和时代先驱报》,第12页。

会发生暴动。没有一个人对索摩查的儿子们有充分的信任。然而，他们的生命垂危的父亲给了他们最后一臂之力。他为生命进行的顽强斗争使他们有时间来巩固自己的地位。如果老独裁者马上死去，整个尼加拉瓜就会陷入无政府状态。既然没有这样，儿子们就有了整整一周的时间来巩固自己的地位。反对派仍然心怀敬意地畏惧着他们的父亲，未敢公开扰乱，生怕万一他恢复过来，转而对不忠于他的人进行报复。

路易斯于 10 月 3 日宣誓就职，担任临时总统，立即视事。尼加拉瓜的 18 人内阁按惯例提出辞职。路易斯予以拒绝，部长们遂继续留任。五天后，他前往其父被暗杀的市莱昂，接受国民自由党提名为 1957—1963 年应届总统（候选人）。在接受提名时，他答应遵循其父亲的政策，对此无人表示惊奇。选举预定在 1957 年 2 月举行，由路易斯竞选他父亲的职位。旧保守党决定不参加竞选，宣称政府的干涉使参加竞选成为不可能和没有价值。然而，一批持不同意见的保守党人在选举前大约三个月组成了尼加拉瓜保守党，他们提名 56 岁的埃德孟多·阿马多尔为他们的候选人。阿马多尔本人承认反对政府是不会有效果的。但他又说："我们的斗争不是为了今天，而是为了明天。"在提到大多数保守党人拒绝参加竞选时，他说退出竞选"不会影响索摩查，而只会影响保守党本身"。虽然一开始就不容易得到为当上总统候选人所必需的两万人签名，这个保守党分裂集团仍坚决拒绝关于退出竞选的一切建议。

2 月 2 日，路易斯·索摩查告诉记者："明天我参加选举，绝对相信自由党的胜利，因为全体尼加拉瓜人民一直在以种种热情的表现来预示这胜利……"①这次选举第一次给予妇女选举权，大约有 50 万选民进行了登记。索摩查宣布他希望赢得 85％的选票。这一希望实现了。在当选后，人们预计路易斯将一成不变地继续他父亲的

————————

① 1957 年 2 月 3 日《组的时报》，第 7 页。

政策。路易斯曾在美国上学将近十年；毕业于加利福尼亚大学，成为农艺师，后来在路易斯安那州立大学和马里兰大学研究农业。他于 1951 年当选为国会议员，隔月交替担任参议院议长和众议院议长。在工作中表明他是抹稀泥的，不突出个人，说话温和。有些人批评他"软弱"。

路易斯和他的兄弟们的生存，一开始依赖于经济事务。他们希望并能够看到 1956—1957 年的作物丰产分散人们的注意力，而他们的统治就得以稳定。他们父亲以前的许多反对派都来自富裕商人和出口贸易者，对这些人来说，个人的发达是最高的标准。老独裁者尽了很大的努力来使他们的和他自己的棉花生产尽可能赢利。但同时，生产成本也升得极高。对老索摩查来说，这些人中间的不满情绪是一件够令人心烦的事情，但并不构成多大的现实危险。但对他的儿子们来说，情况就不同了。

到 1956 年年底时，棉花生产看来是相当乐观的。据估计，65 万金特尔①的棉花收成将带来 3,500 万到 4,000 万美元的收入。实际销售数要大大低于这些数字，可是这时索摩查兄弟已进步巩固了他们的权力，1957 年 10 月，美国答应给予 500 万美元的贷款，以帮助解决对外贸易中缺乏美元的困难。在这个月更早一点的时间，同国际货币基金组织洽商了相同的措施，据此尼加拉瓜可以提款 750 万美元。这笔信贷以六个月为期限。但是，到 1957 年年底时，经济上出现了重重危机。加上其他的贷款，信贷总数已近 1,400 万美元，同时还出售了 150 万美元的黄金来平衡 1956 年的贸易差额。11月，政府被迫冻结除主要进口外的一切进口，其他的进口，要求预先在国家银行存放一笔必要的款额，然后颁发进口许可证，而许可证要 30 天后才能颁发。新的经济情况要求每年从 6,500 万美元增加

① 金特尔（quintal），重量单位，通行于西班牙等地中海国家和拉丁美洲国家，一金特尔相当于 100 磅或 120 磅。——译者

到 1 亿美元以维持各种负担的平衡。然而，到 1958 年中期，后一数字仍不能达到。尽管由于限制预算，削减各种次要开支，政府仍开始了一项适当的、造价低的房屋建设计划，同时借来更多的款项，以应付增加了的农业生产。到 1957 年年底，对外贸易收支是入超的。最后一季度贸易收支的变动，使进口超过出口近 150 万美元。随着咖啡在美元价值上再一次超过棉花而成为主要的出口，1958 年的出口看来并不乐观。1958 年的咖啡使国家的收入减少将近 15%，虽然输出数量变化很小。但由于国际市场价格的跌落，咖啡出口的收入也下降了。

在政治战线上，事态发展本身强烈要求要进行改变索摩查统治下生活方式的尝试。路易斯就职后不久，即宣布着手搞自由化。他赞扬他的父亲的努力，坚持说如果他还活着，他会使实际政治生活自由化的。"你们分析一下他为尼加拉瓜所做的工作，你们将发现他给国家带来了显著的利益。一个国家，在它的生活中有过好几次，只有一个人能够拯救它，这个人是我父亲，这个国家是尼加拉瓜。"[1]路易斯宣布"继续"实行出版自由。"我们 90% 的编辑人员是循规蹈矩的好新闻记者，但是其余 10% 的人过于感情激动……他们必须……做全面的报道。"[2]他怀着正当的自豪心情提请人们注意总统双周新闻记者招待会制度的建立，在招待会上他答复有关国家事务各方面的问题。观察家注意到报纸确实似乎可以自由批评政府了，虽然它们还倾向于要小心谨慎一些。路易斯通过委派代表负责的方法吸收其他人参加政府活动，这是他的父亲所没有做过的。部长们受命到国会去为他们的政策做证，第一次出席做证的那一天在尼加拉瓜成了一个难得受到广泛报道的日子。路易斯发现他好几次遭到那些几乎是传统地支持他父亲的实业家的反对。经济的困

---

① 1957 年 7 月 7 日《纽约时报》，第 11 页。
② 同上。

难并不能使他相信需要将科多巴贬值,到1958年中,他的明智就被看出来了。他还面对一些人的反对,推行一项极其广泛的社会保障计划,在这个问题上他的弟弟安纳斯塔西奥也在反对者之列。

1958年4月,路易斯向国会提出一项新的总统继任法,这是对自由化的一个完全出乎人们意料之外的刺激。他要求通过一项宪法修正案,禁止总统本人连任。修正案还包括禁止总统的家庭中的任何人继任,考虑到安纳斯塔西奥,这一点是很重要的。怀疑者最初不能相信,后来又认为索摩查家族不会包括在这一措施的范围之内。当国会批准这一行动,并确实将索摩查家族也包括在这项规定之内时,他们感到惶惑莫解。1963年离职后可能遭到敌人报复的危险,显然不能使总统对他的做法有所动摇。

随着1958年间事态的发展,人们对这种变化的成就和背景感到很大兴趣和奇怪。当两兄弟从铁腕人物接过政权时,大家感到他们搞不出名堂来,肯定不会有多大的成就。哪一个儿子也不具有乃父个人的特色,乃父的统治毕竟是凭借个人的人格不下于凭借任何其他力量。年轻的安纳斯塔西奥可能具有他父亲的残酷无情和天生的精明,但他是一个粗暴的人,容易发怒而不易忘怀。他对不得已而在国民警卫队中充当他的下属的其父亲的老朋友,要弄过某种不得人心的手法。随着父亲的去世,他需要有比他受过的西点军事学院训练更多的东西。路易斯,如久已知悉的,不像他的弟弟那样保守,但是,尽管有最初18个月的政绩,他显示出的领导能力和魄力都是有限的。令人有点惊奇的是,每当他与安纳斯塔西奥意见不一致时,总是后者表示愿意顺从,如果略有一点勉强的话。与其父相比,除了一点外表,他们两人合起来也不能同他们的父亲相提并论。如果有一人出了问题,或者由于某种挑拨,两人互相对立起来,尼加拉瓜一定会出现另一个动乱时期。

在一次接见《拉丁美洲报道》(1958年5月出版)的记者时,路易斯坚决赞成与洪都拉斯和哥斯达黎加建立更密切的关系,并赞成进一步采取经济措施以导致中美联盟的建立。他坚持必须修改宪法，禁止连任："我认为……共和国的上一届总统不能当选为下一届总统，他的第四亲级内的任何血亲或姻亲也不能当选。"

"……我个人相信，轮换执政的原则虽然从某种程度上对选择共和国总统人选方面限制了人民意志的自由表达，但它对于在像我们这样的国家里正常实行民主是健康有益的。"①

尼加拉瓜肯定已准备好并应该享有比索摩查的统治更自由的制度。没有人能够回答它能否在最近的将来赢得这一制度。至少希望是存在的。也许，路易斯将成功地给他的国家带来第一次的自由政治生活。但是，不管他怎样想，实际去做则是一件复杂难办的事情。他最近告诉《纽约时报》的记者说："我正在尼加拉瓜推行我的民主试验，并且正在取得进步。"可是，他还说了另一句话，这句话不详地使人想起过去的日子："但是，我们仍然与暴力相距太近，如果我的政敌使用暴力的话，〔那么〕政府一定还之以暴力。"②

（译自马尔兹前引书第 197—209 页。标题、小标题均译者所加。）

---

① 1958 年 5 月号新奥尔良《拉丁美洲报道》，第 19—20 页
② 1958 年 4 月 20 日《纽约时报》，第 1 页。

# 第十五章　1959 年以来大事纪要（1959—1972）

　　1959 年 6 月,企图推翻索摩查政权的流亡国外的叛乱者发动一次未遂入侵,为尼加拉瓜国民警卫队所粉碎。5 月 31 日和 6 月 1 日,从哥斯达黎加进入尼加拉瓜西南部的 110 名入侵者,绝大部分被警卫队员捕获和杀死。6 月 14 日,为庆祝叛乱的真正结束,61 名被俘的叛乱者被押上马那瓜街头示众。这次入侵是由流亡在哥斯达黎加的尼加拉瓜流亡者领袖恩里克·拉卡约·法尔凡博士领导的,失败的原因主要是得不到公众的支持。据报道,8 月、10 月和 12 月又平定了来自哥斯达黎加和洪都拉斯的其他小股入侵。

　　索摩查总统因反对他的力量日益增长,于 5 月 30 日颁布戒严令,并中止了某些民权保证。后来,批准一项宪法修正案,禁止总统蝉联,并禁止总统的血亲竞选总统。但这项措施未能缓和他的政敌。6 月 1 日至 8 日,马那瓜零售商总罢市,7 月底在莱昂发生叛乱,国内的紧张局势因而恶化了。

　　6 月 2 日,美洲国家组织理事会应尼加拉瓜的请求,组成一个事实调查委员会,对入侵尼加拉瓜领土事件进行调查,委员会的报告认为这次入侵纯属内部事务。

　　（摘译自《美国百科全书年鉴》,1960 年,第 546 页。）

1960年，索摩查家族的长期独裁统治受到强烈的反对和骚乱的威胁，许多城市安放炸弹，莱昂的大学生反对新设的新闻学院的教授，使该学院从大学分离出来。学生们旷课不上学，反对一些也受美国大使馆雇用的教授要求他们填写包括政治、社会和宗教信仰的自传。在马那瓜，当一个亲卡斯特罗的青年组织尼加拉瓜爱国青年纪念1959年7月屠杀学生事件时，一场暴乱爆发，国民警卫队驱散学生，死一人，伤数人。7月，莱昂的学生在校内设置障碍，抗议国民警卫队侵害人权。一星期后，他们在群众的喝彩声中离开大楼。8月，据称入侵者已越过洪都拉斯边界，再次图谋推翻政府。

11月，在希诺特佩和迪瑞阿姆巴发生一起严重的叛乱事件。一伙叛乱者夺取了国民警卫队的驻防地，另一股试图从哥斯达黎加边界入侵。哥斯达黎加的民警试图阻止他们，叛乱者向他们开枪，打死一名上校。国民警卫部队在坦克掩护下击退入侵。在希诺特佩和迪瑞阿姆巴的叛乱者被击溃，一部分被俘，但其中有16人逃至迪瑞阿姆巴村的基督兄弟学校，挟持260名儿童为人质，要求允许他们自由地离开国境。马塔加尔帕的主教劝告他们投降。政府方面把叛乱归咎于爱国青年组织和亲卡斯特罗的古巴人，但另一些人指出迪瑞阿姆巴的叛乱者是富有的保守党家族的青年人。尼加拉瓜政府要求并得到美国海军在沿岸进行监视，防止可能来自古巴的入侵。

第一季度以后，经济情况普遍有所好转。出口，主要是咖啡，预期可换取外汇1,600万美元。世界银行同意贷款1,600万美元修建一座水电站。1960—1961年的咖啡出口预期可比1959—1960年多4,690吨，而棉花出口预期也可增加约7,000包，牛肉出口也增加了，但外汇储存低于1959年。

（摘译自《新国际年鉴》，1961年，第310页。）

1961年4月,相当多的尼加拉瓜人参与入侵古巴,索摩查政府对此事秘而不宣,并转移视线,以兹掩盖。5月27日取消戒严(戒严系于1960年11月叛乱后开始,直到亲卡斯特罗分子入侵的威胁消除)。

6月,马那瓜大主教亚历杭德罗·冈萨雷斯邀请反对派保守党主席费尔南多·阿圭罗博士和总统(国民自由党的主席)在教皇使节的公馆会晤,试图在修改选举法和1963年2月举行选举的其他事项获致协议。由于索摩查不接受保守党的要求,包括在选举期间指派具有干涉权力的国际监督人和任命外国军官指挥国民警卫队,因此未达成任何协议。

在路易斯·索摩查总统的鼓励下,国会修改宪法,禁止在职总统四级以内的血亲担任总统。

是年,桑迪诺民族解放阵线(FSLN)成立。领导人为卡洛斯·丰塞卡·阿马多尔,成员约100人,主要由学生和城乡工人组成,其中许多人原为尼加拉瓜社会主义党成员,但对其和平主义路线不满。

(摘译自《美国百科全书年鉴》,1962年,第547页。《国际共产党人事务年鉴》,1970年,第452页。)

1962年1月,土地改革法等待国会通过,此时政府获得大约5,800马纳萨的土地(1马纳萨等于1.74英亩)准备分给小农。3月到6月期间,奇南德加、莱昂和马塔加尔帕等东南省份,发生无地农民自发地抢占农庄土地的事件。4月,南圣胡安和科林托的船坞工人罢工,接着,尼加拉瓜教师联合会于6月罢教。

……9月公布的贷款总数为2,900万美元,其中65%贷自美洲开发银行(770万美元)、国际开发署(734万美元)、国际开发和复兴银行(320万美元)和联合国特别基金(80万美元)……私人贷款

1000 万美元，贷自电气企业总公司（巴黎）。

政治上反对索摩查家族的长期统治与要求进行激进的社会改革联系在一起。人们一直非常担心预定在 1963 年 2 月举行的总统选举会不会像原来答应的那样是一次自由选举。然而候选人和竞选政纲在 1962 年出现了。1 月，反对派保守党选出费尔南多·阿圭罗·罗查为候选人，提出全面社会改革的竞选纲领。

索摩查领导的国民自由党于 4 月提名外交部部长雷内·希克·古铁雷斯为候选人。7 月，他辞去外交部部长职务，全力投入竞选。反索摩查的全国反对派联合阵线提名温贝托·阿尔瓦拉多·巴斯克斯为候选人。但从这种形势可以看出反对派有可能发生分裂。政府正式拒绝了由联合国或美洲国家组织监督选举的建议，理由是，这是侵犯尼加拉瓜主权的……

极其重要的最高选举委员会于 9 月组成，但尼加拉瓜保守党拒绝派出代表，理由是委员会在组成时捣了鬼。是年年底，保守党似乎要退出这次正待举行的总统选举，留给国民自由党的就只有象征性的反对派了。

（摘译自《美国百科全书年鉴》，1963 年，第 487 页。）

1963 年，为刺激贸易和外国投资，30 年来第一次自由兑换科多巴。全国生产协会的纽约分会（国家发展协会）开始办理外国直接投资业务。

从 1 月到 5 月，每月都发生工人罢工事件，政府考虑提高工业工人工资并由最低工资委员会通过一项决议，使罢工事件能得以解决，该决议建议农村每天的最低工资为美金 8 角 6 分（外加食品和住房），城市工人加 40%。

总统选举结果不出反对派所料，索摩查选定的候选人雷内·希克·古铁雷斯（1909 年 11 月 23 日生于莱昂）以 480,131 票对尼加拉瓜保守党选戈·曼努埃尔·查莫罗的 42,923 票获胜。老保守党的费尔南多·阿圭罗,当警察同示威者冲突时被软禁家中,未参加选举。新政府宣布了它的亲美、反卡斯特罗和反共的宗旨,重新提名安纳斯塔西奥·索摩查·德瓦伊莱为 5,000 名国民警卫队的首脑,他的哥哥路易斯则作为退职的国家首脑进入参议院。

（译自《美国百科全书年鉴》1964 年,第 483—484 页。）

1964 年 1 月,美国-巴拿马危机,引起将修筑一条穿过尼加拉瓜的新运河的推测。但学生团体、劳工团体、各政党甚至总统都表示反对。2 月,代表两院的一个委员会受权研究布赖恩-查莫罗条约可能修改的问题。

10 月,根据该委员会的建议,国民议会通过决议废除这个条约,但问题在于该条约能否由单方面废除。12 月,美国恢复了关于在尼加拉瓜-哥斯达黎加边境地区修建一条新运河的谈判。

国民警卫队领导人,陆军少将安纳斯塔西奥·索摩查·德·瓦伊莱……提升为陆军中将,观察家认为他有意竞选总统……

这一年的 1 月,既是武装部队又是警察部队的国民警卫队因使用残暴手段维持秩序受到非议。由于批评日益增多,马塔加尔帕主教奥克塔维奥·何塞·卡尔德隆-帕迪利亚提出一项宪法修正案,建议建立独立的警察部队。

1964 年全年学生的抗议和政治抗议连绵不绝。

从 1961 年开始的经济好转一直继续,今年年中,出口增加超过创纪录的 1963 年约 7％。棉花占全部出口额的一半以上。咖啡生产减少了,但市场价格高昂……

（译自《美国百科全书年鉴》,1965 年,第 522 页。）

1965年……为1967年总统选举而过早开展的政治活动是一个严重的分裂信号，因为它会造成紧张和制造一种将来有可能发生暴力行为的气氛。提前出现的这种激烈的政治活动的原因在于执政的自由党领袖和总统候选人安纳斯塔西奥·索摩查·德·瓦伊莱少将（应为中将——译者）。……不少尼加拉瓜人认定："索摩查独裁政权"仍处在雷纳·希克·古铁雷斯政府的幕后。他们讨厌看到陆军首脑出任总统。

作为自由党的总统候选人，索摩查将军不言而喻会名列前茅，但反对派保守党的领袖费尔南多·阿圭罗·罗查博士已经在起劲地和满怀信心地进行竞争。阿圭罗博士得到马那瓜有影响的日报《新闻报》编辑佩德罗·华金·查莫罗的支持。反对派希望所有持不同意见的党派和独立派组成联盟。

是年年底，发现两个目的在于推翻政府的军火贮藏所，阴谋者被扣押，由于同任何国际活动没有联系，处分较轻。

连续五年经济不断增长，1965年国内实际生产可望增加8%……

尼加拉瓜维持其公开反对古巴独裁者菲德尔·卡斯特罗的政策。8月，尼加拉瓜政府谴责卡斯特罗分子的颠覆活动，并声称不打算继续同古巴的关系。虽然如此，反卡斯特罗的革命复兴运动还是在3月份关闭了它在尼加拉瓜的游击训练中心，据报道，他们把力量集中在古巴国内的活动。

5月6日，在美洲国家组织部长会议上，尼加拉瓜投票赞成建立一支中美和平部队，前往多米尼加共和国驻扎。几天内，尼加拉瓜派出一支175人组成的军队参加这支和平部队。

虽然国民议会已于1964年通过决议废除1916年签订的、美国通过该约获得修筑和经营一条尼加拉瓜运河的永久权利的布赖恩-查莫罗条约（1916年），但尼加拉瓜根据一个修订的条约给美国保留修筑一条通海运河的权益。美国官员于本年1月底和2月访问尼加拉瓜和其他有可能成为修筑运河地点的中美洲国家。

可能修筑运河地区两侧的国家都向尼加拉瓜提出了互不相让的要求。萨尔瓦多和洪都拉斯要求在丰塞卡湾的任何西部终点享有共同管理权,而哥斯达黎加则要求如在圣胡安河开辟东段航道,必须和它磋商。

（译自《美国百科全书年鉴》,1966 年,第 504—505 页。）

1966 年,56 岁的总统雷纳·希克·古铁雷斯于 8 月 3 日因心脏病突然逝世,震动了尼加拉瓜。他是在 1963 年 2 月的总统选举中当选为总统的,并于同年 5 月 1 日就职。他的总统任期要到 1967 年 4 月 30 日才结束。

国会在三个副总统中选出洛伦索·格雷罗·古铁雷斯担任未满任期的总统。格雷罗除了是副总统外还是内政部部长,也是国民自由党的副主席。

另一个人的逝世(此人的历史意义较其现实意义尤大)就是 2 月 26 日逝世的 95 岁的埃米利亚诺·查莫罗将军,他是 1917—1921 年的尼加拉瓜总统,1926 年曾再次短期任职。1916 年他担任驻华盛顿公使,曾参与签订允许美国修筑穿过地峡横贯尼加拉瓜的运河的布赖恩-查莫罗条约。

1967 年总统选举日期迫近,政治舞台日益活跃。执政的国民自由党,不出人们所料,提名安纳斯塔西奥·索摩查·德·瓦伊莱为总统候选人……保守党由它的总统候选人费尔南多·阿圭罗·罗查领导,该党自 1963 年退出选举后就失去选举的合法资格,此次填写了具有法定签署人人数的申请书,由全国选举法庭给予合法资格。

第三个组织是社会基督教党,提名爱德华多·里瓦斯·加斯特阿索罗为总统候选人。但后来该党通过一项决议,支持保守党的候选人。其他的小政党组成联合战线,取名为全国反对派联盟。

（译自《英国百科全书年鉴》,1967 年,第 580 页。）

6月,6,000教师因60天不发工资而罢教,几乎使教育部部长辞职。

(译自《美国百科全书年鉴》,1967年,第497页。)

……1966年的经济仍有很大的增长,但比1965年的9%增长率低……尼加拉瓜近年来的发展和稳定,继续吸引外来投资……日本、英国还有法国和比利时都派遣贸易代表团前来探索尼加拉瓜的市场。

3月,一项国家宪法修正案生效,把总统任职期限从四年增为五年,副总统的人数从三人减为二人……另一项规定是任何政党至少应在全国选举60天前将候选人名单送交全国选举法庭,否则将失去资格,不能参加选举。

(译自《英国百科全书年鉴》,1967年,第580—581页)

1967年2月5日举行的大选,41岁的安纳斯塔西奥·索摩查·德·瓦伊莱当选为任期五年的总统。这次选举使亲美的索摩查家族30年来对尼加拉瓜的直接或间接统治得以继续。这激起了尼加拉瓜国内外报刊的评论。索摩查家族和执政的国民自由党予以反驳,声称国家总统是人民自由选出的。

反对派老保守党试图让美洲国家组织的观察员监督选举,它的总统候选人费尔南多·阿圭罗·罗查还到美国旅行。但他们未获成功,因为美洲国家组织要求必须要有尼加拉瓜政府的正式请求。

与选举前的活动相连,发生了混乱和若干流血事件。骚乱自1966年开始,针对国民警卫队的行为,阿圭罗公开呼吁举行罢工,支持保守党,随后到1967年1月21、22日骚乱臻于顶点。保守党的攻势没有成功,在街头的冲突中,估计有 40 人被杀死,其中绝大部分是反对派,近百人受伤。阿圭罗和约 1,000 名追随者跑到马那瓜旅馆避难,拿那里的 125 名旅客充当人质,其中包括 46 名美国人,等候给他们的安全的保证。避难者接受直接回家的条件,被允许离开旅馆。

反对派报纸《新闻报》的发行人佩德罗·华金·查莫罗没有获得成功,他在骚乱之后被捕,被拘留了 26 天。虽然官方的控告是没有根据的,但政府发表的报告说,在查莫罗的办公室中发现了武器以及一份破坏马那瓜和刺杀索摩查的庞大计划,这件事引起了西半球各地的尖锐抨击,发出要求新闻自由的呼声。

5 月 1 日,安纳塔西奥在没有发生事故的情况下就职……他宣布尼加拉瓜不打算采取反对菲德尔·卡斯特罗的单独行动,但他认为美洲国家组织应该采取集体行动镇压古巴煽起的游击战。

尼加拉瓜国内存在的游击活动,由于游击队一直避免直接行动,多年来一直在酝酿之中,终于在 1967 年 8 月爆发,袭击马那瓜以北的山区。国民警卫队几乎立即控制了局势。桑迪诺民族解放阵线领导的游击队几乎被全歼。领导人卡洛斯·丰塞卡·阿马多尔流亡危地马拉。

经济方面,1967 年力谋恢复去年遭到的损失,去年的经济增长率降至 3.6%,不足 1961—1965 年年增长率的一半。然而,1967 年全年未见多少经济恢复的迹象。

(译自《英国百科全书年鉴》,1968 年,第 577—578 页;《国际共产党人事务年鉴》,1970 年,第 451 页。)

1968 年,安纳斯塔西奥·索摩查·德·瓦伊莱在 1967 年当选后,1968 年似乎在总统的宝座上坐稳了。反对索摩查家族的力量仍然存在,但处于分散状态,未能形成强大的联合阵线;同时,在北部山地和在马那瓜地区活动的游击队还没有构成直接的威胁。索摩查地位的巩固不仅有持续 30 年固守着的政治机器的扶持,而且还由于他抛出一个旨在促进国家发展的进步纲领。在这样的情况下,对老同事奥斯卡·莫拉莱斯少校的谋杀案,虽然给他带来了困难,但没有造成危险。

尼加拉瓜国民生产总值……虽然可能没有像某些材料所说的年增长率为 27%,但 6%—8% 的数值是实在的……1968 年 1 月发表的一份声明说……棉花、咖啡和糖"三种经济作物"占 1967 年出口贸易的 71%。只棉花一项即占整个出口额的 41%……

长期窝工的腊马公路通车,尼加拉瓜东海岸到西海岸的地面运输终于成为现实,这条公路和从泛美公路沿线分出来的许多支线一起,开辟了广阔的货源,这些地方以前只不过是一些星星点点的农田……

10 月,长期熄止的塞罗·内格罗火山又喷发熔岩、烟雾和灰尘。年底,火山的活动还不太厉害,但它成了一种潜在的威胁。由于火山坐落在产棉区,火山灰尘造成的危险要比熔岩的流出造成的危险更大。

(译自《英国百科全书年鉴》,1969 年,尼加拉瓜条。)

1969 年,经过一段时间的严重的内部分歧之后,社会主义党以执行明确的亲苏政策的面貌出现……该党委派罗伯托·桑托斯出席 6 月在莫斯科举行的共产党和工人党国际会议……

据报道,今年出现了一支桑迪诺民族解放阵线领导的独立武装,叫作"革命武装力量",简称 FAR,领导人是哈辛托·巴卡·赫雷斯,11 月 19 日在同尼加拉瓜军队的枪战中被打死。

……6 月,解放阵线领导人丰塞卡发表一封致学生的密信,信中他称赞"英雄的学生们一致奋起",他们拒不接受扬基帝国和卖国的寡头政治……这封信还说:"任何人民群众的行动没有游击队步枪的支持都注定要失败。"

1月,解放阵线的一个成员被捕,自称1967年以来曾在古巴受游击训练。稍后,解放阵线的领导人托马斯·博尔赫斯·马丁内斯和亨利·鲁伊斯在和军队的一次冲突中被捕。在另一次事件中丰塞卡越境逃至哥斯达黎加。8月30日,他被哥斯达黎加官方以抢劫银行和携带武器越境的罪名逮捕……丰塞卡被捕后宣称:"解放阵线并没有停止活动,我们的事业在前进……"

(译自《国际共产党人事务年鉴》,1970年,第449—453页。)

1970年,经济衰退是索摩查·德·瓦伊莱总统执政第二年的特征,这种情况到第三年仍在继续。头号出口作物棉花的生产情况是国家经济衰退的主要原因,种植面积锐减和亩产低落,使棉农贫困日增。

菜牛业迅速扩大,首次凌驾于咖啡之上,成为第二项最大的换取外汇的商品,但它的前途受到主要市场美国对它进口所加的限制的影响……

经济上的收缩,使进口从1969年以来减少了4.3%。农业生产和出口的衰落,还有信贷管制及政府征收新税以保存外汇等,都对进口起了限制作用。

历时54年的布赖恩-查莫罗条约,这个使美国享有修建和经营穿过尼加拉瓜沟通两洋运河专利权的条约于本年终止。该条约的停止,随之也取消了美国租借柯恩群岛以及在丰塞卡湾尼加拉瓜领土上修筑和保持海军基地的权利。

(译自《英国百科全书年鉴》,1971年,第550—551页。)

1971 年年初,关于索摩查总统于 1972 年 5 月任满后谁将继任的问题没有人去推测了,因为这位宪法规定不能连任的自由党铁腕领袖宣布他将下台。但继任问题不像通常那样由两党选举解决。而是由一个三人组成的委员会接任,该委员会将执政两年半,在此期间进行宪法改革。

这种做法是两个主要政党自由党和保守党达成协议的结果,它使自由党继续保持其多数党的地位,而保守党则将在政府中获得几十年来最大的发言权。根据这一协定,1972 年初不正式选出新的总统和国会,而是选出一个 100 人的制宪会议。多数党预定为自由党,将获得 60% 的席位,少数党占 40%。这样的分配,保守党在政府中取得比过去多少年来重要得多的地位。他们还可以在 16 个主要省长职位中任命 6 个省长,并选出一人担任三执政之一。制宪会议在两年半内负责修改宪法,在此期间兼行立法机构之职。两年半的时间终了时,得举行正式选举,如有需要,将在美洲国家组织监督下进行。

9 月 1 日,国会开会,宣布解散,执行此项计划的机构开始工作,在 1972 年春季选出制宪会议以前,由三人委员会执政。该协定并不是在所有保守党人中都不得人心的,特别是它使索摩查总统在 1974 年能够参加竞选。该计划的制订者之一、保守党领袖费尔南多·阿圭罗·罗查受到《新闻报》发行人佩德罗·华金·查莫罗的谴责,说他卖身投靠索摩查。有些观察家猜测,政治舞台上将出现第三种势力,定将由持不同意见的保守党人及其他具有特殊利益的团体联合组成。

(译自《英国百科全书年鉴》,1972 年,第 512 页。)

1972 年 2 月 6 日选出的制宪会议,准备于 1974 年新的大选前制定一部新宪法。

1972 年的制宪会议选举结果,保守党虽然仅得 174,897 票,而自由党则得 534,171 票,但根据以前的协议,保守党在制宪会议中仍获 40 席,自由党获 60 席。

同一协议订明,索摩查总统于 5 月 1 日辞职,将权力移交给制宪会议于 4 月 15 日选出的三人委员会,该委员会在 1974 年选举前执政,由自由党的罗伯托·马丁内斯·拉卡约、奥尔丰索·洛沃和保守党的费尔南多·阿圭罗组成。

索摩查虽然正式辞去了总统职务,但他通过领导强大的自由党和控制军队仍握有实权。他在辞去总统职务后立即被任命为军队首脑。5 月 1 日宣布,索摩查预定为 1974 年候选人。

……这些变动引起几种反映。马那瓜主教米格尔·奥万多-布拉沃谴责两党协议,并公开拒绝登记投票。

许多持反对意见的政治团体要求选民抵制 2 月 6 日的选举。他们的努力显然获得成功,有三分之一的选举人没有投票。

春天,政府扬言要把尼加拉瓜唯一的反对派报纸《新闻报》收归国有。《新闻报》的发行人佩德罗·J·查莫罗立即向美洲报刊联合会抗议政府的行为。

据报道,小股游击队在农村活动,采取了更加暴力的反抗形式。但政府没有把这些分散的小股队伍看成是重大的威胁。

政府对于反对活动所采取的措施,包括对各种读物进行审查,加紧对教育部门的控制。更有报道说,不少反对派联盟的领袖在北部山区遭杀害。

经过几场越来越剧烈的地震,到 12 月 23 日,首都马那瓜事实上已破坏了。政府估计,死逾万,重伤亦逾万。政府颁布戒严令,因害怕传染病蔓延,命令全城居民疏散。

这场灾难势必严重妨碍尼加拉瓜的经济发展。马那瓜的大部分建筑物被毁,或宣布为危房。该城必须完全重建。

(摘译自《美国百科全书年鉴》,1973 年,第 502—503 页。)

# 辑译说明

本编根据下列各书有关章节辑译而成：

1. 托马斯·阿索尔·乔伊斯：《中美洲和西印度群岛考古学》，伦敦，1916 年版（Thomas Athol Joyce, *Central American and West Indian Archaeology*, London, 1916）。

2. 富兰克林·D·帕克尔，《中美共和国》，牛津大学出版社，1964 年版（Franklin D. Parker, *The Central American Republics*, Oxford University Press, 1964）。

3. 达纳·G·芒罗：《中美五个共和国，它们的政治经济发展及其和美国的关系》，纽约牛津大学出版社，1918 年版（Dana G. Munro, *The Five Republics of Central America*, *Their Political and Economic Development and their Relations with the United States*, New York, Oxford University Press, 1918）。

4. 詹姆斯·弗雷德·里比：《加勒比危险地带》，纽约，1940 年版（James Fred Rippy, *The Caribbean Danger Zone*, New York, 1940）。

5. 艾萨克·乔斯林·考克斯：《尼加拉瓜和美国，1909—1927》，波士顿，1927 年版（Issac Joslin Cox, *Nicaragua and the United States*, Boston, 1927）。

6. 达纳·G，芒罗：《拉丁美洲共和国史》，伦敦，1961 年版。（Dana Gardner Munro, *The Latin American Republics*, *A History*,

London,1961)。

7. 达纳·G·芒罗:《美国和加勒比地区》,波士顿,1934 年版 (Dana G. Munro, *The United States and the Caribbean Area*, Boston,1934)。

8. 约翰·D·马尔兹:《中美洲:危机和挑战》,北卡罗来纳大学出版社,1959 年版(John D. Martz, *Central America*, *The Crisis and the Challenge*, The University of North Carolina Press, 1959)。

9.《英国百科全书》,1911 年版,1964 年版及年鉴(*Encyclopedia Britannica*, *a New Survey of Universal Knowledge*,Chicago, 1911, 1964;*Britannica Book of the Year*,1967—1969,1971—1972)。

10.《美国百科全书年鉴》(*The Americana Annual*,1960,1962, 1963,1964,1965,1966,1967)。

11.《国际共产党人事务年鉴》,1970 年(*Yearbook on International Communist Affairs*, 1970, Hoover Institution Press,1971)。

12.《新国际年鉴》,1961 年(*New International Year Book*, 1961)。

本编各章标题,原则上照用原书标题,只做了个别改动。原书无标题或两书互相穿插者,大小标题均系译者所加,已分别在各章后注明。原注释过于烦琐和意义不大的予以删节。

# 人名译名对照表

## A

| | |
|---|---|
| 阿本斯 | Arbenz |
| 阿尔法罗,普鲁登西奥 | Alfaro,Prudencio |
| 阿尔圭略,莱昂纳多 | Arguello,Leonardo |
| 阿尔塞,曼努埃尔·何塞 | Arce,Manuel Jose |
| 阿尔瓦拉多,佩德罗·德 | Aluarado,Pedro de |
| 阿尔维托 | Alberto |
| 阿瓜多,埃诺克 | Aguado,Enoc |
| 阿拉纳,曼努埃尔·帕索斯 | Arana,Manuel Pasos |
| 阿拉纳,弗朗西斯科 | Arana,Francisco |
| 阿拉纳,弗朗西斯科·埃尔南德斯 | Arana,Francisco Hernandez |
| 阿里亚斯,里卡多 | Arias,Ricardo |
| 阿科斯塔,胡里奥 | Acosta,Julio |
| 阿马多尔,埃德孟多 | Amador,Edmundo |
| 阿维拉,希尔·冈萨雷斯·德 | Avila,Gil Gonzalez de |
| 埃伯哈特 | Eberhardt |
| 埃雷拉,迪奥尼西奥·德 | Herrera,Dionisio de |

续表

| 埃斯基维尔,马里奥 | Esquivel,Mario |
|---|---|
| 埃斯特拉达,胡安·J | Estrada,Juan J. |
| 埃斯皮诺萨,安东尼奥·巴斯克斯·德 | Espinosa,Antonio Vazquez de |
| 埃瓦,阿纳尔多·拉米雷斯 | Eva,Arnaldo Ramirez |
| 艾尔,爱德华 | Eyre,Edward |
| 安门,丹尼尔 | Ammen,Daniel |
| 奥尔特斯,阿纳尔多 | Ortez,Arnaldo |
| 奥利德,克利斯托瓦·德 | Olid,Cristobal de |
| 奥雷利亚纳 | Orellana |
| 奥索尔诺,戴维 | Osorno,David |
| 奥维多 | Oviedo |
| 奥多涅斯 | Ordones |
| 奥德里亚,曼努埃尔 | Odria,Manuel |
| 奥杜维尔,丹尼尔 | Oduber,Daniel |

# B

| 巴尔沃亚,巴斯科·努涅斯·德 | Balboa,Vasco Nunez de |
|---|---|
| 巴里奥斯,胡斯托·鲁菲诺 | Barrios,Justo Rufino |
| 巴劳纳,米格尔·帕斯·巴卡 | Baroana,Miguel Paz Vaca |
| 巴列,何塞·多马斯- | Valle,Jose Domas Y |
| 巴列,何塞·塞西路·德尔 | Valle,Jose Cecillio del |
| 巴斯克斯,弗朗西斯科 | Vazquez,Francisco |
| 巴斯克斯,温贝托·阿尔瓦拉多 | Vasquez,Humberto Alvarado |
| 巴特勒,斯梅德利 | Butler,Smedley |
| 拜纳,阿马多 | Baena,Amado |

续表

| | |
|---|---|
| 贝尔加诺,西蒙 | Bergano,Simon |
| 贝尔纳德,阿道夫 | Bernard,Adolf |
| 贝莱,J | Baily,J. |
| 贝利,费利克斯 | Belly,Felix |
| 贝特兰德 | Bertrand |
| 贝坦科尔特,罗慕洛 | Betancourt,Romulo |
| 比克斯,冈萨雷斯 | Viquez,Gonzalez |
| 博尼利亚,波利卡波 | Bonilla,Policarpo |
| 博尼利亚,曼努埃尔 | Bonilla,Manuel |
| 博内,阿道弗·巴埃斯 | Bone,Adolfo Baez |
| 布朗,拉米雷斯 | Brown,Ramirez |
| 布朗,P·M | Brown,P. M. |
| 布朗,大卫·J | Brown。David J. |
| 布坎南,詹姆斯 | Buchanan,James |
| 布坎南,威廉·J | Buchanan,William J. |
| 布鲁斯,查尔斯 | Bruce,Charles |

# C

| | |
|---|---|
| 蔡尔兹,奥维尔·W | Childs,Orvile W. |
| 查巴拉 | Zavala |
| 查莫罗,迭戈·曼努埃尔 | Chamorro,Diego Manuel |
| 查莫罗,埃米利亚诺 | Chamorro,Emiliano |
| 查莫罗,马格丽塔·卡德纳尔·德 | Chamorro,Margarita Cardenal de |
| 查莫罗,佩德罗·华金 | Chamorro,Pedro Joaquin |

# D

| 达维拉,米格尔 | Davila,Miguel |
|---|---|
| 达维拉,彼得拉里亚士 | Davila,Pedrarias |
| 戴利,查尔斯·P | Daily,Charles P. |
| 戴维斯 | Davis |
| 丹尼斯,劳伦斯 | Dennis,Lawrence |
| 道森,托马斯·C | Dawson,Thomas C. |
| 德·莱塞普斯 | De Lessps |
| 迪亚斯,阿道弗 | Diaz,Adolfo |
| 迪肯森A·B | Dickinson,A. B. |
| 多兹,H·W | Dodds,H. W |

# F

| 法尔凡,恩里克·拉卡约 | Farfan,Enrique Lacayo |
|---|---|
| 法西奥,安东尼奥 | Facio,Antonio |
| 范德比尔特,科尼利厄斯 | Vanderbilt,Cornelius |
| 菲格雷斯,何塞 | Figueres Jose |
| 菲格罗亚 | Figueroa |
| 菲利普二世、三世、四世 | Philip(King)II、III、IV |
| 菲什,汉密尔顿 | Fish,Hamilton |
| 菲利索拉,维森特 | Filisola,Vicente |
| 费尔普斯,S·L | Phelps,S. L |
| 费兰德,洛根 | Feland,Logan |
| 丰塞卡,卡斯托 | Fonseca,Casto |

续表

| | |
|---|---|
| 弗洛雷斯，伊尔德丰索·何塞 | Flores，Ildefonso Jose |
| 弗洛雷斯，何塞·费利佩 | Flores，Jose Felipe |
| 弗洛雷斯，曼努埃尔·戈麦斯 | Flores，Manuel Gomez |
| 弗里林海森，弗雷德里克·T | Frelinghuysen，Frederich T |
| 福尔涅尔，费尔南多 | Fournier，Fernando |

# G

| | |
|---|---|
| 哥伦布，克利斯托弗 | Columbus，Christopher |
| 格拉，何塞·德布斯塔曼特- | Guerra Jose de Bustamante Y |
| 格雷罗 | Guerrero |
| 格雷斯，W·R | Grace，W. R. |
| 格罗斯 | Groce |
| 戈伊科埃切亚，何塞·安东尼奥 | Goicoechea，Jose Antonio |
| 冈萨雷斯，亚历杭德罗 | Gonzalez，Alejandro |
| 贡迪安，劳尔 | Gurdian，Raul |
| 古斯曼，费尔南多 | Guzman，Forando |
| 古斯曼，弗朗西斯科·安东尼奥·德富恩斯特- | Guzman，Francisco Antonio de Fuentes Y |
| 古铁雷斯，雷内·希克 | Gutierrez，Rene Schick |
| 古铁雷斯，拉斐尔·洛佩斯 | Gutierrez，Rafael Lopez |
| 古铁雷斯，洛伦索·格雷罗 | Gutierrez，Lorenzo Guerrero |

# H

| 哈姆,克利福德·D | Ham,Clifford D. |
|---|---|
| 海斯,伊莱贾 | Hise,Elijah |
| 汉纳,马修 | Hanna,Matthew |
| 赫雷斯,马克西莫 | Jerez,Maximo |
| 赫苏斯,安东尼奥·马希尔·德 | Jesus,Antonio Murgil de |
| 华尔罗斯,多明戈 | Juarros,Domingo |
| 怀特,约瑟夫·L | White,Joseph L. |
| 惠伦,托马斯·E | Whelan,Thomas E. |
| 霍兰,亨利 | Holland,Henry |

# J

| 加尔维斯,马蒂亚斯·德 | Galves,Matias de |
|---|---|
| 加里森,科尼利厄斯·K | Garrison,Cornelius K. |
| 加利亚多,纳西索·埃斯帕拉哥萨- | Gallardo,Narciso Esparragosa Y |
| 加斯特利罗,萨尔瓦多 | Castrillo,Salvador |
| 加斯特阿索罗,爱德华多·里瓦斯 | Gasteazoro Eduardo Rivas |
| 加因萨,加维诺 | Gainza,Gabino |
| 基罗斯,阿尔瓦拉多 | Quiros,Alvarado |
| 基斯贝,L·M | Keasbey,L. M. |
| 金塔尼利亚,路易斯 | Quintanilla,Luis |

# K

| 卡德纳斯,阿丹 | Cardenas. Adan |
|---|---|
| 卡尔德隆,拉斐尔 | Calderon,Rafeal |
| 卡夫雷拉,埃斯特拉达 | Cabrera,Estrada |
| 卡特,C・B | Carter. C. B. |
| 坎伯兰,威廉・W | Cunberland,William W. |
| 坎农 | Canon |
| 考蒂,乔治・F | Cauty,George F. |
| 科尔多瓦,弗朗西斯科・埃尔南德斯・德 | Cordoba,Francisco Hernandez de |
| 科尔多瓦,马蒂亚斯・德 | Cordova,Matias de |
| 科尔特斯,埃尔南 | Cortes,Hernan |
| 科尔蒂内斯,鲁伊斯 | Cortines,Ruiz |
| 科拉尔 | Corral |
| 科罗纳多,胡安・巴斯克斯・德 | Coronado,Juan Vasquez de |
| 卡拉索,埃瓦里斯托 | Carazo,Evaristo |
| 卡里亚斯 | Carias |
| 卡列斯 | Calles |
| 卡雷拉,拉斐尔 | Carrera,Rafael |
| 卡纳,梅萨 | Kana,Maisa |
| 卡尼亚斯,何塞・马里亚 | Canas,Jose Maria |
| 卡尼亚斯,阿尔维托 | Canas,Alberto |
| 卡萨斯,巴托洛梅・德拉斯 | Casas,Bartolome de las |
| 卡斯特利翁,弗朗西斯科 | Castellon,Francisco |
| 卡斯蒂略,伯尔纳・迪亚斯・德尔 | Castillo,Bernal Diaz del |

| 科内尔,A·B | Cornell, A. B. |
|---|---|
| 柯立芝 | Coolidge |
| 克拉克,查尔斯·厄普森 | Clark, Charles Upson |
| 克拉金,爱德华·F | Cragin, Edward F. |
| 克里尔 | Creel |
| 克里斯马斯,李 | Chrismas, Lee |
| 克利夫兰 | Cleveland |
| 克林顿,德威特 | Clinton, DeWitt |
| 夸德拉,维森特 | Cudara, Vicente |

# L

| 拉腊,费尔南多 | Lara, Fernando |
|---|---|
| 拉腊斯,佩德罗·科尔特斯- | Larraz, Pedro Cortes Y |
| 拉蒂默,J·H | Latimer, J. H. |
| 拉瓦列,包蒂斯塔·德 | Lavalle, Bautista de |
| 莱昂诺尔 | Leonor |
| 莱斯利,J | Lesley, J. |
| 莱穆斯 | Lemus |
| 莱希,埃德温 | Lahey, Edwin |
| 兰宁,约翰·塔特 | Lanning, Jonn Tate |
| 兰格,胡利奥 | Lang, Julio |
| 雷克吕,埃利泽 | Reclus, Elisee |
| 雷萨尔,安东尼奥·德 | Remesal, Antonio de |
| 雷亚,罗伯特·Y | Rhea, Rebert Y. |

续表

| | |
|---|---|
| 雷耶斯,阿尔维托·加麦斯 | Reyes, Alberto Gamez |
| 雷耶斯,维克托·雷蒙- | Reyes, Victor Remon Y |
| 雷维利亚,安东尼奥·冈萨雷斯 | Revilla, Antonio Gonzalez |
| 里比,詹姆士·弗雷德 | Rippy, James Fred |
| 里瓦斯,阿尔弗雷多 | Rivas, Alfredo |
| 里瓦斯,帕特里西奥 | Rizas, Patricio |
| 里瓦斯,豪尔赫 | Rivas, Jorge |
| 里德,沃尔特 | Reed, Walter |
| 鲁特 | Root |
| 罗查,费尔南多·阿圭罗 | Rocha, Fernando Aguero |
| 罗斯福,富兰克林·D | Roosevelt, Franklin D. |
| 罗斯福,詹姆斯 | Roosevelt, James |

# M

| | |
|---|---|
| 马德利兹,何塞 | Madriz, Jose |
| 马尔特恩,阿尔维托 | Marten, Alberto |
| 马洛伊,威廉·M | Malloy, William M. |
| 马丁内斯,巴托洛梅 | Martinez, Bartolome |
| 马丁内斯,托马斯 | Martinez, Thomas |
| 麦克莱伦,乔治·B | McClellan, George B. |
| 麦克伊,弗兰克·R | McCoy, Frank R. |
| 曼宁 | Manning |
| 芒罗,达纳·G | Munro, Dana G. |
| 梅伦德斯,豪尔赫 | Melendez, Jorge |
| 梅纳,路易斯 | Mena, Luis |

续表

| | |
|---|---|
| 梅纳,丹尼尔 | Mena,Danie |
| 梅诺卡尔,A・G | Menocal,A. G. |
| 门多萨,科德施 | Mendoza,Codex |
| 蒙卡达 | Moncada |
| 蒙特斯,豪尔赫・里瓦斯 | Montes,Jorge Rivas |
| 蒙特霍,弗朗西斯科・德 | Montejo Francisco de |
| 蒙托亚,卡洛斯・德・乌鲁蒂亚- | Montoya,Carlos de Urrutia Y |
| 米勒,亨特 | Miller,Hunter |
| 莫雷罗斯,何塞,马里亚 | Morelos,Jose Maria |
| 莫拉,胡安・R | Mora,Juan R. |
| 莫拉莱斯,奥斯卡 | Morales,Oscar |
| 莫拉赞,弗朗西斯科 | Morazan,Francisco |
| 莫里斯,弗朗西斯 | Morris,Francis |
| 摩根,查尔斯 | Morgan,Charles |
| 穆尼奥斯,特立尼达 | Munoz,Trinidad |

# N

| | |
|---|---|
| 尼里,圣菲利普 | Nari,St. Philip |
| 尼诺,安德列斯 | Ninos,Andres |
| 诺克斯 | Knox |
| 诺思科特,埃利奥特 | Northcott,Elliott |

# P

| 帕迪利亚,奥克塔维奥,何塞·卡尔德隆- | Padilla,Octavio Jose Calderon Y |
|---|---|
| 帕尔默,阿伦,H | Palmer,Aaron H. |
| 帕克,威拉德 | Parker,Willard |
| 帕索斯,卡洛斯·夸德拉斯 | Pasos,Carlos Cuadras |
| 皮尔逊,德鲁 | Pearson,Drew |
| 皮卡多,特奥多罗 | Picado,Teodoro |
| 皮尔斯 | Pierce |
| 佩雷斯,里戈维托·洛佩斯 | Peres,Rigoberto Lopes |
| 波特,威廉·R | Potter,William R. |
| 波尔克 | Polk |

# Q

| 乔伊斯,托马斯·A | Joyce,Thomas A. |
|---|---|

# S

| 萨卡沙,罗伯托 | Sacasa Roberto |
|---|---|
| 萨卡沙,胡安·B | Sacasa,Juan B. |
| 萨拉维亚,安东尼奥·冈萨雷斯,莫林纳多- | Saravia, Antonio Gonzales Mollinedo Y |
| 萨纳夫里亚 | Sanabria |
| 萨瑟兰,威廉·H·H | Southerland,William H. H. |
| 萨瓦拉,华金 | Zavala Joaquin |

| 桑切斯,费尔南多·博略 | Sanches,Fernando Volio |
|---|---|
| 塞拉亚,何塞·桑托斯 | Zelaya,Jose Santos |
| 塞来东,本哈明 | Zeledon,Benjamin |
| 塞佩达,马克西莫·H | Zepada Maximo H. |
| 塞维利亚,吉列尔莫 | Sevilla,Quellermo |
| 塞维利亚,奥斯卡 | Sevilla,Oscar |
| 塞维利亚,莉莲·索摩查·德 | Sevilla,Lilliam Somoza de |
| 舍恩里克,贾奇·奥托 | Schoenrich,Judge Otto |
| 索洛萨诺,卡洛斯 | Solorzano,Carlos |
| 索科拉斯,卡洛斯·普里奥 | Socorras,Carlos Prio |
| 索摩查,安纳斯塔西奥 | Somoza,Anastasio |
| 索摩查,路易斯 | Somoza,Luis |
| 斯克罗格斯,威廉·O | Scroggs,William O. |
| 斯夸尔,伊弗雷姆·G | Squier,Ephraim G. |
| 斯帕克斯,达德 | Sparks,Dade |
| 斯潘塞,西尔韦纳斯·H | Spencer,Sylvanus H. |
| 斯塔尔曼,詹姆斯·G | Stahlman,James G. |
| 斯特宾斯,H·G | Stebbins,H. G. |
| 斯廷森,亨利·L | Stimson,Henry L. |

# T

| 塔奇托 | Tachito |
|---|---|
| 塔夫脱 | Taft |
| 塔拉,拉基亚 | Tara,Lakia |
| 汤普森,埃内斯托·索洛萨诺 | Thompson,Ernesto Solorzano |

| 蒂诺科 | Tinoco |
|---|---|
| 托奎马达 | Torquemada |
| 托斯塔 | Tosta |

# W

| 瓦克纳 | Wakna |
|---|---|
| 旺兹,欧内斯特·H | Wands,Ernest H. |
| 韦布,威廉·W | Webb,William W |
| 韦尔斯,萨姆纳 | Welles,Summer |
| 韦伯斯特,威廉·罗伯特·C | Webster,William Robert C. |
| 温格 | Hunyg |
| 沃尔克,威廉 | Walker,William |
| 沃尔夫,纳撒尼尔 | Wolfe,Nathaniel |
| 乌拉特,奥蒂略 | Ulate,Otilio |
| 乌里萨,塞瓦斯蒂安 | Uriza. Sebastian |
| 伍德沃德,克拉克·霍尔韦尔 | Woodward,Clark Howell |

# X

| 西沃德 | Seward |
|---|---|
| 希契科克,海勒姆 | Hitchcock,Hiram |
| 希顿,伦纳德·D | Heaton,Leonard D. |
| 希尔顿,罗纳德 | Hilton,Ronald |
| 希科坦萨提,路易莎 | Xicoteneatl,Luisa |

| 希门尼斯 | Jimenez |
|---|---|
| 希米尼斯,弗朗西斯科 | Ximenes,Francisco |
| 谢拉,特伦西奥 | Sierra,Terencio |
| 休斯 | Hughes |

# Y

| 耶尔弗顿,约翰·P | Yelverton,John P. |
|---|---|
| 伊图阿纳 | Ithuana |
| 伊图维德,奥古斯丁 | Iturbide,Augustin |
| 伊里亚斯,胡利安 | Irias,Julian |
| 因赫涅罗,何塞 | Ingenieros,Jose |
| 约翰逊,艾尔弗雷·威尔金森 | Johnson,Alfred Wilkinson |

# Z

| 詹克斯,杰里迈亚·W | Jenks,Jeremiah W. |
|---|---|

# 地名译名对照表

## A

| | |
|---|---|
| 阿尔布鲁克菲尔德 | Albrook Field |
| 阿华查潘 | Ahuachapan |
| 阿卡胡特拉 | Acajutla |
| 阿马帕拉 | Amapala |
| 埃斯昆特拉 | escuintla |
| 埃斯康迪多河 | Escondido River |
| 安提瓜 | antigua |
| 安的列斯 | Antilles |
| 奥科塔尔 | Ocotal |

## B

| | |
|---|---|
| 巴拿马 | Panama |
| 巴塔霍拉 | Batahola |
| 巴特勒 | Butler |
| 贝拉瓜 | Veraqua |

| | |
|---|---|
| 贝拉帕斯 | Verapaz |
| 贝洛（港） | Bello（porto） |
| 北卡罗来纳 | North Carolina |
| 北圣胡安（格雷镇） | San Juan del Norte（Greytown） |
| 伯利兹 | Belize |
| 布加西斯 | Bugaces |
| 布卢菲尔兹 | Bluefields |

## C

| | |
|---|---|
| 奇基穆拉 | Chiquimula |
| 奇马尔特南戈 | Chimaltenango |
| 恰帕斯 | Chiapas |

## D

| | |
|---|---|
| 达勒姆 | Durham |
| 迪瑞阿姆巴 | Diriamba |

## F

| | |
|---|---|
| 凡尔赛 | Versailles |
| 费拉德尔斐亚 | Philadelphia |
| 丰塞卡湾 | Fonseca，Gulf of |

# G

| 哥伦比亚 | Colombia |
|---|---|
| 哥斯达黎加 | Costa Rica |
| 格腊西亚斯 | Gracias |
| 格腊西亚斯-迪奥斯角（神恩角） | Gracias a Dios(Cape) |
| 格兰得河 | Grande River |
| 格腊纳达 | Granada |
| 古巴 | Cuba |
| 瓜纳哈 | Guanaja |
| 瓜纳卡斯特 | Guanacaste |

# H

| 海湾群岛 | Bay Islands |
|---|---|
| 海上大将湾 | Bahia de Almirante (Bay of The Admiral) |
| 猴儿角 | Monkey Point |
| 华盛顿 | Washington |
| 洪都拉斯 | Honduras |
| 洪都拉斯角 | Cape Honduras |

# J

| 加勒比海 | Caribbean Sea |
|---|---|
| 加勒比群岛 | Caribbean Islands |

# K

| 卡贝萨斯(港) | Cabezas(Puerto) |
|---|---|
| 卡博格拉斯 | Cabo Gracias |
| 卡里阿里(卡里阿依) | Cariari (Cariay) |
| 卡萨阿马里利亚 | Casa Amarilla |
| 卡塔戈 | Cartago |
| 康涅狄格 | Connecticut |
| 科恩群岛 | Corn (Islands) |
| 科科河(塞格瓦河或万克斯河) | Coco River(Segovia or Wanks) |
| 科林托 | Corinto |
| 科马亚瓜 | Comayagua |
| 科万 | Coban |
| 科西昆纳 | Cosiguina |
| 克萨尔特南戈 | Quezaltenango |
| 克萨达域 | Villa Quesada |
| 库比加尔 | Cubigar |

# L

| 拉巴斯森特拉 | La Paz Centra |
|---|---|
| 拉比尔亨 | La Virgen |
| 拉克鲁斯 | La Crus |
| 腊马城 | Rama City |
| 腊马路 | Rama Road |
| 拉斯塞拉斯 | Las Sierras |
| 莱昂 | Leon |

| 兰帕河 | Rio Lempa |
| 雷阿尔城 | Ciudad Real |
| 雷莱霍(港) | Realejo |
| 里瓦斯 | Rivas |
| 利维里亚 | Liberia |
| 利蒙港 | Puerto Limon |
| 伦敦 | London |
| 洛斯阿尔托斯 | Los Altos |

# M

| 马德拉 | Madera |
| 马那瓜 | Managua |
| 马萨亚 | Masaya |
| 马萨特南戈 | Mazatenango |
| 马塔加尔帕 | Matagalpa |
| 梅里达 | Merida |
| 秘鲁 | Peru |
| 墨西哥 | Mixico |
| 墨西哥城 | Mixico City |
| 莫斯基沙 | Mosquitia |

# N

| 纳马西格 | Namasigue |
| 南美 | South America |

| 南圣胡安 | San Juan del Sur |
|---|---|
| 内格罗河 | Negro River |
| 尼加拉瓜湖 | Lake Nicaragua |
| 尼科亚（半岛） | Nicoya |

## P

| 帕图克河 | Patook River |
|---|---|
| 波哥大 | Bogota |

## Q

| 奇南德加 | Chinandega |
|---|---|

## S

| 萨卡特佩克斯 | Sacatepequez |
|---|---|
| 萨拉皮基 | Sarapiqui |
| 塞罗·内格罗 | Cerro Negro |
| 圣安娜 | Santa Ana |
| 圣地亚哥 | Santiago |
| 圣豪尔赫德奥兰乔 | San Jorge de Olancho |
| 圣胡安河 | San Juan River |
| 圣卡洛斯河 | San Carlos River |
| 圣克鲁斯德尔基切 | Santa Cruz del Quiche |

| | |
|---|---|
| 圣马科斯 | San Marcos |
| 圣米格尔 | San Miguel |
| 圣佩德罗苏拉 | Sen Pedro Sula |
| 圣萨尔瓦多 | San Salvador |
| 圣托马斯 | Santo Tomas |
| 圣文森特 | St. Vincent |
| 圣何塞 | San Jose |
| 松索纳特 | Sonsonate |
| 苏奇特佩克斯 | Suchitepequez |
| 索科努斯科 | Soconusco |
| 乔卢特卡 | Choluteca |
| 琼塔莱斯 | Chontales |
| 索洛拉 | Solola |
| 索洛萨诺 | Solorzano |

# T

| | |
|---|---|
| 塔巴斯科 | Tabasco |
| 塔古兹加尔巴 | Taguzgalpa |
| 塔马林多 | Tamarindo |
| 塔拉曼卡 | Talamanca |
| 塔雅索 | Tayasal |
| 特古西加尔巴 | Tegucigalpa |
| 特鲁希略 | Trujillo |
| 特罗里奥河谷 | Telorio Valley |
| 特旺特佩克 | Tehuantepec |

| | |
|---|---|
| 蒂皮塔帕 | Tipitapa |
| 提康梅加埃马瓜特加 | Ticomega Emaguatega |
| 提格雷岛 | Tigre Island |
| 铁诺第兰 | Tenochtilan |
| 图马河 | Tuma River |
| 托罗加尔巴 | Tologalpa |
| 托托尼卡潘 | Totonicapan |

# W

| | |
|---|---|
| 瓦哈卡 | Oaxaca |
| 维维西斯 | Vivises |
| 维耶哈城 | Ciudad Vieja |
| 维耶侯（火山） | Viejo |
| 危地马拉 | Guatemala |

# X

| | |
|---|---|
| 西班牙 | Spain |
| 西班牙岛 | Hispaniola |
| 西印度群岛 | West Indian Islands |
| 希诺特加 | Jinotega |
| 希诺特佩 | Jinotepe |
| 向风群岛 | Windward Islands |
| 新奥尔良 | New Orleans |
| 新西班牙 | New Spain |
| 新塞哥维亚 | Nueva Segovia |

# Y

| 伊利运河 | Erie Canal |
| --- | --- |
| 伊萨卡 | Ithaca |
| 伊萨瓦尔（湖） | Izabal |
| 伊希姆齐 | Yximche |
| 尤卡坦 | Yucatan |

# Z

| 扎尔塞罗 | Zarcero |
| --- | --- |

第二编

# 印度尼西亚简史

**黎国彬　编著**

　　本编是黎国彬参考国内外大量资料编著的《印度尼西亚简史》，完成于 20 世纪 50 年代，在用词用字、专有名词翻译方面保有那个时代的许多特点。本编内容尊重当时的时代条件与作者的选择，对作者使用的人名、地名等专有名词等译法基本进行了保留，仅对目前仍沿用地名、专有名词进行了编辑修改，并对存在其他译法或名称的个别古代地名进行了注释，特此说明。

# 第一章　领土与人民

印度尼西亚是亚洲地广人多的国家之一，它联结亚洲大陆和澳大利亚，连接太平洋与印度洋，热带农产物的种类很多，有用的矿产丰富，因此，它在国际关系中占有重要位置。

## 一　自然环境

印度尼西亚是一个群岛的国家，3,000多个海岛分布在赤道的两旁。这些海岛的排列略如双弧形，环绕着大洋洲与印度洋流域最发达的国家。这些海岛像点点的星辰，罗列在波平浪静的赤道无风带内，如诗般、如画般地美丽，"像一条飘荡的翡翠带"①。

印度尼西亚群岛包括四组岛群，就是大巽他群岛、小巽他群岛、摩鹿加群岛和伊里安（西半部）。群岛的地理位置是在北纬6度至南纬11度，东经95度至141度之间。群岛的面积有1,904,300余平方公里，其中有几个比较大的海岛，就是加里曼丹、伊里安、苏门

---

① 西方人一向惊羡印度尼西亚国土的富庶和美丽，为"东方的宝岛"和"东方的花园"。"像一条飘荡的翡翠带"一语引自小说《马克思·哈菲拉尔》(1860)，此书为荷兰作家兼殖民地官员狄克尔(1820—1887)用"穆塔都丽"（或译"患难余生"）笔名所写的自传体裁的小说。

答腊、爪哇、苏拉威西和帝汶①。

群岛位于热带海洋地区，既不少晒阳光，也不缺少雨水，除部分地区为热带季风气候外②，大部分地区属热带雨林气候，终年高温多雨。群岛上丘陵起伏，并多高山。地势高度不同，气温有差异，但是热带雨水常年丰沛。

群岛的地层不稳定，多火山。③ 火山喷发出来的火山灰和熔岩，风化后变成肥沃的土壤。这样的地层不缺矿产。石油、锡、金、银和铁矾土的生产值都占有世界地位。此外，每年还生产约 100 万吨的煤。第二大世界大战前几年间，日本人宣传南进政策时，估计这个国家含有约 10 亿吨的铁矿资源。

群岛间多深海，深海中繁殖珊瑚，从加里曼丹东岸到望加锡之间的海面上，有一片绵长 500 公里的珊瑚礁，给这个微波荡漾的岛国装点得像一幅画图。

群岛的位置正好介乎两个大洋之间，同时又联结两个大陆，岛

---

① 印度尼西亚各岛的面积，尚无精确的测量数字，各家所用的数字，稍有出入，下列数字仅供参考：

单位:(平方公里)

| 岛名 | 面积 |
| --- | --- |
| 加里曼丹 | 751,131.08 |
| 伊里安 | 794,054.00 |
| 苏门答腊 | 431,983.51 |
| 爪哇 | 125,467.11 |
| 苏拉威西 | 188,984.53 |
| 帝汶 | 33,913.46 |

　　加里曼丹一名婆罗洲，北部和西北部为英国殖民地，南部为印度尼西亚国土，占全岛面积约 72%。伊里安一名新几内亚，东经 141 度以西为印度尼西亚国土，面积 397,176.10 平方公里。帝汶岛的东北部为葡萄牙殖民地，西南部为印度尼西亚国土，面积 14,928.76 平方公里。苏拉威西又名西比里斯。
② 小巽他群岛与爪哇的东半部属热带季风气候，每年分干湿二季，异于常年多雨的热带雨林气候。
③ 印度尼西亚群岛是著名的火山地带，以爪哇一岛而论，就有 121 座火山，其中活火山有 21 座。苏门答腊也有活火山 12 座。

上的居民,自古以来就是航海的好手。群岛的居民更善于利用优越的气候和土壤条件,在山陵河谷间开辟了密密层层的农田。

印度尼西亚出产丰富的农产和矿产。[①]印度尼西亚人民勤劳而智慧。但是荷兰殖民者在这里曾经统治过 300 多年,剥削人民的劳动力,掠夺一切财富,印度尼西亚人民生活在贫苦、疾病和落后的状态中。全国人口总数 97％的印度尼西亚人,他们的收入仅占全部国民收入的 15％。全部国民收入的 65％都给欧美籍的居民掠夺去了,但是这些人只占全印度尼西亚人口总数的 0.4％。印度尼西亚出产医治疟疾的奎宁,占全世界产量 91％,但是疟疾却是印度尼西亚人民最流行的疾病。将近 8000 万人口的印度尼西亚人民,受尽了殖民主义的奴役和约束,只有 7％的人口能读能写。这都是荷兰殖民统治者压迫的结果,引起印度尼西亚人民的反抗。

## 二　居民与语言

印度尼西亚原来的居民,有四种不同的体质类型,人类学上称为尼格里多人、维达人、巴布亚人、马来人。远古时代,他们就在群岛上生活,后来发展成为印度尼西亚国内人数多少不同的各民族。

马来人人口最多,是印度尼西亚居民的主要成分。尼格里多人即身材矮小的黑人,是热带地区仅有的种族,人数极为稀少。[②]维达人主要分布于西比里斯岛,亦散见于巽他群岛间。巴布亚人生活于群岛的东南部,即伊里安及其沿海的附岛。

---

① 据第二大世界大战前的统计,印度尼西亚在世界生产中所占的比重如下:胡椒占 92％,奎宁占 91％,木棉占 77％,橡胶占 40％,椰子占 31％,可可占 29％,纤维占 25％,棕榈油占 25％,糖占 25％,茶叶占 19％,烟草占 5％,石油占 10％,铁矾土占 8％,咖啡占 5％,锡占 18％。
② 据人类学家估计,设全世界人口的基数为 2225,则尼格里多人占 0.03,即 222500 人口之中有 3 个尼格里多人。一部分尼格里多人居住在非洲森林中,一部分居住在马来半岛中部和中南半岛南部的山间,又一部分居住在菲律宾南部与印度尼西亚之间的海岛上。

公元初，印度尼西亚开始接纳外国移民。首先是印度的移民，他们组织了远征队伍渡海到了群岛。公元 2 世纪，史载中国与印度尼西亚开始接触。[①] 嗣后，文化与商业的往来继续发展。13 世纪以后，中国的移民一天比一天增加。14 世纪时，伊斯兰教传入，阿拉伯海沿岸的穆斯林也陆续向印度尼西亚移入。16 世纪时，西方的冒险家们到了群岛。首先是葡萄牙人，后来是西班牙人、荷兰人和英国人。他们展开了贪得无厌的争夺战争，荷兰殖民主义者最后占领了群岛，建立殖民统治。印度尼西亚长期接纳外国移民的结果，约 8000 万的人口中，有 3％ 的外侨，而本国籍的居民中，有许多是混血的，而且是双重国籍的。

印度尼西亚是一个多民族的国家。群岛原有 151 种方言，其中，马来语的基础最为广泛。[②] 20 世纪初期，开始推广使用马来语。1928 年 10 月 28 日，印度尼西亚的爱国青年在雅加达召开大会，会中通过了将马来语改称为印度尼西亚语，定为全国通用的语言。印度尼西亚共和国成立后，共和国临时宪法正式规定马来语为国语。

马来语原是苏门答腊和马来亚大部分居民的语言，也是它们附近各岛及加里曼丹沿海居民的流行用语。马来人向以航海为生，苏门答腊与马来亚之间的马六甲海峡又是沟通印度洋与中国南海的孔道，因此马来语得以在赤道两旁的海岛传播。马来语在未经正式定为印度尼西亚的国语之前，事实上已经成为东南亚洲海洋地区的商业用语了。

马来语分布的地域过广，并受各海岛原有方言的影响，因此马来语本身又分为好几种方言。在商业上通用的马来语系以廖内群

---

① 见《后汉书》卷六帝纪永建六年事，所载日南徼外叶调国遣使贡献，据考证，"叶调"即爪哇。

② 马来语属澳斯德洛尼西亚语族，又称马来-波利尼西亚语族。这一语族的分布，北从菲律宾以北的巴士海峡起，南至新西兰止；西自非洲东海的马达加斯加起，东至南美洲大陆附近的柏亚斯群岛止，几乎包括了南太平洋与印度洋的全部海岛。此外，印度和中南半岛上也有操这一语族的人类集团。

岛及柔佛的马来语方言为标准的。印度尼西亚的港口城市,一向住了许多外国商人,为了商业目的,他们也说马来语,他们把本国语的一些词汇和语法夹杂着马来语使用,因此,从商业马来新发展起来的印度尼西亚国语,包括有梵语、中国语、阿拉伯语以及西欧语的成分,同时又吸取了一些爪哇方言的基本要素,这都是和印度尼西亚的历史发展分不开的。

马来语最初用梵文录成文字,至今梵文写法久已失传,只留下一些梵文刻写的碑碣。伊斯兰教传入以后,又用阿拉伯字母书写,现存的古代文献,多是用阿拉伯字母书写的,但是这种写法亦已经不为印度尼西亚人民使用了,仅马来亚和加里曼丹北部还有人使用。印度尼西亚广泛使用的文字是马来语拉丁写法。[①] 说到马来语拉丁写法,分印度尼西亚式与马来亚式两种。前者照荷兰文读写法,后者照英文读写法。殖民主义者侵入落后地区,瓜分了土地和资源,又人工地把同一语言分为两个不同的体系。

# 三　首都雅加达

印度尼西亚的首都雅加达,位于西爪哇的北岸,是大洋洲与亚洲南部之间的航路中心,人口 250 万,是南半球的第二大城市。

公元 4 世纪,在相当于今日雅加达府的地区,出现了一个阶级社会的国家,名叫达鲁马。这个国家的政治中心在雅加达市外 60 公里的茂物附近,相当于今日雅加达市的地点,当时只是一处口岸地点。达鲁马国约于公元 6 世纪灭亡,国土统治权迭有变换,而"雅加达地点"则逐渐形成一个港口城镇。

公元 14 世纪,在达鲁马原来的国土上,又兴起一个国家,叫作

---

[①] 印度尼西亚语拉丁写法,一向以荷兰奥培尤生教授所编的《马来语大词典》(1904)为依据,故称奥培尤生拼写法。1947 年 3 月 19 日,印度尼西亚共和国文化教育部公布了一套新的拼写法,目前正在推行中

巴雅雅兰，它的政治中心是巴固安（茂物附近）。这个国家有两个繁盛的港口，一个是万丹，一个就在今雅加达的地点，当时叫作巽他加拉巴。16世纪时，有一个伊斯兰教士名叫华达伊拉（别号华拉德汗），占领了这两个港口城市，并把巽他加拉巴改称雅加达，意谓"胜利之地"，这是公元1527年的事。

万丹港口，商业繁盛，很快便发展成为万丹王国。雅加达为王国的属领，相形之下，它只不过是一个萧条冷落的港口。

16世纪末，荷兰人在群岛间进行殖民主义掠夺。1610年，荷兰东印度公司第一任总督波特策动阴谋，在雅加达芝里翁河的东岸兴筑住屋和仓库。从此以后，雅加达便开始了多难的历史。

雅加达的荷兰仓库与日俱增。1617年，波特的后继者柯恩，下令在仓库的周围筑墙，成为坚固的堡垒。与此同时，英国人也在芝里翁河的西岸建筑堡垒式的仓库。殖民者无视雅加达人民的主权和地位，在雅加达展开了狗咬狗的流血战斗。1619年，柯恩的队伍胜利了，并进攻毫无防御的雅加达居民和村舍，5月30日，把整个雅加达付之一炬。

荷兰人在废墟上重建仓库和城堡，并在战略地点分别以玉、珍珠、钻石、蓝宝石等为标识设置防御工事，立下了后来雅加达市的规模。荷兰人把新建的城堡取名为"巴达维亚"。巴达维亚原来是荷兰民族祖先的名称。① 在后来的几个世纪中，巴达维亚一直是荷兰殖民主义的总部。印度尼西亚宣布独立以后，1950年12月27日荷兰移交政权，第二天，雅加达恢复原称。

荷兰人为了使这个殖民基地发达起来，乃实行"海上缉私"政策，强制运载香料的船只以及来自中国的帆艟必须停泊巴达维亚港口；又从盛产香料的安汶和万达掳来数以千计的奴隶，从事各种劳役；更用掳劫和欺骗的方法招集华工，然后把他们变为债奴，强迫他

---

① 这是指公元前后居于缪斯河以北，莱茵河与瓦尔河下游低地的巴达维族，属日耳曼血系。公元3世纪，"法兰克"一名概括了日耳曼血系的团族，巴达维之名消失。

们开荒辟港，所以雅加达的建立和发展，印度尼西亚人民和华侨是流尽血汗了的①。

在过去 300 多年中，雅加达成为荷兰殖民主义者统治、剥削和奴役印度尼西亚人民的中心。它是输出原料和输入工业品的港口。它占有印度尼西亚 40% 的进出口贸易。它是各式各样的外国公司在印度尼西亚的总部所在地。它的港口丹绒不录以更重要的位置，控制着印度尼西亚的领海及国内各个海岛，使雅加达成为印度尼西亚的运输与交通的枢纽，成为荷兰殖民主义蛛网的中心。

雅加达残留着殖民地都市的形式。在建港之初，荷兰人的城堡就是市区的中心，在它的周围是华侨的市场和印度尼西亚人的茅舍。到了帝国主义时代，作为统治标志的已经不是堡垒和兵营，而是荷兰皇家轮船公司和荷兰贸易公司等豪华的大厦，十分富丽堂皇，巍然矗立在市区的中心。全城可以分为两部分，一部分是本地人民居住的破陋不堪的地区，房舍都是用竹子搭成的小屋，拥挤在污浊的运河两岸。另一部分是现代化的新区，是外国资本家和地方显贵们的宫殿般的住宅。荷兰人把雅加达说成是"东方的花园"，无非想掩饰雅加达市内的污浊的运河、混乱的交通以及盈千上万的露宿街头的失业的人群。但是，这个庞大的城市，它日渐成为无产者集中的中心，在印度尼西亚人民为民族独立、争取民主而进行的斗争中占有头等重要的地位。在第二大世界大

---

① 印度尼西亚许多城市的兴建，华侨辛劳与赴。荷兰殖民主义者对华侨之残忍行为，有史为证。1622 年至 1624 年的东印度殖民纪事中载有东印度公司去职总督柯恩给其后任葛本济的训令，兹节选如下，以供参考：

　　巴达维亚、摩鹿加、安汶、万达等地需要大量人口移入……更需巨额利金寄回尼德兰……世间无如华人更合我用者……友善贸易既不可求，现值季风正顺，须再遣战船往中国沿海，尽量掳其男女幼童以归……一旦与中国作战，特须注意多捕华人，妇人幼童更好，盖使其居留巴达维亚、安汶、万达等地也……华人赎金，一名 60 金盾，但决不让任何妇女回国，或转往公司辖外之地，仅令其居留上述之地可也。

葛本济在 1623 年间曾在福建沿海及澎湖一带搜集华人 1150 人，押赴巴达维亚，几乎全部因饥饿、疾病和过度劳动致死。自后，荷人屡派船舰到中国沿海搜集华人。

战以前，印度尼西亚工人在这里组织了第一批工会，为争取国家独立而斗争的各政党，一次一次地在这里展开了他们的活动。在日本法西斯占领期间，雅加达人民不断地反抗日本帝国主义者。今天，印度尼西亚宣布独立了，雅加达已成为全国反殖民主义和保障人权活动的中心。

# 第二章　原始公社时代

　　印度尼西亚境内发现了许多石器时代的遗迹，群岛间开发较晚的海岛，当地的落后社会还保留有浓厚的原始社会的特征，说明印度尼西亚曾经有过漫长的原始公社时代。但是这些丰富的原始社会史料，一直被资产阶级学者加以歪曲，正有待我们做科学的整理。

## 一　印度尼西亚境内的原始人类

　　过去60多年中，印度尼西亚境内发现了大量的古人类化石和丰富的石器时代遗物，证明印度尼西亚境内曾经有过各个发展阶段的原始人类，经历了全部石器时代。

　　在爪哇中部梭罗河谷特里尼尔地方发现的人类化石，包括1890年至1892年间杜步亚发现的下颚骨二件、头盖骨一件、臼齿二枚、智齿一枚、大腿骨一块，1937年至1941年孔尼华发现的头盖骨三件、上颌骨一件、下颌骨二件。这些化石经鉴定系属于五六十万年前的人类化石，分属不同的个体，生存年代有先后，体质形态有差异，分为三种类型，就是爪哇古巨人、壮硕猿人、直立猿人。这都是属于猿人类型，不妨称谓广义的"爪哇猿人"。[①]

---

① "爪哇猿人"一般指"直立猿人"而言。

1930 年，奥本乌尔特在距特里尼尔不远的岸塘地方发现了 11
具头盖骨和 2 块小腿骨。头盖骨均属同一形态的古代人类，定名为
"梭罗人"。又 1936 年，杜佛吉斯在东爪哇惹班地方发现了一具完
整的头盖骨，经孔尼华研究定名为"惹班人"。"梭罗人"和"惹班人"
均属"尼安德塔人"类型，人类学上称谓"古人"，约 20 万年前的
人类。

1889 年至 1890 年间，杜步亚在中爪哇的瓦雅克地方先后发现
了一具完整的头骨和一些碎片，30 年后断定系属于"新人"化石，定
名为"原始澳大利亚人"，亦称"瓦查克人"。

"猿人""古人""新人"是人类体质发展的三个基本类型，代表三
个阶段。人类发展到了"新人"阶段，广布全球。在不同地区生活的
人类集团，受到不同的自然环境的影响，体质面貌有差异，人类学家
根据不同的体质征状，在人类中分出不同的种族。"原始澳大利亚
人"殆即当时生活在印度尼西亚境内的"新人"，包括尼格里多人、维
达人、巴布亚人等不同的种族。到了中石器时代和新石器时代，原
始人类曾发生过迁居移住的现象。约 5000 年前，亚洲大陆南部有
一部分人类陆续向南迁入海岛，这就是马来人，依迁入时代的先后
分为"原始马来人"与"续至马来人"。

群岛间发现大量原始社会的遗物。爪哇中部八吉丹附近及梭
罗河谷发现有旧石器时代的手斧和碎片器。爪哇、苏门答腊、婆罗
洲、西里比斯、帝汶等地发现有中石器时代的石斧、石刀、箭头、骨器
等。群岛各处发现的新石器时代的石斧，有带槽的、圆形的、方形
的、带肩的、锯形的各种式样。这都是印度尼西亚境内不同阶段的
原始人类使用之物，有些是在地层中发掘出来的，有些是在地面上
捡获的，还有一些是不久以前的落后社会还在使用的。考古学资料
证明印度尼西亚境内的原始人类及其社会的发展，一系相承，无可
置疑。

# 二　原始公社遗迹

印度尼西亚境内已发现的原始社会史料虽然很丰富,但是还不够说明原始社会氏族制度发展的全部过程,不过印度尼西亚境内曾经有过原始公社制度则是完全可信的。

"爪哇猿人"遗址并无石器发现,又因年代遥远,故原始石器时代至旧石器时代初期猿人游群的生活,只能做一般的推测。

"梭罗人"遗址发现有琢制石斧、碎片器和骨器,代表爪哇岛中部旧石器时代晚期的文化,但是当时的母系氏族社会尚无从推知。

各海岛均发现有新石器时代的遗物,可以推想当时印度尼西亚境内已经普遍居住人类。这些代表印度尼西亚新石器时代文化的物器,多带有亚洲大陆南部的特征,应系来自南亚洲大陆的影响。

各海岛的发展是不平衡的。各族人民的发展也是不平衡的。有的海岛在公元初便已进入阶级社会,例如当印度人侵入时期,在爪哇西部和加里曼丹东部便首先出现了阶级社会。有的海岛甚至到了 20 世纪时还保留原始公社的经济形态,例如苏门答腊的古布人、苏拉威西的多阿拉人、爪哇的登格人、摩鹿加的阿尔福鲁人,不久以前,他们还过着游猎生活。加里曼丹的达雅克族,还用毒箭筒射杀野兽作为获得生活资料的主要手段。伊里安内地山区的巴布亚人,在 1935 年间还过着石器时代的生活。他们养猪,也有灌溉耕作。他们的两性关系属于群婚体系,但名义上是一夫一妻的。不过,他们的群体中,已经有了富人与穷人,富人有数十口猪,买进好几个私房女人。穷人和女人都有变为非自由人的可能,成为富人的财产。这是初期家长制家庭的经济形态。19 世纪时苏门答腊东海岸加罗沓达人的农村公社,是保留在阶级社会中的原始公社的余波,是一种二元主义的经济形态:由若干家庭组成农村,每一家庭包括若干已婚的对偶和未婚的男女;农村土地公有,各家庭领取份地耕种,家庭内各成员共同耕作,劳动所获归家庭私有,按丁分配;村有村长;村内有集会的广场,遇重大事件,全村成年男女开会讨论审议;村与村之间时常发生掠夺战争。西欧殖民主义侵入以后,加罗峇达人的农村公社还保留了很久,一直等到日里种植园的开辟,汽车公路把他们与港口城市连接起来,他们的农村公社才开始解体。但是他们也因此而失去了土地,他们的社会关系改变了,变成侵略者资本主义社会经济的从属部分。

印度尼西亚境内原始公社的遗迹,民俗学提供的资料更丰富。像加里曼丹的打曼达雅克族流传的兄妹通婚传留后代的神话,正是旧石器时代中期兄弟姐妹群婚的反映。又如加罗峇达人对于虎、象、水牛等守禁忌,认为与之有神秘的联系,乃是旧石器时代末期母系氏族公社图腾信仰的残余。苏门答腊巴东地区的眉南加婆人,女子掌握经济权,男子入赘,殆即新石器时代初期氏族外婚男子出嫁的遗风。诸如此类的神话、传说和风俗,民俗学家们搜集了大量的资料,如能予以正确的解释,对印度尼西亚境内原始社会的经济形态及其发展规律当更明了,对原始社会史科学的研究,意义尤大。

# 第三章　奴隶王国时代

公元初,印度移民统治了爪哇、苏门答腊、加里曼丹等地的沿海地方,建立了阶级剥削的关系,这是印度尼西亚最早出现的阶级社会。爪哇与苏门答腊岛上的阶级社会发展最快,这两个海岛上的王朝政权已经很强大的时候,别的海岛上的原始公社还没有解体,所以这两个海岛一直是印度尼西亚古代的政治中心。这两个海岛上的阶级社会的发展,构成印度尼西亚古代史的主体。

## 一　印度移民的古国

公元初,从印度南部渡海过来的移民,带来故国的文明,在爪哇、苏门答腊、加里曼丹等地的沿海地区,建立了经济上的领导权。这些地区在经济上有很大的发展,从印度输入的铁器改变了原来的生产方法,岛际贸易也发达起来了,社会财富分化,原来的氏族领袖与印度移民中的上层分子成了社会中的富有者,他们的统治权乃建立在一种新的经济基础之上;就在这些地区,出现了印度尼西亚最古的阶级社会,加里曼丹的古帝、西爪哇的达鲁马、苏门答腊的马来由,是当时三个最强大的集团。

在加里曼丹东部三马林达附近,有一个小市镇叫作模加拉加曼,此处有四条石柱,为人膜拜。石柱上刻有梵文的字句,载明石柱是古帝国王①模拉哇曼献立的，还刻着农民曾将 1,000 头黄牛与土地献给婆罗门②。这个古帝王国乃是公元 3 世纪至 5 世纪时的国家。

在西爪哇茂物附近，临芝沙丹尼河，有一个小地方叫作巴都都力斯，此处发现有装饰着莲花图案的石碑，用梵文刻载着忠实无敌的达鲁马国王普儿纳哇尔曼曾攻陷过许多敌国。在雅加达的海港丹绒不录的东边，在一个叫作杜沽的小村里，发现另一石碑，记载着普儿纳哇尔曼王朝的事迹，国王和婆罗门指挥农民与奴隶开凿水渠，长约 9 公里，农民们并向婆罗门献黄牛 1,000 头。这个达鲁马王国由普儿纳哇尔曼家族统治，国土相当于现在大雅加达的辖区。推想当时西爪哇的原始公社正在崩溃，有许多相互攻伐的部落，在芝大隆河与芝沙丹尼河之间③有一个强大的集团，掠夺邻近的部落，建立了从公元 4 世纪至 6 世纪期间的达鲁马国。这个国家有相当发达的岛际贸易，与中国和印度都有交往，中国史乘有可供稽证的记载④。

在苏门答腊最早出现的国家是马来由，它的国土在占卑，约于公元 7 世纪时建国。

这三个国家的历史，我们知道的仅此而已。

根据达鲁马王国的资料，推想在印度移民侵入的地区，原始公社制度崩溃，阶级社会建立起来了，由印度移民中的上层分子与原来的氏族贵族联合构成统治阶级，下层的人民大众是农民与奴隶。主要的经济是农业，间或施行人工灌溉，除农业外，并有岛际贸易。公元 14 世纪以前，爪哇和苏门答腊岛上曾先后出现过 30 多个这样的国家。

---

① 古帝，又译古戴或库泰。——编者注
② 婆罗门即僧侣贵族。在种姓制度中，婆罗门是最高的种姓，享有极大的特权，免去所有义务、赋税和肉刑，最重的刑罚不过髡头和流放出国而已。
③ 即相当于大雅加达之辖区。
④ 见法显：《佛国记》；《宋书》卷九七列传第五七阇婆婆达国条。

## 二　爪哇岛上的王国

达鲁马王国约于公元 6 世纪时灭亡,此后 800 年间,西爪哇地区没有独立的王国。

公元 6 世纪,印度移民到了中爪哇,促进了当地的原始公社制度的崩溃。公元 7 世纪,在中爪哇雅巴拉港口附近出现了一个以木为城、制盐酿酒、有文字、知星历的强大集团,以"加林卡"为号。[①] 公元 674 年,这个集团由一个名叫悉莫的女性盟长领导。[②] 这个集团有相当高度的生产技术,又有发达的岛际贸易和手工业,势力日渐强大,很快便吞并了邻近的部落,占有中爪哇和东爪哇的广大地区,政治中心从雅巴拉港口移到格都,盟领着周围 28 个部落集团。公元 8 世纪初,出现了以山纳哈为国王的王朝。

加林卡王国是一个不大的王国。在悉莫统治的时代,有"威令整肃,道不拾遗"的记载[③];国王山纳哈,他的儿子山查雅,二人在管理自己的农村公社和组织被征服的氏族公社方面都有办法,以"公正仁爱"见称,可见这个王国在相当长的时间内是一个安定繁荣的国家。山纳哈王朝的建立,出现了爪哇统一的象征。公元 7 世纪至 14 世纪的历史证明,爪哇岛上相互攻伐的领主们,一当自己统治的集团内部团结强固的时候,便企图推翻旧有的统治,建立新的王朝政权,进行统一全爪哇。山纳哈王朝出现后的 600 年间,王朝变换,一共五次。每代王朝,获得了一定时期的安定之后,又力图向岛外扩张势力,所以山纳哈王朝的出现,在政治上奠下了统一印度尼西亚群岛的基础。

山纳哈死后,由他的儿子继承王位,这是公元 732 年。公元 750

① 加林卡,古代多称为河陵,后又称阇婆。——编者注
② 见《新唐书》卷二二二列传第一七四《南蛮传》诃陵条。
③ 同上。

年,苏门答腊的室利佛逝王国向爪哇发展势力,夺取了加林卡王朝的政权,建立萨仑特拉家族的统治,直至公元 850 年,这是继加林卡之后爪哇的第二个王朝。

加林卡王室逃居东爪哇,建立马打蓝国,但是始终未能恢复往昔的统治。到了公元 850 年,萨仑特拉家族在爪哇的统治衰落,爪哇岛上各领主之间掀起了纷争掠夺的局面。公元 929 年,马打蓝的国王都罗棠有一个名叫蒙甫·辛铎克的家宰,他篡夺了马打蓝的王权,建立了由伊萨纳家族统治的美当王朝,为期达 300 年之久,政治中心在泗水南面的加乌立板,国王的宫廷建筑在西朵阿尔佐附近,在勃兰达斯河与波郎之间。

公元 990 年至 1007 年,美当王朝的统治者名叫达尔马望沙,他想成为爪哇海上的霸主,统一印度尼西亚群岛,依次征服了巴厘、东加里曼丹和邦加,然后又大举进攻苏门答腊的室利佛逝,但是他的雄图没有成功。达尔马望沙远征室利佛逝失败之后,势力大为削弱。1007 年,室利佛逝与马六甲的联军攻陷美当王朝的首都,达尔马望沙战死,有一位年轻的王子幸免于难,他的名字叫作爱尔朗卡,经过了数年逃亡的生活之后,于 1010 年重回故国,进行复国活动,1019 年,爱尔朗卡获得婆罗门僧侣们的拥护,组合了相当的力量。1023 年,室利佛逝受印度人的袭击,爱尔朗卡趁机起事,恢复伊萨纳家族的统治,统一东爪哇。

爱尔朗卡大约于 1049 年死去,死前把国土分给他的两个儿子,分成东西两部,东部的叫延卡拉,西部的叫谏义里。① 延卡拉留下的史料不多,根据 1042 年至 1222 年的石碑刻载,延卡拉大部的领土后来都归并谏义里。公元 1222 年,谏义里王权为根·阿洛所颠覆,300 年的美当王朝便告结束。

根·阿洛原是延卡拉都马贝儿郡的农民,他纠合了一批失地的

———————————

① 谏义里,又名班雅鲁。

274

农民和奴隶到处流窜,后来受了招抚,做了都马贝儿郡的领主东古·阿墨冬的臣下。1220 年,他杀了东古·阿墨冬,占了死者的妻子,成了都马贝儿郡的领主。1222 年,他又联合谏义里的僧侣阶级,攻陷了谏义里,建立辛戈舍里王朝的杭治,这是爪哇岛上的第四个王朝,在 13 世纪 70 年至 90 年代之间,这个王朝的统治势力到达马来亚、加里曼丹和南摩鹿加等地。

伊萨纳家族的后裔一直没有停止过复朝的活动,1271 年以后,有一个名叫查雅加望的伊萨纳后代,进行了 20 年的复朝活动,终于在 1292 年推了辛戈舍里王朝。就是这一年,元世祖忽必烈的大军准备进攻爪哇。也就在这一年,属于辛戈舍里王室的拉登维查雅乞求在勃兰达斯河畔建立城邦,他从马都拉调来大批奴隶从事垦殖,并秘密布置他的臣下准备阴谋起事,他把这个新建的城邦命名为马查巴奕①。1293 年元军在史弼、亦黑迷失、高兴等人的率领下,一部在杜板海港登陆,另一部沿泗水河进入巴齐干与陆军会师。拉登维查雅首先纳降,他企图借元军的兵力推翻查雅加望,因此便与元军缔结同盟。这一年的 4 月,查雅加望战败出降,伊萨纳家族的历央从兹结束。元军后因不胜劳师远征之苦,拉登维查雅几番策划,诱杀了一批元军的副将,终于驱逐了元军出境,建立印度尼西亚历史上最强大的马查巴奕王朝,它的统治时期是 1292 年至 1520 年。

# 三　苏门答腊岛上的王国

苏门答腊岛上最先出现的王国是马来由,位于苏门答腊中部的占卑,建国于公元 7 世纪。苏门答腊南部的楠榜,也有一个古代王国,就是都朗哇望,建较马来由稍晚。这两个国家都为后来在巨

---

① 马查巴奕一译满者伯夷,又译作"麻喏巴歇"。

港兴起的室利佛逝①所吞并。

室利佛逝的政治中心在苏门答腊南部的巨港，它一直是强大的国家，除吞并了马来由、都朗哇望，还占有邦加、马来亚等地，在它的治下，约有15个城邦，公元750年与1007年，曾两度入主中爪哇。公元1377年为强大的马查巴奕王朝所灭。

室利佛逝正当交通孔道之冲，乃中国与印度交往必经之地，又是印度以外的佛学中心，所以这个国家的商业和文化都很发达，维持了几达600年的富强与繁荣。中国唐朝的僧人义净曾经到过这里翻译佛经，前往印度那烂陀经院求学的中国僧人，都先到这里预做准备。唐朝以后，它继续与中国保持交往和贸易的关系，所以中国史乘关于这个国家的记载颇详。9世纪以后，在大固斯湾、美丹港、西满甘滑等地大兴土木，建筑陵庙，至今还留下许多刻着梵文纪事的碑碣，使我们有可能认识这个国家当时的社会经济各方面的情形。

公元1292年左右，伊斯兰教传入苏门答腊的北部，由于宗教的结合，形成了一些由伊斯兰教士统治的集团。马可波罗曾经叙述当时苏门答腊有八国八王，正是伊斯兰教传入的时候。这些王国后来都变为马查巴奕的属国②。

## 四　印度尼西亚古代奴隶王国的特征

印度人侵入群岛以后，在移民聚居最多的地方组织社会。每一个社会有一个首领，这位首领必须是纯粹印度血统的。他的特权逐渐扩及印度尼西亚的部落，形成一个强大的集团，这就是印度尼西亚古代的印度移民的王国，首领就是国王。这种国王与从前的部落首领有所不同，他已经是好几处相邻领土的统治者，他的统治权是

① 室利佛逝一译三佛齐。
② 见《马可波罗行纪》第165章"小爪哇岛"。

世袭的。

印度移民王国的统治体系是一种种姓制度，这是他们故国的制度。但是这种制度在印度尼西亚的发展，并没有达到像在印度那样的典型。王国的居民被分为两个阶级，即贵族和普通人。贵族本身分为两个分立的集团，即僧侣和武士，这都是统治阶级。普通人是被统治阶级，也分两类，第一类是农村公社的成员，有农民、手工业者及商人；第二类是佣仆。这样便构成了四个基本的种姓，即僧侣、武士、公社成员和佣仆，按照梵语称谓，就是婆罗门、刹帝利、吠舍和首陀罗。在印度，这四个种姓是严格禁止通婚的。在印度尼西亚，这个禁律只能限于纯粹印度血统的人员。除了这四个种姓，还有一种没有人身自由的奴隶，叫作巴利亚。

在印度移民直接统治的地区，印度尼西亚人民一律被称作首陀罗。在印度移民间接统治的地区，印度人称印度尼西亚的部落首领为吠舍，部落成员为首陀罗。至今在印度尼西亚的语言中，代表兄弟姐妹的"Sudera"一词，源出梵语"首陀罗"，在这点滴的语言遗存中，也可以看出印度尼西亚古代印度移民王国的统治关系。

与种姓制度相适应的宗数是婆罗门教。公元5世纪初年，中国僧人法显在他的《佛国记》中叙述达鲁马王国的情形，所谓"其国外道婆罗门兴盛，佛法不足言"，可见印度移民初期的王国是信奉婆罗门教的。婆罗门教带有明显的阶级特征，它给种姓制度与僧侣贵族的统治以宗教的论据，又主张世界和万物的不变性。因之，印度尼西亚古代王国的统治者，极力主张他们本身和权力都起源于神的理论，用来辩明和巩固自己的权力，一当他们死后，便宣布为神，他们的骨灰，收藏在陵庙之内，被当作公正天王祀奉①。至今爪哇中部还

---

① 按：婆罗门教是一种多神教，众神中最尊贵的有三个，就是梵天、毗湿奴和湿婆。梵天是万有的创造者；毗湿奴是以空气、阳光和水来滋养万物的神；湿婆操毁灭权，又是新陈代谢的促进者，也是人类最敬畏的种。在爪哇，湿婆称为天师。

留下许多陵庙建筑，这些陵庙是利用奴隶的劳动来筑成的①。

印度移民征服印度尼西亚的部落，掠夺商品物资，变部落为农村公社，确立奴隶制的生产关系，建立在政治上和经济上的统治，因之，他们极需要一种君主专制的政体来支持和巩固这种治。种姓制度和与之相适应的婆罗门教，正是印度移民统治者所需要的，因为婆罗门教强调国王起源于神，为国王的专制统治给以宗教的论据，而专制政体又需要婆罗门种姓在社会政治生活中的支持，所以国王与婆罗门联合构成统治权，共同剥削农村公社的基本成员。古帝王国和达鲁马王国遗留下来的石碑，都刻载着农民向婆罗门献纳土地与牲口的记事；1019 年爱尔朗卡之恢复伊萨纳家族的统治，1222 年根·阿洛之攻陷谏义里，建立辛戈舍里王朝，都得到僧侣们的支持，由此可以推想僧侣阶级的地位与作用，这是当时印度移民王国的国家制度的一般特征。这样的王国日渐扩大，吞并周邻的部落，更由于社会经济的发展，社会矛盾尖锐化起来，国王的政权不得不向原来的部落贵族寻求支援，因此，印度尼西亚的氏族贵族的统治地位便被保留下来，他们与印度移民中的上层分子构成了古代印度尼西亚阶级社会中的统治阶级。

在这种由外族移民所统治的阶级社会中，社会矛盾主要表现为外族移民与本土人民之间的矛盾，本土人民的血族感情是仇恨外族统治者的，这种感情很快地为氏族贵族所掌握，用来巩固和扩张他们的势力，所以当第一个印度移民王朝衰落后，印度尼西亚本土人民的政治力量高涨，原来的氏族贵族便掠取了王权，这就是公元 929 年蒙甫·辛铎克以后的印度尼西亚王朝。

与印度移民王朝衰落的同时，婆罗门教让位给佛教。佛教也是随印度移民传过来的，它是反种姓制度的教派中比较温和的一种流

---

① 中爪哇有高地曰帝岩，旧称神仙之山。在加林卡时代，此地建有八座四方形的陵庙，并有 200 多个建筑物，祭祀公正天王，这是印度尼西亚最古的婆罗门教的陵庙建筑。陵庙上都有美丽的雕刻，1000 多年任凭风吹雨打，至今保存还算完整。

派,反映刹帝利和富有的吠舍的意图,但是佛教绝不是主张取消种姓制度的,只是在宗教的限度内,主张各种姓平等,缓和阶级斗争。公元5世纪,佛教正式传入印度尼西亚。公元8世纪以后,佛教大为兴盛。在萨仑特拉家族的统治时代,征用了数以千计的奴隶,建造了许多规模宏大的佛塔,至今爪哇中部的日惹与梭罗之间的婆罗浮屠佛塔,为东南亚佛教艺术的最高艺绩。①

　　印度尼西亚古代,自从印度移民入侵,原始公社制度破坏,产生了奴隶主统治的国家,但是这不是典型发展的奴隶制的国家,国王虽然与从前的部落首领有所不同,但是,所谓“国人推女子为王”②,还保存有从前部落首领的特征。根据中国文献的记载,公元10世纪前后的印度尼西亚王国,氏族社会的色彩还是很浓厚的,宋朝赵汝适说,室利佛逝的国王居于城堡,人民散居城外,不输租赋,有所征伐,随时调发,推举酋长率领,自备兵器,自带干粮;又说,国王死,他的侍仆们愿殉死,积薪烈焰,跃入其中,名曰同生死。③ 可见当时的战争还带有部落作战的特色,而殉葬也是作为一种风俗存在的,至于居民的基本部分则是公社的成员,奴隶人数不多,只有爪哇中部和东部地区,公元8世纪以后,铸铁业发达,奴隶数目才渐有增长。印度尼西亚古代王国的社会性质,表现混杂的特征,同时,各地区的发展也是不平衡的,在考古资料尚未能提出更多的证据之前,很难做出确实的论断。

---

① 中爪哇萨仑特拉时代的宗教遗迹,分陵庙和佛塔两类。陵庙有卡拉珊陵庙、沙里陵庙、千陵庙、巴宛陵庙、门突陵庙等。佛塔最有名的就是婆罗浮屠佛塔,建筑在文池兰附近的一个丘陵之上。塔分4层,最下是基层,其上是四叠四方形的石阶,再上是三叠扁圆形的石阶,最上是尖塔。佛塔全部实心。四方形石阶边缘有走廊,走廊壁上有浮雕,第一层石阶的雕刻述佛史,其余各层石阶叙佛事,每隔一定距离设一佛龛,内置一盘足跌坐的佛像,共432龛。扁圆形石阶之上有72座小塔,塔内有一佛像,可从塔孔窥见。最上层的大塔作伞形,其内佛像已空。各层石阶之间有石级相连,进口有门,门上雕兽。
② 见《新唐书》卷二二二列传第一四七阇婆婆达国条。
③ 见宋赵汝适《诸藩志》卷上三佛齐国条。

# 第四章　马查巴奕王朝时代

　　印度尼西亚封建制度的发展,有人认为开始于公元 8 世纪,到了 14 世纪时的马查巴奕王朝,已然是一个强大的封建王朝。但是公元 8 世纪时印度尼西亚的经济制度,文献记载不多,在政治关系方面,当时统治中爪哇的是萨仑特拉家族,这个政权与爪哇岛上其他的"公国"的关系如何,与苏门答腊岛上室利佛逝王国的关系如何,至今还是印度尼西亚历史上未决的问题。公元 990 年至 1007 年,达尔马望沙统治的时代,对公社农民和贸易的剥削,出现了封建制度的萌芽。达尔马望沙的宫廷组织庞大,有各种管理的机构,当时农民多种稻、麻和豆类,收入什一归公,稻米的生产可以输出,输出亦须纳税,国家的税收详细地记载在蒲葵叶上。公元 1019 年至 1041 年,爱尔朗卡统治的时代,商务发达,与亚洲大陆的交往频仍,泗水一带的城市例如杜板、克里席克(即锦石)、乌绒卡鲁等,都成为热闹的海港。频繁的对外贸易,刺激了爪哇岛上的生产,原来的农村公社的生产愈来愈落后于新的发展。爱尔朗卡一代,对于他所征服的"公国",让原来的领主和贵族仍然领有土地,但必须向朝廷纳税,这是把土地所有权确定地转移给领主,在政治上稳定了骚乱,但其结果却又形成了封建的割据性。印度尼西亚的社会,到了公元 11 世纪中叶以后,才看出一些封建社会的特征。

# 一　马查巴奕王朝

　　马查巴奕王朝的创立者名拉登查维雅,他原来是辛戈舍里王朝的驸马。公元 1292 年,伊萨纳家族的队伍在查雅加望的率领下,与辛戈舍里的军队会战于京城答哈的北部,辛戈舍里国王被杀,拉登查维雅偕同一批臣民逃到马都拉岛,受到当地领主的优遇,后来他返回答哈,伪装请求查雅加望赦免,乞求在勃兰达斯河畔分给一片土地建立乡村,然后从马都拉借来一批奴隶从事垦殖。据说从马都拉借来的奴隶中,有一人摘下当地的枣来吃,觉得味苦,连呼苦枣,就用"苦枣"二字来命名这新辟的乡村,这两个字的爪哇语音就是"马查巴奕"。这是公元 1293 年。

　　拉登查维雅以后,共传 7 代国王。马查巴奕王朝何时灭亡,无确实记载,据推测大致为公元 1520 年。

　　马查巴奕王朝是印度尼西亚历史上最强大的王朝,它的全盛时代是在卡查马达佐政期间,就是公元 1331 年至 1364 年。卡查马达是国王加拉墨金的卫队长。拉登查维雅死后把王位传给他的儿子加拉墨金,号查耶纳卡拉,这时那些与拉登查维雅共谋起事的老臣纷谋叛乱,所以查耶纳卡拉一代,战乱相寻,宫廷事变纷起。卫队长卡查马达与国王出入相随,镇压多次宫廷事变,因为保护国王有功,所以当加拉墨金死后,受封采邑,成为答哈地区的领主。公元 1328 年,加拉墨金在一次宫廷事变中被杀身死,王位由他的异母妹妹吉达尔查接承,号狄利武完纳。公元 1331 年,卡查马达以功臣元老身份被召辅政,此后 33 年间,他一直辅佐狄利武完纳与哈奄武鹿二朝国事,他坚决要把马查巴奕的统治权冲出爪哇范围,人们以"喧嚣之象"的称号来称呼这位三朝元老。

　　14 世纪时,印度尼西亚的经济已有很大的发展。爪哇东部是比较干旱的地区,城邦周边的农村已有缜密的水利系统。岛际贸易以及和远国的物品交换，日有增长，沿海的城镇发达起来了，像杜板和泗水等都成为 1000 余住户的城镇。因为对外贸易兴盛，城市与农村的关系日深，从各个乡村修筑了条条道路通往沿海城镇，通到那被称为"苦枣"的帝王之都。从中国和印度传入的经济作物中，蚕桑与棉花都得到良好的栽植，制绢和印布等纺染技术，日见进步。此外如金银器皿、木雕、牙雕、编织等手工业，都能制出精巧的工艺品，运到国外销售。在这样的经济基础上，使得马查巴奕王权有可能进行这样那样的捐税剥削，维持规模庞大的统治机构。

卡查马达的辅国政策，吸取了查耶纳卡拉一朝的战乱经验，力图巩固和扩大王室的权力，建立有力的中央政权，乃在各"属国"之间设立若干军政区，由王廷直辖，规定每一乡村抽调 100 丁，组成军队，由军务部指挥，防止领主谋叛，镇压农民骚乱，各领主又必须于一定时间会盟，以示忠诚。此外更明令改宗佛教，给予寺院一定封地或税收，但僧侣不能参与政事，只管宗教与教育事宜，大大地削弱了僧侣阶级的政治势力。因为中央政权的强固，故自卡查马达佐政以后，得享半个世纪的安定与繁荣，哈奄武鹿一朝，尤见富强，此时马查巴奕王朝的统治权，已经扩张到爪哇以外，它的疆域几及今日的印度尼西亚群岛以及马来半岛的南部，马查巴奕王朝的扩张，详志于颂诗《纳加拉格尔达加玛》(《爪哇史颂》)和《巴塞王统纪》二书中。马查巴奕王朝的领土，在制度上分为两部，爪哇本土称为内领，爪哇以外的属国称为外领。王朝的政权可以直达内领属国，对外领则只能派赴使节，执行税收，受纳贡品。

哈奄武鹿是马查巴奕王朝的第四代国王，号拉查沙纳加拉，于公元 1350 年至 1389 年在位，这是印度尼西亚历史上最繁荣的时代。根据爪哇历史的记载，当时征收多种多样的税收，王室非常富有，一切税收进行得很好，并未发生任何事变，因此大兴土木，建造王宫与寺塔。王宫之旁设有竞技场，每年在这里举行阅兵一次；又有会议堂与大会场，为节日举行宴会与游艺之用。官吏贵族们的住宅，围绕着王宫。马查巴奕的周围筑起石头城,装上铁铸的城门。市缠宫场,一片繁华景象。《纳加拉格尔达加玛》这本颂诗还叙述了哈奄武鹿出巡时的豪华气派。15世纪初年,中国明朝的使节郑和曾经到过爪哇,他的随员们对那时的马查巴奕做过生动的描写[1]。不过郑和到爪哇的时候,马查巴奕王朝已开始衰落了。

卡查马达连年对外武装掠夺,苛征暴敛,农民不胜征兵徭役之苦,减削了农村的生产力。贵族阶级更企图独占海外贸易,加紧对自由商人和手工业者的压迫,阻碍了贸易和手工业的发展。统治阶级的内部,又因僧侣们被军事贵族所排斥,发生矛盾。因此,卡查马达奉行强权政策的结果,只是加深社会矛盾,引起农民和奴隶劳动者的暴动与贵族领主们之间的纷争。15世纪时,王朝的统治已经软弱无力了。此时中国商人和穆斯林的活动动摇了马查巴奕对外领的统治。中国商人夺去了马查巴奕在苏门答腊的商业基地,甚至有一部分中国侨民,在侨领的策动下组织起来,与马查巴奕抗拒,以致马查巴奕的势力无法进入巨港及其以北的沿海城市[2]。穆斯林商人的活动,开始于13世纪末。15世纪时,从马六甲海峡至摩鹿加之间的航业,几乎为穆斯林商人所垄断,他们一面争夺商业基地,一面对马查巴奕的外领属国进行活动,使他们脱离马查巴奕的羁绊。在中国商人与穆斯林商人的竞争下,马查巴奕事实上失去对外领的统治。15世纪的后半期,各外领属国纷纷独立,加速了马查巴奕王朝的崩溃。

史载马查巴奕王朝最后一个国王名格尔达乌米,他的统治时期是1466年至1478年。早在1437年,东爪哇有一个名叫吉林特拉哇尔丹纳的领主,以信奉婆罗门为号召,宣布脱离马查巴奕的统治。

---

① 见《瀛涯胜览》(马欢);《星槎胜览》(费信);《西洋番国记》(巩珍,书已失传)。
② 华人在室利佛逝的政治势力,史文可考者,凡40余年(《明史·三佛齐传》)。1377年,马查巴奕征服巨港(一名旧港,又名旧林邦)之时,苏门答腊已有华人数千人,众推梁道明为首领,占据占卑,招致商旅。1405年,梁道明曾入贡明室。1381年,又有陈祖义者,拥有船舰多艘,称雄巨港。陈祖义后为郑和所执。

1478年,他击败了格尔达乌米,从此马查巴奕王朝全部瓦解,国王格尔达乌米领着王室的军队逃到班纳禄干、巴苏禄安、巴篮望安等地,以后的情形便没有别的记载了。

## 二　伊斯兰教势力的发展

马查巴奕王朝崩溃后,在它的废墟上出现了许多伊斯兰国家。

15世纪中叶,出现了第一批印度尼西亚的传教士,号称教长。当时大概有八九位教长,都是王亲贵族,驻在繁盛的港口宣教布道,拥有许多远地来读的学子,控制着岛际贸易,一当他们与当时的领主们勾结,便形成一个强固的集团,宣布脱离马查巴奕王朝的统治。

1478年,马查巴奕被吉林特拉哇尔曼的队伍攻陷之后,爪哇、苏门答腊和马来半岛的伊斯兰集团纷纷独立,自成王国。这些王国分成四个系统,就是东爪哇的淡目王国、西爪哇的万丹王国、马来半岛的马六甲王国和苏门答腊的亚齐王国。

淡目王国建国于马查巴奕的故土。1521年至1546年,淡目王国由一个名叫特仑干诺的国王统治,号称苏丹,即伊斯兰国家的皇帝,这是淡目王国的强盛时代,统治着爪哇岛上许多大小领主。1546年,特仑干诺企图消灭异教的竞争者,对马查巴奕的残余势力进行彻底的肃清,但是事未成身先死,为他的侍卫所刺杀,引起了各领主之间的争夺混战。巴央地方的领主阿弟维查雅,是特仑干诺第四个女儿的丈夫,他在伊斯兰教士格德协助之下平息战乱,接替了特仑干诺的统治,巴央便成为爪哇中部和东部的政治中心。阿弟维查雅为了酬赏伊斯兰教士格德的功劳,给他日惹附近的封地。1575年格德逝世之后,他的儿子生纳巴啻承袭封地,势力日渐强大,1582年攻陷巴央,建立马打蓝王国。(这是信奉伊斯兰教的马打蓝,不是8世纪至10世纪时加林卡后代所建立的马打蓝。)

万丹王国的创立者是华达伊拉。16世纪初,葡萄牙人正欲独占西爪哇的胡椒贸易，甚至在西爪哇传布基督教，因而引起东爪哇淡目王国的注意。苏丹特仑干诺命他的妹夫华达伊拉为王室代表，到西爪哇进行活动。1527 年间，华达伊拉的军队占领万丹与加拉巴，并将加拉巴改称雅加达；因为万丹的港务兴盛，乃在万丹建立统治机构，号万丹王国。万丹王国领有西爪哇大部土地，直到 17 世纪初叶。

马六甲王国是什么时候创立的，没有可靠的考证。14 世纪中叶，马六甲曾经是马查巴奕的属国。在马来人的传诵故事《杭都亚》中，得知杭都亚是 15 世纪中叶马六甲的冒险人物，他是苏丹曼殊尔的航队长，出没于马六甲海峡一带，可见当时马六甲王国是一个相当强大的国家。1511 年，葡萄牙海军占领马六甲。1530 年，马六甲的王室在柔佛重建国家。

亚齐王国建国于 16 世纪。葡萄牙人强占马六甲之后，控制了马六甲海峡的航运，中国和印度的航商乃开辟新的航线，沿苏门答腊西岸过巽他海峡，维持了中国南海与印度洋之间的自由贸易。苏门答腊北部的亚齐正当航路之冲，因而繁荣起来，新兴的亚齐王国遂成为强盛的岛国之一。亚齐人善航善贾，在西方殖民势力侵入时期，一直是反抗西方殖民者的主力。

16 世纪正是西方殖民势力侵入时期，当时群岛间王国分立，相互攻伐。亚齐王国自建国后，出现了几位专权喜功的君王，因为他们维护了苏门答腊西岸的航业，能够满足亚齐人部分的愿望，尤其是在争夺马六甲海峡航权的斗争中，他们站在新兴的穆斯林商人的立场，与西方势力抗衡，赢得了穆斯林商人的拥护。1607 年至 1636 年间，亚齐王国的统治者名苏丹伊斯干达，他是名震群岛的亚齐苏丹，这一时期，亚齐的势力包括苏门答腊西海岸的全部，据有马六甲海峡的胡椒产区，征服了马来半岛的许多领主，甚至攻陷了柔佛王国的都城，不断和葡萄牙的航队作战，又拒绝英国和荷兰所进行的贸易欺骗的要求。这位亚齐苏丹因而获得了很大的声名，以"已故之王"的称号传留在马来人的传说中。他的故事是了解那一时期的历史的重要资料。

印度尼西亚的伊斯兰王国兴起后不久，西方的殖民势力就扩张到群岛上，他们进行欺骗、贿卖、残杀、分裂的活动，摧残这些新兴的王国，使得他们未能统一成为一个强大的帝国。

# 第五章　殖民主义统治时期

　　15世纪以前,西洋人对东南亚的知识是有限的。穆斯林学者马苏第所著《黄金草原》一书,提供了点滴的知识。后来就是马可·波罗的游记,领着欧洲人迷入一个东方的梦境,似信又疑。但是,到了15世纪,各种东方的商品,如香料、糖、宝石制品、化妆品、织物等,已经流行于欧洲的上中层社会。对东方的贸易,使意大利南部、法国南部和西班牙东部的商人发财致富。但是,这种对东方的贸易,因为居间人很多,要经过阿拉伯人、拜占庭人、意大利人等层层剥削,所以东方商品的价格特别昂贵。西欧和西北欧的商人,完全无法进入遥远的东方市场。尤其是到了15世纪中叶,土耳其人征服近东,他们劫夺、海盗、苛捐杂税,使得地中海东部的商业地位恶化。这时,在土耳其人占领以外的通往印度的唯一道路,就是通过埃及和红海的路线,但是这条路线又为阿拉伯人所独占。也正是这个时期,发展后的欧洲商业经济,需要更多的黄金和白银,但是在西欧,这些贵重金属的开采,为量甚微,而在对东方的贸易中,又造成大量的金银外流,因此,黄金问题成为严重的经济问题,必须迅速解决,乃激起了寻找黄金的狂热。基于种种原因,西欧各国的商人和航海家,迫切需要开辟新的航线,绕过阿拉伯人并避开土耳其人,航往印度。1498年,葡萄牙人达·迦马得到阿拉伯水手的引导,终于航抵印度。此后,西方的航队陆续东来,进入印度尼西亚群岛。新航线发现的结果,引起了欧洲商业的革命。世界市场的扩大,流通商品种类的增多，欧洲各国支配亚洲生产品的竞争，随着就是殖民制度的产生。在殖民势力的压迫下，像印度尼西亚这样的东南亚洲的国家，便进入了被殖民主义奴役的历史阶段。

# 一　葡萄牙和西班牙殖民主义者的侵入

公元 1498 年的春天，葡萄牙人达·迦马领着一支 4 艘军舰的航队，到达了印度西岸的卡利库特城。翌年 8 月，这支航队带着黄金和香料回抵欧洲。达·迦马的回航，在葡萄牙轰动一时。

16 世纪最初的 10 年，葡萄牙人逐渐占领印度的西海岸。1509 年，葡萄牙驻印度总督阿尔布奎克力图向东南亚发展，派船舰到亚齐访问。野心家们洞察马六甲海峡的重要性，乃于 1510 年占领卡利库特城北边的果阿，建立控制阿拉伯海的殖民基地之后，便阴谋掠取马六甲海峡的航权。1511 年占领马来半岛的马六甲，建立第一个侵略基地。1512 年在摩鹿加的安汶岛设立公司。1522 年在德那地建筑炮台，并谋夺该地的香料独占权。

葡萄牙殖民者通常并不占领大量土地，他们在波斯湾、印度沿岸、摩鹿加群岛建立许多强固的居留地，从这里向土著部落进攻，向他们勒税，要他们缴纳香料和热带的贵重产品，用玩具和廉价的商品进行欺诈的交换，此外，又在爪哇东部地区进行奴隶买卖。

葡萄牙人于 1510 年占领果阿，1511 年占领马六甲，1515 年占领波斯湾出口处的霍尔木兹，这样便封锁了从印度通过美索不达米亚以达叙利亚，从印度通红海以达亚历山大里亚这两条旧有商业路线，完成了控制印度洋的霸业，垄断香料和各种东方产品的贸易。因为摩鹿加群岛盛产丁香、豆蔻等各种香料，西方殖民者一直管它叫作香料群岛。16 世纪的 20 年代，葡萄牙殖民帝国就是这样建立起来了，把从香料群岛经马六甲海峡而达西印度洋的航线据为己有，实行海盗行为，任何"外国"航队进入这一地带，都要遭受截击劫掠。

西班牙殖民者的入侵，开始于1522年。

葡萄牙人麦哲伦领导的西班牙航队，将要完成环绕地球全航的时候，在一次与菲律宾部落的冲突中，麦哲伦本人被杀身死，这个航队便由他的副手加诺率领，1522年抵达摩鹿加群岛，在德那地邻近的帝多利，得到当地部落领袖的接待。加诺的航队后来通过印度洋，绕过了非洲，回到西班牙，完成了第一次环绕地球的航行。此后，西班牙人陆续进入香料群岛，就在帝多利设立商站。因为群岛间有些世代相仇的部落，西班牙人正好利用这种关系，进行挑拨，而能够与当时占优势的葡萄牙人进行竞争。

西、葡的竞争，最后由葡萄牙人付给西班牙人一部分补偿金，西班牙人乃于1529年退出香料群岛，转向菲律宾进行殖民活动。葡萄牙人的势力，一直维持到16世纪末。1580年，葡萄牙本国为西班牙所吞并，葡萄牙人的海洋活动大受打击。但是葡萄牙一直占领着帝汶岛的北部，直到现在①。

西、葡的入侵，正当马查巴奕王朝瓦解之际，各伊斯兰王国分立，力量分散，而各海岛上还有许多氏族部落，氏族和部落间的狭隘性，相仇互争，这一切都让殖民者得了机会，挑拨离间，欺骗豪夺，甚至占领了他们的土地。但是殖民者的海盗行为，乃直接掠夺了当地人民的利益，所以爪哇和苏门答腊上那些比较强大的王国，为了维护他们的航务与主权，从未停止过与殖民者的斗争。

## 二　荷兰殖民者的侵入

16世纪尼德兰革命②，推翻西班牙的专制制度的压迫，产生了

---

① 指本书写作的时间1957年。——编者
② 尼德兰系原文"低地"的直译，位于莱茵、缪斯诸河的下游，北海沿岸。中世纪称荷兰国土为尼德兰。

一个新的资本主义的国家：荷兰共和国。

16 世纪末，在革命进程中，荷兰就侵入了印度尼西亚。原来荷兰人的海上业务，是从葡京里斯本转运东方的土产，供应欧洲各国。1580 年，西班牙吞并葡萄牙，控制了里斯本的贸易，荷兰的商业资本家不得不找寻自己的航路。1595 年，荷兰商人组织远方公司，派出一支包括四艘船舰的航队，由郝提曼和凯察率领，绕过好望角，航行了 14 个月，到达西爪哇的万丹。郝提曼和他的水手们都是残暴的野心家，他们在万丹海外抢夺了两艘爪哇帆船，因而不为爪哇各港口所接待。郝提曼欲东下摩鹿加，但是水手们又群起鼓噪，于是这支孤悬海上的航队被逼得回航，他们回抵国门已是 1597 年了。

荷兰人第一次向远东出航，所得利益虽微，但是东航路线，已了如指掌。1598 年至 1601 年，先后组织了 14 次远航队。航行结果，得到纯利 400％。从这时候起，开往印度尼西亚的荷兰船愈来愈多，经营东方物品的公司各处林立，引起强烈的竞争。1602 年，荷兰政府觉得各贸易公司互相竞争，只有削弱自己的力量，乃由国会通过，将各公司联合起来，组织一个大公司，名为联合东印度公司，通称东印度公司，由国会特许通商独占权利，从非洲南端的好望角起，东至南美洲的麦哲伦海峡之间的地区，一切贸易，只能由公司进行，其他荷兰公司，均不得贸易。于是东印度公司便掌握了国家权力，领着强大的陆海军到了印度尼西亚群岛，实行贸易即战争的活动。

东印度公司有权以政府名义与东方各国订立条约。公司的任务就是与荷兰以外的贸易公司竞争，对当前的劲敌采取敌对行为，就是要从西、葡手中夺取仓库、堡垒、船舶和根据地。此外，公司更用武力强迫东方各岛国居民和它通商，选择要略地点，建筑炮垒，最后占领这个地方。

东印度公司创立初期，在印度尼西亚没有固定立足点，后来获得在万丹和克里席克建筑仓库，这才开始采取攻势。公司在给它的海军提督威尔韦克的训令中，要他对西班牙人和葡萄牙人采取攻击战略,完成独霸印度尼西亚的"雄志"。

1607年,公司命令它的海军提督孚尔霍姆,准备占领万丹和摩鹿加群岛,夺取葡萄牙人和西班牙人的占领地。安汶和德那地相继转落在荷人手中。

1609年,东印度公司委任波特为第一任总督。1610年,波特率领11艘船舰到达群岛,这是一支完整的殖民队伍,有传教士和工程师,并有妇女36人。波特想在柔佛或万丹设立据点,但是柔佛在葡萄牙人操纵之下,万丹又拒绝给予特权,最后,波特花了一笔租金,贿赂雅加达的领主,得在雅加达建筑住屋,又在芝里翁河东岸建立仓库。这位野心家安顿了他的殖民队伍之后,便又到摩鹿加活动去了。

1617年,东印度公司的第四任总督柯恩,下令在雅加达仓库的周围筑墙,成为坚固的堡垒。这时英国人已开始活动,在苏门答腊与摩鹿加与荷兰竞争甚烈。英国人甚至在芝里翁河西岸建筑堡垒式仓库,与荷兰人隔河对峙。英国与荷兰在雅加达的竞争,于1619年5月以荷军击败英军而结束。荷兰人将雅加达付之一炬,然后建立新的仓库和碉堡,并把雅加达改名为巴达维亚,在这里建立强固的基地,此后300多年,荷兰殖民者一直在这里发号施令,雅加达成为荷兰殖民地的心脏。

荷兰人自从占领雅加达后,东印度公司的欺骗贿赂伎俩愈来愈表面化。柯恩为了强化摩鹿加的东印度公司的权力,制止安汶和万达两岛居民的反抗,1621年,率领12艘船舰亲临"惩罚",万达居民更惨遭杀戮,壮丁们都被打死或饿死,剩下来的妇孺一起被解往巴达维亚,充作奴隶,万达居民15000名,可以说全数为柯恩所杀。另一方面,东印度公司又实行"海上缉私"政策,极力击退英国、西班牙和葡萄牙的竞争者,强迫中国的帆船停泊巴达维亚港口,繁荣这个劫火血腥的城市。

东印度公司的"贸易"独占,是击败西欧的劲敌,镇压当地的领主和人民的反抗而获得的，在 1602 年创立时开始，它就是荷兰殖民者侵略东方的工具。这个公司从来没有经营过生产的企业，只是用政治力量榨取印度尼西亚的富源，用廉价收买土产，限制香料的种植，除安汶、万达等二三个海岛外，一律扑灭香料的栽培，其他热带的贵重产品，例如咖啡、甘蔗、印度蓝等，也限制耕作面积和产额，为了保持产品的高价，毫无容赦地限制生产，甚至大批地焚毁产品，如此的横暴榨取，引起岛民暴动，公司就用武力镇压，把整个海岛变为奴隶种植场。因此，公司的利润是巨大的，达到百分之几百。这是17 世纪荷兰殖民者侵入的情形。

## 三　英国殖民主义的统治

17 世纪 20 年代，荷兰东印度公司击败了新兴的英国竞争者，完成独占印度尼西亚"贸易"的霸业。据 1669 年统计，该公司拥有 150 艘商船、40 艘军舰和 1 万军队。这是它的全盛时代。但是荷兰本国自从退出争夺西班牙遗产战争后①，事实上已变为一个次要的强国，它的地位为英国所代替。荷兰东印度公司的海洋活动，自 17 世纪70 年代以后，愈来愈不能阻止英国人侵入印度尼西亚了。

强制收买政策本来是"公司"的起家本领，在公司没落期间，这种政策助长了偷运营私的风行。各海岛的领主，都愿意把产品卖给英国人，因为可以得到较高的价钱。甚至连公司的职员，也把他们用低价收买的产品，偷偷地卖给外国人，或者走私运到欧洲去。公司曾经采取过严厉的制止办法，1722 年，有 26 个职员被控犯走私罪，在同一天内被斩下首级；1731 年，公司的总督和总经理因为营私而被革职。但是刑罚未能威胁利欲和贪婪的人们。

---

① 指 1667 年路易十四为其后玛丽亚·蒂利沙的遗赠权向西班牙要求领土所发动的一次战争，1668 年战事结束。

18世纪30年代以后,公司对摩鹿加群岛贸易的收入大为跌落,入不敷出。在苏门答腊的经理处完全没有收入。公司为了掩饰本身财政的困难,乃发行新的公债和借款,继续付给股票利息,企图维持公司的垄断权。在荷兰国内的资产阶级中,产生了反对公司垄断权的反对派。

1780年的英荷战争,给公司以最后的打击。这次战争进行了4年。荷兰损失了印度东岸的据点,同时表现了自己的软弱无力,苏门答腊西岸的领地在不战而退的情形下交给了英国。英国除获得印度东岸的据点外,并获得在印度尼西亚领海自由航行的权利。在这次战争中,爪哇以外的海岛纷纷起义,公司付出很大的代价才镇压了起义,它的债务比平时增加了1倍。公司已面临它的末日了。

18世纪末,荷兰本国及其殖民地变为英、法斗争的舞台。19世纪初,荷兰本国变为拿破仑的附庸,产生以路易·波拿巴为首的王国,殖民地则受英国的打击。在这样的局势下,荷兰东印度公司早于1798年宣告解散,1800年1月1日起,正式由国家来接管它的事务。

19世纪开始,英国人已经控制了印度洋的活动,荷兰与印度尼西亚的关系几乎断绝;但是路易·波拿巴没有放弃对殖民地的注意,1807年委派丹恩德尔斯为印度尼西亚总督。这位曾经在法军服务的将军,几乎是只身到达印度尼西亚的,他的任务被指定为巩固爪哇及其他岛屿,恢复先前的统治。

丹恩德尔斯到达爪哇之后,首先建立一支殖民地军队,逼迫各领主执行兵役,吸收奴隶入伍,甚至去到马都拉、婆罗洲、西比里斯各地招募兵员。丹恩德尔斯有了军队之后,便进一步巩固爪哇的防务,命令各领主摊派徭役,修筑从西爪哇到东爪哇的公路,长达1000公里,原来从巴达维亚到泗水的航程,需时40天,现在用公路运输,只需六七天了。此外,更在各处建筑兵营、军医院和兵工厂,在泗水、万丹、巴达维亚等大城市加建堡垒。丹恩德尔斯的防御措施,以成千成万的爪哇农民的生命为代价,在万丹建筑堡垒的1500名农民,没有一个人能够回转家园。各伊斯兰王国的领主因为害怕农民起义,纷纷拒绝摊派徭役,丹恩德尔斯便命令他的殖民军占领王国,贬黜原来的苏丹,而用他的走狗来代替。

丹恩德尔斯的措施,需要大量的支出。荷兰本国,财政每况愈下,不能接济帮助。海上被英国封锁,印度尼西亚的土产不能运销荷兰。殖民地政府的仓库塞满了胡椒和其他土产,这些土产只能售给美国,但为数极微。丹恩德尔斯为了维持殖民统治所需的开支,除保持了剥削爪哇人民的一切旧方法外,把土地连同特权标给欧洲人和中国人,凡是向政府承购土地者,不仅可以自由使用购得的土地,还可以奴役该私有土地上的居民,地主有权委出治理人民的头人,可以强施徭役,制定税收政策。

丹恩德尔斯在爪哇厉行军政统治,严刑峻法,赢得了“雷公大人”的绰号。爪哇人民难堪苛税和劳役之苦,在忍辱负重下呻吟;士兵们是用暴力和欺骗征募而来的,普遍不满,更兼疠疫流行,军医院塞满了患疟疾和各种热带病的兵士,在这些条件下,丹恩德尔斯要和英国争夺,难望胜利。

1811年,丹恩德尔斯以同侪嫉妒被召回,他的后任是詹生氏。是年8月,巴达维亚海面出现了100艘军舰,这是英国印度总督明多亲自指挥的舰队,有陆战队15000人。英军没有遭遇抵抗便占领了巴达维亚。詹生氏逃到三宝垄,希望在中爪哇纠合抗拒英国人的力量,但是日惹与棱罗的领主已经与英国人合作,加之兵士们为深刻的不满所笼罩,因此英军一经在三宝垄登陆,打出了第一炮之后,詹生氏的军队即溃不成军,兵士们杀害了荷兰军官即行逃散,詹生氏被迫签订了顿当投降书,把爪哇统治权移交给英国人。

英国委任莱佛士治理爪哇及其他征服的地方。莱佛士的一生,致力于殖民事业,在准备夺取爪哇时,即与爪哇的领主建立密切的联系,用尽方法煽动他们对荷兰人的仇视。但是,一当他占领爪哇之后，他就改变了面孔，废除原有领主的职权，打击他们的威严。全爪哇分为16郡，名义上由原来的领主充任郡守，其上设一欧籍官，即所谓驻扎官，为全郡的首脑，领主们实际变为受年俸过活的傀儡。

在财政上，莱佛士宣布土地"国有"，盐酒专卖，并取消义务供献与实物税制，颁布田赋地租细则，依土地的肥瘠，税额从五分之一至二分之一，税收以村社为单位，直接向财政机构缴纳，不假手于郡守。商人、工匠、水手必须缴纳人头税。莱佛士也因沿丹恩德尔斯的办法，将土地批给欧洲人和中国人，在爪哇和某些海岛上，产生了欧洲人的种植园。莱佛士预料欧洲和平在望，群岛的香料和热带产品，又将攫取欧洲市场，因此在若干地区，保留荷兰人的剥削方法，并实行强迫种植制度。

在司法上，莱佛士也有了若干改变，仿效英国的习制，设立公民陪审团。废除带枷刑罚。禁止奴役，蓄奴者，必须缴纳奴隶税，至1814年，禁绝奴隶买卖。但是殖民主义者对殖民地人民的奴役，从未忘情。莱佛士强迫数千爪哇居民迁往万越马辰，为他的好友亚历山大·哈利服役，这些爪哇人都死在该地的种植园里，没有一个人生还。

莱佛士的措施，促进了商品经济的发展。英国的工业品大量输入，爪哇的手工业受到严重的打击。欧洲的船只，数年内驶入群岛的数量，比以前增加了10倍。外国资本也开始侵入农村经济中。

莱佛士自诩为爪哇的改革者，他写了一部完整而有附图的《爪哇史》，极力吹嘘他的政府的力量和好处。身受剥削的爪哇人民，却没有被美丽的言辞所蒙蔽，更没有因剥削制度形式的改变而受骗。爪哇人民管莱佛士的措施叫作"吃甘蔗的作风"，剥皮咬肉，吸取糖汁，吐出渣滓。事实上有许多苏丹，一直没有屈降，尤其是爪哇以外的海岛，直到英国殖民统治的末期，还在进行游击战争。

英国殖民统治到1816年8月结束。

# 四　荷属东印度

荷兰殖民主义统治印度尼西亚，以荷兰东印度公司的掠夺开始。荷兰东印度公司的掠夺方式有三种，第一种是在公司所征服的土地上实行"派租制"，这是一种实物地租，政府对居民没有一定的租额，视其土地收获的多寡，抽成上缴公司。第二种是在公司权力影响下的地方实行强迫供应制，"公司"规定该地每年供应多少量的土产，转经领主王公之手，以廉价强购产品。为了实行强迫供应，派大军驻扎该地，以资镇压。第三种是对独立的王国贿赂欺骗，进行极无信义的贸易，伺机侵夺这个地方。

荷兰东印度公司是于 1798 年宣告解散的，1800 年 1 月 1 日，荷兰政府才正式宣布接管它的事务。但是，荷兰政府无力策划殖民活动，海外的殖民据点陷于孤立自流，经常受英国人袭击，等到丹恩德尔斯到达印度尼西亚的时候，已经是 1808 年了。丹恩德尔斯的厉政，未能巩固荷兰的殖民统治，他的后任詹生氏，终于在 1811 年 9 月 18 日，在英国军队的压力下，签订了顿当投降书，把爪哇全境，包括兵站主权，移交英国，但是，荷兰籍职员，愿与英国合作者，可以留任。

1813 年，拿破仑在德国莱比锡决战失败，欧洲局势转变了，荷兰有了恢复独立的机会，欧洲列强有心把它变为防御法国人的堵墙，并准备归还殖民地，这都在 1814 年的维也纳会议中达成协议，把比利时和荷兰合并为尼德兰王国，扶植奥兰治王室复辟。但是，根据 1814 年 5 月巴黎和约的规定，英国可以保持他在西、荷手中所夺来的殖民地，同时，此时大陆封锁已经破灭，英国恢复了在欧洲的工商业霸权，它正在一天天地强大起来，眼看就要统治世界了，因此，殖民地之归还荷兰，最多只能限于印度尼西亚了。

1816 年，英国把印度尼西亚的殖民政权交还给荷兰。是年 3

月,莱佛士去职,由约翰·冯达尔接任。8月,以埃劳特为首的荷兰接收委员会抵达爪哇,随同而来的有1800名士兵,一大批公务人员,并随带了数百万盾现金,充临时开支。

印尼西亚各王国,自从荷兰东印度公司入侵,中间经历过柯恩的残暴、丹恩德尔斯的厉政,以至莱佛士的巧取豪夺,一次又一次地必须献出土地,眼看外族统治的横暴,各阶层人民一致不满。此外,殖民主义者为分散国王的权力,打击他们的威信,把原来那些强大的王国,割裂分离,贵族户口大大增加,依封建习惯,对大臣贵族,例须以土地、人民、牲畜作赏赐,因为贵族户口增多,所以封土狭小,实惠不多,因此,国王和贵族们对殖民统治者的不满,至为剧烈。荷兰人卷土重来,面临这种局面,要进行殖民统治,就不会像过去那样的一帆风顺了。

另一方面,荷兰人重回印度尼西亚,从第一天起就得与英国竞争。英国在经济上比荷兰发达,英国的机器产品充斥了群岛的市场,经营种植园的英国人和其他欧洲人,像一群撵不走的房客,与荷兰的种植企业者展开了竞争。

荷兰人用尽一切方法来维护殖民统治,以抵制英国人和其他欧洲人的竞争。在行政上,殖民地政府是直接由尼德兰国王领导的。在尼德兰国王的发动下,组织了尼德兰商业有限公司,企图恢复垄断制度。这家公司负责运输和出售土产,王室是最大的股东。加强关税制度,对外国货进口课以重税,保证公司的经营。自1819年起,下令禁止殖民地居民把土地批给外侨,杜绝外侨企业的竞争。根据禁令,先前曾经批租土地者,一律须将土地收回。地主要退回租金和耕耘补偿费,土地承租者损失收获,造成极大混乱。殖民地政府的豪华开支,转经领主王公之手,落在农民大众的肩上。人民被迫缴纳的税务的项目,五花八门,地赋不用说,另外有门户税、庭院税、牲畜税、稻谷税、迁居税、土地交易税、首长税,等等。在各王国领土内,更在桥头和市场的入口处,设立征税站,过往人民,必须缴纳随身携带物品的税金。这种剥削是无穷无尽的,甚至母亲背带婴孩入市,也以货物看待,必须纳税,因为这种税没有正当的名称,母亲们就把它叫作"屁股钱"。在这样的情形下,饱受剥削的农民,痛苦呻吟,深怀不满,他们的暴动,只有待起义的领袖振臂一呼了。

1825年至1830年间,在中爪哇激起了规模宏大的起义。荷兰人费了很大的气力把起义镇压下去,殖民地政权巩固了。此时,荷兰国内财政空虚,又要对比利时作战,便把全部负担转落到殖民地人民身上。1830年,国王威廉一世委派波殊出任印尼西亚总督。这位波殊是一位老牌的殖民地野心家,他有一套理论,他说印尼西亚人富于服从性,但是对现状茫然无知,必须引导他们,假若他们愚昧而懒惰,那就强迫他们工作。波殊的结论是:把印度尼西亚的农业领导起来,提高生产,强迫他们种植。波殊制订了一个详细的计划,递呈国王。这个计划就是强迫种植政策,在后来的40年中,它驱策印度尼西亚人民受苦受难。

强迫种植政策原有一套虚饰的条文,规定人民仅以五分之一的土地种植输出欧洲的土产:甘蔗、蓝靛、咖啡、烟草,等等。全部收成,按价交给政府。土产种植面积,不能超过稻田。种植土产的土地,免缴地税。卖给政府的土产的价格,估价如超过地税时,余额退还。如遇歉收,农户可不负责任。但是,不从事土产种植者,必须纳人头税,或以五分之一的工作时间为殖民地政府服役。

强迫种植政策一经实行,就百弊丛生。它是在强迫的情形下实行的,盲目促进生产,从农民手中夺去的可耕地,不是五分之一,而是三分之一,二分之一,甚至是全部,而且都是最肥美的土地。政府官吏又公然抽取佣金,加重对农民的剥削。农民被迫从事种植土产的时间,往往是连续数个月,或离乡背井,调到远地的土产加工场工作,还得自带粮食。至于地税,强迫种植土产的土地,不仅没有豁免,事实上是逐年增加,1830年,殖民地政府的土地税收为600万盾,1845年已达1100万盾。土产的价格,因为尼德兰商业有限公司的独占,实际上是由政府订定,依最低估价收购。政策之贯彻执行,须要领主王公的支持,野心家波殊又有一套办法,他要使大小领主们对这种政策都感兴趣,便扩大他们的权利,郡守职位的世袭制巩固了,并赋予大量土地,甚至连村长小吏也分到土地,并豁免他们的捐税,农民必须对他们履行劳役,并须从收成的总值中,分出一定成数归郡守享用。殖民地政府更以古老的头衔封赠他们,让他们在仆从的掩翼下出巡,宫嫔们替他们撑着各种式样的伞。波殊用这种加强剥削压迫农民的办法笼络领主王公,使农民大众的苦痛加深。

这一政策施行后,农民忍无可忍,集众反抗。1833 年与 1846年,在巴苏禄安的种植园里,都发生过农民大暴动。有时,数千农民群集于殖民地政府官邸之前,呈递诉状。殖民政府当局残酷地镇压了农民自发的起义。许多农民则抛妻弃子,从事抢掠生活。耕种失时,田园荒芜,各地发生严重的饥荒。东爪哇的淡目,原有居民 33.6万,1848 年的饥荒,减至 12 万。克罗博安则原有居民 89,500,1849年的饥荒,仅存 9,000。但是,对于宗主国,强迫种植政策则带来绝大好处。40 年的剥削,取得盈利 9 亿盾。原来没有多大起色的尼德兰商业有限公司,自从 1830 年以后,业务进展,一日千里。

执行垄断制度和强迫劳动的结果,是荷兰殖民地的统治权逐渐巩固了,兆亿金钱,流入宗主国,推动了荷兰本国工业的发展。从 60年代起,荷兰的铁道网增长了,纺织工业发达起来。在工业资本日益发达的情况下,工业资产阶级要求打消对殖民地的垄断,反对强迫种植政策。同时,在国会中,进步的政治活动家严厉批评殖民制度。有一个名狄克尔的殖民地官员兼作家,以"患难余生"的笔名,写了一本自传体裁的小说,题为《马克斯·哈菲拉尔》,或作《尼德兰公司的咖啡竞卖场》,描写爪哇人民的痛苦,主张应以工作自由来代替强迫劳动。这本小说反映了当时爪哇的现实情况和人民的要求,具有进步的意义。

在工业资本家的争取、进步政治活动家的批评之下,荷兰国会获得了对殖民地管理的控制权。在改变剥削殖民地方法的斗争中，尼德兰商业有限公司的垄断，执行时有困难的强迫种植政策，都成为扩大剥削中的绊脚石了。但是，这种斗争进行迟缓，等到工业资产阶级赢得胜利时，已经与帝国主义的开端相错合了。

1870年，殖民政府公布糖业法与土地法。糖业法规定强制种植甘蔗的土地面积逐年缩减，定于1891年放弃强制法令。糖业法实施后，在所有强制种植的作物中，仅保留咖啡一项，继续强制种植，直到1915年。这个磨折印度尼西亚人民的、促成荷兰发展的强迫种植政策，到1917年才算废止。

土地法规定凡不能证明其私有权的土地，都宣布为国有土地。政府有权将土地租给任何人，期限75年。人民也可以把私有地租给外侨，期限25年，但不能出卖。通过土地法，殖民地政府没收了许多农村公社的土地，因为这些土地还不曾为个体农民所有。

剥削方法的改变，即所谓"自由政策"，大大地鼓励了欧洲私人资本的投资，随着苏伊士运河的开航，欧洲的资本像洪流一样涌进了群岛。

"自由政策"对殖民政府是有利的，以甘蔗和烟草而论，1885年甘蔗的产量，比1870年增加了两倍以上。1890年烟草的输出值，为1870年的10倍。殖民政府每年的总收入，结存5,000万盾以上。

然而，"自由政策"很快就为独占的财政资本所把持。爪哇银行、荷兰商业银行、涵塘商联①、殖民银行等，像雨后春笋一般，应时而生。这些银行，有的远在1870年至1880年间，已开始控制了种植园及工业。尼德兰商业有限公司，这时已经变为"小公银行"，在1875年以前，就已占有很多种植园，7所炼糖厂，并控制了17处烟草、咖啡等企业。

荷兰人将爪哇及马都拉称为"本岛"，爪哇及马都拉以外的称为

---

① 涵塘商联即阿姆斯特丹商会。——编者注

"外领"。荷兰人在巩固"本岛"统治的同时，不忘对"外领"的征服。对"外领"的征服要进行两条战线的战斗。对海岛领主和人民的反抗，荷兰人用枪炮对准他们。对英国、葡萄牙和德国的竞争者，进行无休止的政治活动：谈判、让予、收买、定界。经过了100年的战斗之后，荷兰殖民者占领了全部群岛，让出帝汶岛的北部葡萄牙，而北加里曼丹、沙捞越以及东经141度以东的伊里安则让给英国。这样的殖民地分割局面，维持到1942年。

荷兰占领下的群岛地区，在血腥的殖民地历史中，称为荷属东印度①，或称尼德兰东印度，由荷兰国王委任总督管治。荷属东印度的统治体系，有三个组成部分，一个是由总督领导8个部的政府，下辖6个省区和4个"公国"，6个省是苏门答腊、西爪哇、中爪哇、东爪哇、加里曼丹和东部群岛，4个"公国"都在中爪哇的日惹与梭罗地区。第二个组成部分是东印度议会，由5人组成，3人荷兰籍，2人印度尼西亚籍，这只是一个咨询性质的机构。第三个组成部分是所谓人民代表会议，由60人组成，30人为印度尼西亚居民，25人为欧洲籍侨民，5人为华侨或其他亚洲国籍侨民。人民代表会议名义上通过一切规章和法律，但是凡由荷兰本国制定的法规或政策，会议无权讨论，而且总督有权撤销会议所通过的决议。殖民政府有4万常备军，包括陆、海、空部队，分别驻扎在泗水和安汶这两个海军基地。常备军中，三分之二的兵士是从殖民地人民中征集的。此外，还有1万名政治警察；在日惹、梭罗和马都拉三个地区，又训练了5000名为荷兰国王效忠的土著部队。

在帝国主义的体系中，荷兰终究是比较弱小的一环。在瓜分世

---

① "东印度"一名与"西印度"相对，都是西方人在寻找通往印度的航线时所产生的名词。1492年，哥伦布抵达北美东部海外的巴哈马岛，以为是印度的外岛，及后发现美洲大陆非印度时，遂把从北美佛罗里达海峡至南美委内瑞拉东北岸之间的岛群，命名为"西印度群岛"。1498年，达·迦马抵达印度以后，西方人陆续发现印度以东的海岛，他们把印度沿岸直至菲律宾北部之间的海岛总称为东印度群岛。至于"东印度"一名，在西方人的观念中，实际上包括印度半岛和中南半岛。荷属东印度专指印度尼西亚群岛。

界的炽烈斗争中,荷兰要保持自己的殖民地,唯有利用强国之间的矛盾,并对他们广开印度尼西亚的门户。因此,印度尼西亚便成为各帝国主义剥削的对象。20世纪初期,在外国资本如潮涌进的竞争中,英国资本占了最强的地位,也是必然的事实。

在帝国主义剥削之下,在爪哇,规模宏大的各种热带作物种植园,占有几千平方公里的土地。在20世纪最初的10年,出现了树胶的种植园,这种作物,在往后印度尼西亚的经济发展中,起了最大的作用。各海岛的矿藏开发了。在苏门答腊的巨港、加里曼丹的麻里巴板及打拉根、爪哇的炽埔,竖起了密密如林的油井。荷兰皇家壳牌石油公司、美孚石油公司、荷印石油公司,相互角逐。荷兰皇家石油公司原来于1890年成立,后来与英国贩卖壳牌的石油公司合并,在殖民地政府的帮助之下,把较小的公司收拢过来,于1907年成立荷兰皇家壳牌石油托拉斯,这个靠开发加里曼丹的石油起家的企业,遂成为世界最大的石油托拉斯之一。殖民者从橡胶、椰油、金鸡纳霜(奎宁)、石油、锡、煤这些新兴的经济物资中,攫取了巨大的利润,单就1929年的官方统计,输出144,600万盾,输入110,800万盾,但是,从这庞大的贸易中所产生的利润,不独没有印度尼西亚人民的份,更因为种植园面积的不断扩大,使小农沦为欧人种植园的雇工,依靠极其微薄的薪给过活。在爪哇和马都拉岛,由于人口日增,人民生活更是困苦不堪。"外岛"的开发,需要大批劳工,殖民者在爪哇设立多处劳工招募所,失地的农民,一批一批的被花言巧语所欺骗,被一小点垫款所诱惑,签订了契约,在卫兵们的监押下,被送进了矿山、工厂和围着铁丝网的橡胶园里工作。本来是肥沃的热带土壤,出产丰富,在300多年的殖民主义统治之下,却只有一幅灾难的图景。

# 五　17、18世纪各王国的情形

17、18世纪时,印度尼西亚各王国的情形,分四个主要地区叙述。

**爪哇**　荷兰人入侵时,爪哇岛上有三个比较强大的王国,就是马打蓝、万丹和巴篮望安(又译布兰邦岸),为当时抗荷的主要力量。

马打蓝王国,自从 1582 年生纳巴甯攻陷巴央之后,成为一个强大的王国。1601 年,生纳巴甯死,传其次子约郎。约郎王在位 13 年,死前指定由其长子郎山继位,号阿贡王,即史载著称的苏丹阿贡,这是 1613 年。

苏丹阿贡统治下的马打蓝,堪称太平盛世。此时来到马打蓝访问的荷兰人,看到梭罗河畔的肥沃平原,村落相望,熙熙攘攘的尽是肩挑背负的农民;装载土产的车辆,络绎于道;贵族们以象代步;首都加尔达,城区广阔,人口极盛,每天屠宰禽畜 4000 头。如果鸣锣召众,一天之内可以召集首都内外 20 万的武装人民。荷兰人看见这种情景,真是又惊又羡。

苏丹阿贡力图统一爪哇,驱逐荷兰人出境。为达到统一爪哇的目的,不断地攻伐那些离心离德的郡守。1625 年,苏丹阿贡的统治权达到西爪哇的井里汶。因为荷兰人在各领主之间离间分化,苏丹阿贡禁止人民售米给荷兰人,并制定专卖政策,使荷兰人不能暗自收购。自从柯恩占领雅加达后,马打蓝与巴达维亚之间的对峙局面,愈益尖锐化。1628 年与 1629 年,马打蓝两次出兵攻打巴达维亚。爪哇军虽然奋勇异常,但是荷军拥有新式武器,且有大炮,而苏丹阿贡又未能把各领主团结起来,使之成为统一对外的强大力量,因此,在两次战争中,马打蓝的军队都未能坚持比较长期的战斗,终于失败。残忍暴戾的柯恩,在 1629 年的战役中,染疫身亡。

苏丹阿贡的后继者是德卡望仪,称阿庞古剌一世,是一个残暴的君王。此时,马打蓝已不复成为一个统一的国家。荷兰东印度公司的代表昆斯,曾五次出使马打蓝,在他的报告中说,阿庞古剌一世治下的马打蓝,大约有 12 个自由行动的"侯国"。各"侯国"都想做马打蓝的盟主,战乱相承,阿庞古剌一世在兵荒马乱中度过一生。

最后，来自马都拉与东部群岛联合的力量，在马都拉领主杜仑纳查雅的率领下，占领了泗水，马打蓝陷于兵临城下的危局中。荷兰东印度公司趁这个机会浑水摸鱼，派出一个以斯贝尔曼为首的代表团，分别到泗水与马打蓝进行阴谋活动。结果，驻在泗水的杜仑纳查雅拒绝与荷方合作，而阿庞古剌一世则与荷方建立了同盟，联合进攻泗水。荷兰举兵东下，占领了泗水，并挥兵马都拉，烧毁了杜仑纳查雅的旧宫。杜仑纳查雅在泗水突围，在一次舍命的突击中，竟然攻下了马打蓝的都城加尔达，阿庞古剌一世在戎马倥偬中死去，时为 1677 年。

阿庞古剌一世的儿子阿诺音，以三宝垄和爪哇沿海的主权为押，换得荷兰人的援助，于 1679 年击败杜仑纳查雅，重新夺回马打蓝那个金质的王冠，号阿庞古剌二世。从此以后，马打蓝便成为在荷兰人卵翼下的属国了。

荷兰人有心想扶植马打蓝，使它成为东爪哇和中爪哇的盟主，作为自己的忠实走狗。但是阿庞古剌二世投靠荷兰人，甚不得人心，威仪尽失，伊斯兰教士们都反对他，说他是与异教徒同一鼻孔出气。这位声名扫地的君王，虽然获得荷人的协助，却要经过四年的战斗才能回到马打蓝的故宫，这时马打蓝的政权已不能维持统一的局面了。1703 年阿庞古剌二世死后，爪哇岛上出现了这样的局面：荷兰东印度公司占领着巴达维亚，控制西爪哇；阿庞古剌三世戴着马打蓝那顶金质的王冠，许多各自为政的"公国"和"侯国"，为争夺这顶王冠，进行过不知多少次的战斗，这就是史载的爪哇王位争夺战，荷兰东印度公司自不免从中策划一番。

爪哇岛上第二个强大的王国是万丹。

自从华达伊拉建立统治后，万丹王位传至苏丹阿庚，1650 年即位，凡 33 年。苏丹阿庚是历史上有名的抗荷英雄，曾经发动不止一次的对巴达维亚的攻势。

万丹本是爪哇的重要港口，17 世纪初期，已经有许多欧洲人在这里建立仓库，它一直是荷兰东印度公司权限以外的商埠。万丹人对伊斯兰教信仰狂热，伊斯兰教士有极大的威望。宗教的狂热，凝成一股力量，与基督教的荷兰人对抗。如果有从巴达维亚逃出来的军民或奴隶，只要他改奉伊斯兰教，必然会得到万丹人的接待。

在苏丹阿庚统治下的万丹，是它的黄金时代。荷兰东印度公司在巴达维亚市郊建立的炮台，主要也是为防御万丹的军队攻入市区的。苏丹阿庚有一支精锐的舢板队，给荷兰的海上活动以很大的威胁。苏丹阿庚又拥有欧式帆船，远航印度与菲律宾，贸易发达。因此，在苏丹阿庚朝内，万丹港盛极一时，船樯万桅，星宇连云，富丽的宫室，与椰林蕉树相辉映，港口上又建筑有欧式的炮台，足资防守。

但是，自从 1671 年以后，万丹王国即逐渐走上衰亡道路。1671 这一年，苏丹阿庚按传统习例，封太子阿卜杜加哈尔为辅王，这位辅王于 1674 年赴麦加朝圣，此后被尊为苏丹哈夷。在辅王朝圣期间，有一派人拥立普尔眷雅王弟为辅王，因而引起叔侄之间的争执，而苏丹阿庚却是有意于乃弟，这个争执即发展为父子之争。此时万丹的宫廷分成两派，一派为得穆斯林的拥护的父王派，另一派是苏丹哈夷，投靠荷兰人。两派内争，结果削弱了万丹内部的力量。1680 年，苏丹哈夷乘父王准备攻打巴达维亚之际，发动宫廷政变，夺取政权，父子兵戎相见，达两年之久，苏丹哈夷在荷兰人煽动之下，向荷兰东印度公司求援，荷军即于 1682 年 3 月到达万丹港口，剧战数月，苏丹阿庚为荷军所俘，1695 年死于巴达维亚的狱中。此后，万丹王国变为遵照荷方旨意行事的属领了。

除马打蓝与万丹而外，东爪哇的巴篮望安是抗荷英雄们的避难所，他们在这里养精蓄锐，准备力量。

马查巴奕王朝覆亡时，王室的军队有一部分逃到巴篮望安，淡目与马打蓝都没有正式征服过这个地方，直到 17 世纪末叶，这个地方才被巴厘王国合并。18 世纪初，英国的冒险家开始入居巴篮望安，有意开辟蔗园，这促使了荷兰东印度公司要把这个地方据为己有,1767 年以后,连续向巴篮望安发动攻势,10 年战斗,抗荷的勇士们被迫退守巴篮望安南部的奴沙龙小岛,1777 年 8 月,荷兰东印度公司以强大的兵力占领了这个小岛,整个爪哇就这样落入荷兰人手中。

**苏门答腊**　16 世纪以后,苏门答腊岛上有两个重要的王国,一个是苏门答腊南部的马来由,另一个是北部的亚齐。

14 世纪末期,苏门答腊南部为马查巴奕王朝所统治。马查巴奕王朝自哈奄武鹿死后,国势日衰。到了 15 世纪,苏门答腊南部的领主,力谋摆脱马查巴奕的羁绊,在马来由故国的米南加保,出现了由阿弟者哇尔曼创立的王朝,史称米南加保王朝,奉印度教。16 世纪,随着亚齐王国的兴起,伊斯兰教自亚齐传入米南加保,许多领主都改奉伊斯兰教。17 世纪,由于领主们争夺米南加保的王权,苏门答腊南部形成三个势力相衡的集团,就是楠榜、巨港和占卑。楠榜曾被万丹占领。1684 年,荷兰东印度公司的势力侵入,获得独占胡椒贸易的权利,及 1738 年,荷兰人又在这里建筑炮台,楠榜主权即为荷兰东印度公司所掌握。巨港的统治者名叫苏拉,曾经一度与万丹作战,在当时荷兰人与葡萄牙人的竞逐中,它保持了相当时期的独立,但自 1641 年马六甲易手后,荷兰人即在巨港安置了 8 门大炮,以强力获得了胡椒的专利权,至 1659 年,荷兰东印度公司的远征军大举侵入巨港,血战结果,巨港被陷,市区亦被焚毁。至于占卑的历史,仅知它与马打蓝联盟,自 1642 年荷兰人侵入后,占卑即与荷兰东印度公司签订丧权协定。

苏门答腊北部的亚齐王国,自名振群岛的苏丹伊斯干达故世后,由他的女婿承袭王位,号伊斯干达二世,在他的统治下,亚齐的势力仍然强大,伊斯干达二世于 1641 年去世,正是这一年,荷兰人从葡萄牙手中夺去马六甲,于是荷兰东印度公司的矛头便指向亚齐。荷兰人与亚齐的关系,被比作"碎了的炭",永无修复的可能。伊斯干达二世以后 60 年间,统治亚齐的都是女王,弄臣专权,各领主不受君命,弄得亚齐王国的统治权分崩离析。18世纪初,实行过选举苏丹的制度,被选的多是伊斯兰教长老或武士,可是各领主争夺王位如故,无从形成强固的中央政府。但是亚齐人民的力量和意志,一直是坚强和壮大的,充分表现于19世纪反抗殖民者的斗争中。

**加里曼丹**　加里曼丹的领主,一向臣服于爪哇和马来半岛的王国。本岛有两个比较大的"侯国",就是坤甸和万越马辰①。

坤甸在加里曼丹的西部,位于兰达克河与卡江相会之处。1772年,一位阿拉伯传教士与本岛贵族女子所生的儿子,名叫阿卜杜拉曼,征服了兰达克河口的部落,在这里建立城邦。但是,部落深仇使这个新兴的城邦没有一天安定过。1778年,阿卜杜拉曼为了防御兰达克部族的报复,竟受了荷兰人的欺骗,允许荷兰东印度公司在坤甸建筑堡垒,派了41名驻军,并在荷兰人的唆使下,攻打坤甸邻近的许多部族。阿卜杜拉曼从此承认了荷兰的宗主权。但是有一批在坤甸附近开采金矿的中国侨民,一直与荷兰人抗衡,达110年之久,这就是印度尼西亚历史上所称的"兰芳共和大总制"②,或称"兰芳公司"。

万越马辰在加里曼丹的南部,本是马查巴奕的属国,复归德麦。在德麦时代,传入伊斯兰教。自德麦覆亡后,万越马辰与爪哇的关系断绝。

荷兰东印度公司一直觊觎万越马辰,但是万越马辰对于异教徒的荷兰殊不客气,数次杀死荷兰东印度公司的雇员,1617年,公司派了4艘船舰"兴师问罪",大肆杀戮。此后,公司即在万越马辰建筑仓库和堡垒。1787年,万越马辰正式归荷兰东印度公司统治。

---

① 万越马辰,又称马辰,古代又称文郎马神、马神。——编者注
② 按阿卜杜拉曼承认荷兰宗主权之后,坤甸附近仍有一股抗荷力量,这就是当地开采金矿的华侨所结合的会社,多是"三点会"徒。1776年,众推罗芳伯为总长,积聚力量,以东万律为中心,修军备,定官制,兴实业,谋教育,刻符玺,镌曰"大唐客长",树三角旗帜,设议事厅,厅前有牌额,书曰"兰芳大总制"。总长死,其职由众推选。兰芳盛世,有众逾10万,与荷人抗衡。1820年,兰芳与荷兰政府订约,以加巴河为界,河东属兰芳,河西属荷印政府。自罗芳伯以后,又传10世,历时110年,1886年为荷印政府所吞并。

**群岛东部** 群岛东部,发展最慢,在西方殖民者侵入时期,这里是最早被突破的落后地带。但到了 17 世纪,在这些善于航海和经商的岛民中,出现了一个强大的集团,就是苏拉威西的孟加锡人。

马六甲失陷之后,有许多马六甲商人东渡,迁入孟加锡,使孟加锡的航业逐渐发达起来,及荷兰人侵入东爪哇,许多抗荷分子和自由商人,都出走孟加锡,使得在哈山奴丁统治下的孟加锡更为兴盛。

荷兰东印度公司实行贸易独占政策,禁止各岛商人到摩鹿加贸易,但是孟加锡人不顾荷兰人的禁令,与公司的海上缉私队相抗衡,因此,孟加锡成为荷兰人所痛恨的"走私贸易"的中心。孟加锡又是群岛东部穆斯林集中的地点,哈山奴丁是权力最大的穆斯林领袖,他反对基督教的传播,不遗余力。基于种种原因,孟加锡被看成是荷兰东印度公司东航路线上的礁石,荷兰人决心要把它毁掉。

从 1653 年开始,巴达维亚与孟加锡之间发生过三次战争。第三次战争是在 1666 年爆发的,这次战争决定了孟加锡的命运。荷兰东印度公司派出一支远征军,包括 21 艘大船,600 名装备齐全的陆战队,由斯贝尔曼率领。这一场战斗相持了半年多,在武丹地方决战结果,孟加锡的陆、海军被歼灭。1667 年 11 月 18 日,哈山奴丁被迫签订本卡耶协定,丧失了孟加锡及其周邻领土的主权,并献出奴隶 1000 名,赔款 625000 盾。然而荷兰印度公司并没有征服孟加锡人,协定签订之后,继续了两年之久的杀戮和迫害,才算把孟加锡人的起事镇压下来,一批一批的不愿做奴隶的孟加锡人,出走东爪哇和万丹,参加抗荷事业,有的则潜伏海上,经常给荷兰商船以出其不意的袭击。

# 第六章 印度尼西亚共和国的诞生

印度尼西亚饱受西方殖民主义的剥削,凡 300 多年。第二次世界大战时期,日本入侵印度尼西亚,占领了主要的城市。印度尼西亚的人民在印度尼西亚共产党人领导之下,向日本展开武装斗争,并促使资产阶级政治集团于 1945 年 8 月 17 日宣布印度尼西亚独立,成立印度尼西亚共和国。共和国以总统为最高元首,任命内阁组织政府,内阁向国会负责,受国会监督。印度尼西亚政府奉行和平中立的外交政策,在争取世界和平的运动中,有一定的贡献。

## 一 19 世纪的抗荷起义

荷兰殖民主义侵入印度尼西亚,巧妙地糅合了各种剥削方式,把资本主义剥削与封建剥削和奴隶剥削交错起来,殖民主义的魔手触及各个阶层的人民,因此,从它侵入的那一天起,就激起了不同阶层的人民的反抗。荷兰殖民主义者镇压反抗是残忍的。1721 年,巴达维亚的荷兰驻军,逮捕了以爱尔北非尔为首的一批嫌疑分子,不惜施用酷刑逼供,株连数十人众,最后还将爱尔北非尔绑在十字架上,先斩去右手,然后剥皮、剐肉、取心,把他的头斩下来,高悬城外,并竖立了一块石碑,上置一头可怕的石雕髑髅,殖民主义者想用这种"示众"的办法来"儆戒"那些密谋起事的志士。1740 年"红溪之役",中国侨民惨遭杀戮①。荷兰人迫害华侨,由来已久。忍无可忍的华侨于 1740 年 10 月在巴达维亚英勇起义,荷兰殖民者进行了 10 天屠杀,1 万华侨尸陈道左,700 间屋宇被焚,消息传来,爪哇各地华侨无比愤怒,纷纷起来要为死难者报仇雪恨。忍耐已久的印度尼西亚人民,在这次中国侨民反荷浪潮的影响之下,他们对荷兰殖民主义者的仇恨迅速地爆发起来,发展为规模壮大的抗荷起义。在梭罗地区,起义军声势尤其浩大,由樊·维勒生所统率的荷兰驻军,全部为起义军所歼灭,部分荷兰军人为了顾全性命,被迫皈依伊斯兰教。印度尼西亚的抗荷运动,自 18 世纪 40 年代以后,形成一股堵不住的洪流,到了 19 世纪,汹涌如潮。

19 世纪发生了许多次抗荷起义,其中,历时最久、战斗最烈、意义最大的要算 1825 年至 1880 年蒂波尼哥罗所领导的爪哇起义,1822 年至 1837 年伊玛目·朋佐尔所领导的伊斯兰教士集团的抗战,以及 1873 年至 1904 年的亚齐之战。

**1825 年至 1890 年的爪哇起义** 自从荷兰东印度公司侵入之后,爪哇农民经受各种剥削,一次又一次地失去了土地,及 19 世纪 20 年代,英国人退出了爪哇的统治,荷兰人卷土重来,用无情的镇压,变本加厉的剥削,以巩固殖民政权,爪哇农民在极端不满的情况下,爆发了 1825 年至 1830 年的起义,领导这次起义的是蒂波尼

---

① 巴达维亚的华侨,年有增加,荷兰殖民者认为这是一种威胁,又鉴于华侨是最合适的劳工,乃制定一种"居留准字制度",没有居留准字的和无业的华侨,一律加以逮捕,一部遣回中国,一部押赴锡兰和好望角,在那里的种植园里做苦工。华侨被捕后,遭受了太过残酷的待遇,甚至连东印度公司的理事会也下了一道训令,不许对在押的华侨进行非人道的待遇。荷兰官吏又趁签发居留准字证的机会,多方勒索,引起华侨很大的怨愤。1740 年 7 月 25 日,公司议决,凡属可疑的华侨,不管有无准字证,都加以逮捕。此令一下,群情骚动。有钱的华侨,以巨款贿通官吏,得以幸免。被捕后不缴赎款者,一律押赴锡兰充当苦工,情况恶化到当船舰离开巴达维亚港口后,一部稍示抗拒的华侨便被抛沉海底。是年 10 月,华侨被迫准备武装斗争了。10 月 9 日晚,荷军以搜查军火为名,烧毁华侨住宅,逢人便杀。公司总督华尔坎尼尔更下令将在押的 500 名华侨同时处决。在医院中住院就医的华侨,被赶出院,一任暴徒狙击。10 月 13 日更告示悬赏,凡能在巴达维亚城外杀一中国人者,可得赏银 6 盾半。华侨展开自卫的战斗,进行了一个星期,流血染红河水,故称"红溪之役"。

哥罗。

蒂波尼哥罗乃是日惹"公国"的王族,领有日惹与文池兰之间的德卡勒雅封地。他是一个学识渊博的穆斯林,在人民中有很大的威信。他以保卫伊斯兰教的名义,号召反对荷兰殖民主义者的起义,他的住宅成为抗荷志士的集会所。

荷兰驻日惹的驻扎官,一向挑拨王室权贵的关系,造成永远不和的局面,他看到蒂波尼哥罗的声望日隆,聚众益多,给荷兰殖民政权以很大的威胁,便想把这位危险的王子骗到日惹王宫,在那里,傀儡苏丹和荷兰警探便于监视他。但是一切狡计都没有成功。驻扎官不得不准备围攻蒂波尼哥罗的住所,要活捉他。这成为起义的燃火线。千百农民围守蒂波尼哥罗的住宅,好让这位为人爱戴的王子从容出走。蒂波尼哥罗退出德卡勒雅城堡,走到加里梭戈河畔小镇,回首家园,正是烈焰冲天。这是1825年7月20日的晚上。

农民们都来依附蒂波尼哥罗,起义军迅速地组织了起来,有些领主也率领自己的队伍参加起义。起义军向日惹首都推进。作战不久,起义军即占有除王宫周区以外的日惹领土。在加里梭戈,有日惹王朝三代贵族70人与蒂波尼哥罗合作,各阶层人民从四处来奔。有一位著名的伊斯兰教长老,名叫马雅,他在棱罗享有绝大声名,也响应蒂波尼哥罗的起义。通过穆斯林的号召,起义浪潮很快地遍及许多省份。

蒂波尼哥罗领导下的起义军,不管贵族与农民,敌忾同仇,团结在伊斯兰教的旗帜下,都能合作一心,共举蒂波尼哥罗为爪哇的伊斯兰教保护者,号称苏丹阿卜杜哈密。蒂波尼哥罗把军队分为三大队,各有专名。一部分军队拥有枪支弹药,在森林中设厂制造枪弹。此外还有补充部队,以竹枪匕首为武器。蒂波尼哥罗采用游击战术,经常对荷军进行袭击,避免大战,以日惹西北的勃里勒为活动中枢。

荷兰殖民当局撤换了日惹的驻扎官,以镇压暴动有名的德·哥克为日惹荷军总指挥，企图一举歼灭起义队伍。但是荷军对付不了人数很多的游击队伍，往往集中全力攻打一个城堡，在损失惨重的情况下夺来的只是一个空城。不过德·哥克也有他的战术，每逢攻陷一个地方，就在那里建筑坚固的城堡，使起义军不能再来占领这个据点。战斗进行了整整 5 年.

起义军的斗争是英勇的。但是爪哇人民内部有一个很大的弱点，就是荷兰殖民统治区内的领主，愈来愈渐地变成殖民主义者的支柱；荷兰势力影响下的"公国"的领主，则是动摇分子。荷兰人可以用威迫、收买、欺骗等伎俩来离间爪哇人民内部的关系。在这一次镇压起义的斗争中，荷兰人用一切方法来收买梭罗的领主，使他们不参加起义，以致伊斯兰教长老马雅也只能用秘密方式来响应起义，因此，战斗到了最后，蒂波尼哥罗便陷于孤军作战的地位了。

5 年血战，荷兰殖民军在本国不断的增援下，费了很大的力气，寸土必争地征服起义的地区，在征服了的地方，每隔二三十公里布设防御，建筑城堡，德·哥克指挥着 14 个流动纵队保护这些据点，把它们紧密地联结起来。德·哥克更玩弄欺骗手段，一面与起义军进行殊死战，一面提议和平谈判，诱降蒂波尼哥罗的部属，同时又悬赏 5 万盾，购买蒂波尼哥罗的头颅。1830 年的春天，在保证安全的承诺下，蒂波尼哥罗被邀赴德·哥克的行营举行谈判。在谈判中，蒂波尼哥罗明白了荷兰人的意图，就是要征服他的祖国，当他坚定地表示自己的民族立场的时候，德·哥克背信弃义地宣布这位苦战不屈的英雄是他的俘虏。次日，蒂波尼哥罗被押赴巴达维亚，不久被放逐孟纳多岛，后又转禁于孟加锡的鹿特丹炮台中，直到 1855 年，这位民族英雄被困死狱中。

失去了领袖并被领主们出卖的起义群众失败了。

**苏门答腊伊斯兰教士集团的抗战**　19 世纪初，苏门答腊中部的氏族残余势力，阻碍了伊斯兰教的发展，于是发生伊斯兰教士集团革新运动。这一运动的主要目的，是打破固有的氏族狭隘性，推广伊斯兰教,对流行于当时苏门答腊中部的一些恶习,例如酗酒、抽鸦片、赌博、斗鸡、磨齿等,认为违背伊斯兰教教规,应一律废除。领导这一运动的是一批伊斯兰教瓦哈比教派的长老。凡笃信伊斯兰教参加运动的都穿白衣,故被称为"白人团"。

1816 年,莱佛士退出爪哇的统治后,转向苏门答腊,任盟姑路地方的总督,对于苏门答腊中部伊斯兰教士集团与氏族残余势力之间的斗争,不惜从中挑拨,引起不同信仰双方的仇恨。因此,伊斯兰教士集团运动本来是以和平布道开始的,但为时不久,即发展为一种政治性的活动,用暴力的方法夺取乡村政权。

在阿拉汉·班样地方,伊斯兰教士集团运动由万达哈罗族长与穆斯林学生马林·哈沙领导。因为该地居民大部反对伊斯兰教,马林·哈沙乃另辟新村,名朋佐尔,在这里发展伊斯兰教事业。后来朋佐尔成为伊斯兰教士集团运动的中心,马林·哈沙为教长,史称伊玛目·朋佐尔。

莱佛士在苏门答腊的活动,没有引起本国的政治家和资本家的兴趣,因为苏门答腊中部的海港没有多大的战略价值。不久,莱佛士退出苏门答腊,转而经略新加坡。莱佛士退出后,荷兰军队即进占巴东。此时朋佐尔的声势愈来愈浩大,荷军看出如要占领苏门答腊中部,非得扑灭朋佐尔的势力不可,乃声称要维护部族的固有主权,骗取米南加保各地的部族首领的信任。那些想急于获得外援的部族首领,轻信了荷兰人的"诺言",于1821 年 2 月联合与荷方订约,将米南加保的防御权交给荷方。

荷兰人巩固了米南加保的统治之后,乃于 1822 年向朋佐尔进攻,在苏力·爱尔地方展开战斗,这一接触,开始了伊斯兰教士集团的 15 年抗荷战争。

战争爆发后不久,伊斯兰教士集团在朋佐尔主教的号召下,即发动向荷军驻地反攻。荷兰驻军的装备虽然齐全,而人数不多,在穆斯林大军如浪如潮的攻击下,只能固守堡垒,再没有出击的机会了。另一方面,那些曾经受骗的部族领袖,有许多已经觉悟到荷兰人的阴谋,一当朋佐尔的队伍得势,便毅然放弃旧日的成见,出而与朋佐尔主教合作,这样一来,抗荷战争便在苏门答腊中部全面展开。荷军在四面受击的形势下,一面向巴达维亚求援,一面也只得用和平的方法来解决这一次波涛澎湃的起义了。

1825 年,蒂波尼哥罗领导的爪哇起义爆发了,荷兰人对付不了到处的起义,乃先求解决爪哇的战争,是年 11 月,与伊玛目·朋佐尔签订了巴东协议,荷方做了很大的让步,苏门答腊中部的起义便暂告一段落。

1830 年,蒂波尼哥罗领导的起义失败,荷兰人在爪哇的政权稳定了,便把大军调到苏门答腊,撕毁巴东协议,对朋佐尔采取袭击行动,在占领区内则实行徭役制度,苛征重税,甚至农民斗鸡,也设所收捐。苏门答腊中部反荷情绪极为高涨,当伊玛目·朋佐尔一声号召,各地战火又点燃起来。

这一次起义延长了 7 年。荷军五易主帅,数十次增援,终于 1837 年 8 月攻下朋佐尔。是年 10 月,伊玛目·朋佐尔在阿拉汉·班样被诱捕了,旋被放逐到遥远的摩鹿加,于 1864 年死去。

在荷军的新式枪炮的扫荡下,苏门答腊中部的起义就这样失败了。

**亚齐之战** 18 世纪以后,亚齐王国因为领主王公争夺王位,没有形成强固的中央政权,国势日衰,但是由于英国与荷兰之间的矛盾,它乃得以维持独立。在 1824 年的英荷协定中,在维持亚齐独立状态的条件下,英国承认了荷兰对苏门答腊其他地区的占领,因此,亚齐王国又得保持 40 多年的独立,直到 1871 年。

1871 年年底,英国与荷兰又一大协商了亚齐的命运,签订了苏门答腊条约,荷兰把非洲黄金海岸的殖民地让给英国,英国则允许退出亚齐的竞争,不干涉荷兰对亚齐的行动。1873 年 3 月,荷兰借口维持苏门答腊北部海上的治安,通牒亚齐,要求接管亚齐的主权,遭到拒绝，于是荷兰便向亚齐开火了。

1873年4月，荷兰陆战队3,000人在亚齐的首都登陆，遭到亚齐人民顽强的反抗，陆战队指挥官古来尔阵亡了。7月，荷兰又从爪哇调来陆战队8,000人，配有重炮及各种新式装备。经过了8个星期残酷炮轰之后，荷兰人终于占领了苏丹的王宫。1874年年初，荷兰宣布大亚齐①为自己的领土。

但是，首都的占领不等于全国的征服。亚齐人民在伊斯兰教士的号召下继续战斗，已故苏丹的冲龄子穆罕默德·达哇提被承认为全国的执政者，他的名字成为反荷斗争的旗帜。

荷兰人把海岸都封锁起来，在已征服的地方建筑半圆形的碉堡，碉堡之间有铁路连接，碉堡周围的乡村都遭破坏，树木尽被斫伐。荷兰人企图用这种封锁战术来消灭游击活动，但是亚齐人民在杜固·乌马和波林等人的领导下，进行神出鬼没的游击战，打得荷兰军队疲于奔命，荷兰人要想在短期内结束战争，有如水中摸月。1878年，荷兰军队发动了一次大规模的扫荡，遍山遍谷地搜索游击队伍。经过这一次扫荡，战事好像平息了，在一个时期内，各处都听不到枪声，发动这次战役的亚齐总督海登因功升调了，派了一位文官霍文来接任，可是到任不久，亚齐人民在杜固·乌马的号召下，又向荷军宣布"圣战"，各处的游击队又活跃起来。整整10年，荷军消耗在镇压游击活动的军费，每年平均在1,000万盾以上，印度尼西亚的外债增加到8,500万盾，引起了荷兰国会议员们不绝的争吵。

亚齐的战争继续着，甚至在荷兰占领区内发生了新的起义，荷兰殖民当局无法掩饰局面的困难，改变殖民策略是完全必要的了。荷兰东方学者斯努克·赫格罗惹任亚齐占领区的总顾问，这位伊斯兰问题专家进行了数年详尽的观察之后，1893年发表了他的著作

---

① 19世纪的亚齐，分为四部，即大亚齐、彼第尔、加祖和亚里雅斯，各有领主，大亚齐则立苏丹，大亚齐苏丹对各部分有相当的控制权力。

《亚齐》，在这本卷帙浩瀚的著作中，他提出了一个征服亚齐的方策。这个方策的要点就是固守防线，少出击，不停止战斗，怀柔领主，收买穆斯林中的上层分子。在著作中，他又列出了许多收买人心的方法。这些方法一经殖民当局应用，即见成效。自1894年开始，荷兰人便采用赫格罗惹所提出的方策，恢复了领主的世袭制，给他们以名义上的头衔；穆斯林中的上层分子被吸收到政府中工作，给他们很高的薪俸。对于防线以外的游击队，一有机会，即予打击，不与其谈判。在1899年的一次战役中，打死了杜固·乌马，这位天才领袖的殒命，对亚齐人民的抗战事业影响甚大。在这之后，荷兰人终于巩固了亚齐西部的防线，战争的局势转向了。然而亚齐人民依然团结在年轻的苏丹与波林的周围，继续抗战，直到1904年。

在力量对比不等的形势下，亚齐人民坚持抗战30年。长期的势力悬殊的战争枯竭了亚齐的力量，1903年，苏丹与波林终于放下武器，大小领主300人与荷方签订了亚齐简约，这个简约是那位替殖民主义服务到家的赫格罗惹所编制的，包括三项主要条款：承认亚齐主权属于荷兰，不得与荷兰以外的国家政府发生关系，服从荷方颁布的法令。

领主们签订亚齐简约，但是农民要继续抗战，殖民地当局又以惊人的屠杀镇压暴动，1904年2月至7月间，进行所谓肃清工作，因反抗而被夷为平地的村庄有11个，被打死的妇孺1,904名，男子2,922名。殖民地当局至此才宣布战事结束。实际上，亚齐人民的抗荷运动仍然彼起此伏，一直没有停止过。

19世纪印度尼西亚人民的抗荷起义是坚强而富有战斗性的，人民的爱国主义精神是具有崇高的品质的，抗荷爱国战争的失败，并非由于反抗的不够激烈、人民缺乏勇气成者领袖与军官们不够熟练，而是由于没有革命的阶级领导，同时也由于荷方拥有更多的现代化的武器，因而在长期的势力悬殊的斗争中失败了。

# 二　20世纪的民族解放运动

印度尼西亚人民在长期的斗争中,觉悟一天天提高。19世纪90年代,在西爪哇万隆一带流行着贫农萨敏的学说。萨敏宣扬不承认荷兰的政权,抗缴捐税,一切土地、森林、耕地都是农民的,应该选出村长领导耕种,全部收成归公,按情分配。萨敏主张不要使用暴力,希望用抵制的方法从荷兰的统治下解放出来。萨敏的学说很快为广大的农民所接受,但是到了1905年,这种运动已发展为暴力的行动了,农民夺取土地,公开与税吏斗争。殖民地当局费了很大的力气才能把起义镇压下来,但是印度尼西亚人民的抗荷运动,已开始从自发的变为有组织的活动了,日渐壮大的铁路、码头和矿山的工人队伍,在20世纪的反荷解放事业中,起了积极的、领导的作用。同时,殖民主义的统治,也需要通晓欧洲文字的本地职员,荷兰人创办了一些学校,培养官吏、医药和农业生产各方面的人员,在爪哇首先产生了受过欧式教育的知识分子,他们虽然大都出身于上层阶级,但是自由主义思想已开始在爪哇青年中传播。

1905年的俄国革命,唤醒了亚洲各民族。印度尼西亚的被压迫与被奴役的阶级也把自己组织起来,进行战斗。这一年,铁路工人成立了第一个工会,名为国家铁路工人协会。

印度尼西亚的知识分子也开始有了民族团结的觉醒。1908年,知识分子开始组织起来,成立了良知社①,这是由日惹人哇希丁医生发起的一种文化组织。良知社在日惹召开第一次大会,决定工作方针,致力于教育、文化以及工农企业的改良。1909年年底,良知社发展了会员1万人,设有40个分会,它变为要求改善人民生活水平的政治组织。良知社的纲领反映业已萌芽的资产阶级利益,反映民族

———————————

① 良知社一译至善社,或译恩德社,原文是 Budi utomo。

意识的觉醒。但是,20世纪初期的爪哇知识分子是与特权阶级密不可分的,因此,良知社的领导权愈来愈渐地落入半封建的官僚手中,不能发展为群众性的组织。

印度尼西亚的留荷学生,也组织了印度尼西亚联盟,后来改名为印度尼西亚协会,这是一个具有明确的政治要求的团体,参加协会的会员,多数成为后来的印度尼西亚国民党的骨干分子。

1911年,印度尼西亚商人成立了伊斯兰教商联,1912年改名为伊斯兰教联盟。原来印度尼西亚的资产阶级力量异常薄弱,人数不多,对外贸易都操在欧洲商人手中,对内贸易又须与中国的侨商做激烈的竞争,因此,在本国的穆斯林商人之中,产生了联合起来保护自己利益的要求。在梭罗,由最大的花裙商人哈志·沙曼胡蒂倡议,组织伊斯兰教商联,出版报纸,广事宣传。伊斯兰教商联在接受会员时,立有秘密仪式,新加入的会员须对组织发誓效忠,这个组织是带有帮会结社的性质的。它与外商做紧张的竞争,充满了民族主义的情绪,尤其是与中国侨商之间的竞争,因为比较直接,时常引起冲突,中国侨商的店铺时被捣毁,荷兰殖民当局利用这一点取缔了它的备案。1912年,伊斯兰教商联宣布改组为伊斯兰教联盟,并在各大城市成立支部。

伊斯兰教联盟成立之后,即接受民主革命思想。中国的辛亥革命,给中国的海外侨民以莫大的鼓舞,泗水的华侨举行政治示威,反对荷兰当局的警察手段,这给予伊斯兰教联盟的泗水支部以很大的影响,这个支部在曹格罗阿米诺多的领导下,成为伊斯兰教联盟先导组织。1912年8月,一批受荷兰左翼社会民主党人影响的荷印混血儿,组织印度党,提出"印尼是印尼人的"的口号。印度党不久即被殖民地当局解散,但是印度党人的思想对伊斯兰教联盟发生了影响。1914年12月,印度尼西亚与荷兰两国的革命知识分子,在三宝垄组织印度尼西亚社会民主联盟,他们开始研究并传播马克思主义。这个组织对伊斯兰教联盟影响至大。在印度尼西亚社会民主联盟的影响下,伊斯兰教联盟变为广大群众的组织,它不但吸收商人,同时还吸收了数十万工人、农民和城市贫民,而且采取了直接反抗殖民统治的政策。在爪哇的大多数省份中,都成立了伊斯兰教联盟的支部,只在巴达维亚一处,一年中就发展了 12000 人。

在印度尼西亚社会民主联盟盟员努力之下,组织了各种工会。许多地方发生了农民起义和罢工。1916 年,在苏门答腊的占卑爆发了农民起义,当地农民不堪繁重的捐税和徭役之苦,反对每年付出 50 个劳动日。起义者打死了 100 个官吏。在第一次世界大战时期,荷兰面对着日本势力的侵入和德国的觊觎,为了维持印度尼西亚的殖民政权,对风起云涌的民族解放运动,在经济上和政治上都做了若干让步。

1917 年俄国的十月社会主义革命鼓舞了印度尼西亚的独立运动,首先是对印度尼西亚社会民主联盟发生了极大的影响,民主联盟的盟员将社会主义革命的思潮传给各个工会,传给知识分子,传给参加伊斯兰教联盟的数十万工农群众。伊斯兰教联盟中产生了以司马温为首的革命派,自称为红色伊斯兰教联盟。

1920 年,印度尼西亚社会民主联盟在革命的领导人建议之下,改名为印度尼西亚共产党,是年的 5 月 23 日定为党的生日,12 月参加共产国际。印度尼西亚共产党成立后,即领导印度尼西亚的民族解放斗争运动,把运动推到新的阶段。

在印度尼西亚共产党的领导下,20 年代的反殖民主义的斗争,一般地得到迅速的发展。1923 年,许多城市发生罢工,若干糖厂地区发生暴动。4 月间爪哇铁路工人大罢工,人数在 1 万以上。殖民地当局逮捕了工会主席司马温,放逐出国。9 月间,成立了全国工会的联合会,印度尼西亚共产党通过这一全国性的工人组织,领导印度尼西亚人民的反荷斗争进入高潮。

印度尼西亚革命运动的迅速发展,引起了荷兰极大的不安,殖民地政府竭力阻挠与粉碎革命运动,对革命的领导者进行迫害,派遣破坏分子到人民团体中制造分裂，组织由荷侨领导的政治团体，企图把印度尼西亚的民族解放运动引入歧途，首先是印度尼西亚社会民主党、荷印自由主义者同盟、基督教党、印度尼西亚天主教党、政治经济联盟等标榜各民族不分肤色平等合作，而祖国俱乐部、新印度尼西亚运动社等，则主张加强荷兰与印度尼西亚的关系，这些政党的目的只有一个，就是阻挠印度尼西亚脱离荷兰的羁绊。

殖民地政府的迫害活动，在 1926 年至 1927 年镇压当时人民的起义中，达到了顶点。

1926 年 11 月，灾难深重的爪哇农民激起了自发的起义，他们拿起了武器，袭击警察署，砍倒电线柱，破坏公路、铁路及桥梁，农民手持短剑，击杀殖民地政府的官吏。起义蔓延爪哇全岛，其中有一队农民攻入巴达维亚，占据了小南门的电话局，割断电线，并进占了该区的警察署，打入监狱，把犯人释放出来。起义发生之后，印度尼西亚共产党便设法领导。但是在数个月之内，殖民地政府以高压手段镇压了起义。13,000 人被捕，其中 4,500 人被判刑或被杀害，另有 1,300 人被放逐到"赤土"，即伊里安的保文·利辜岛，这是一个以疟疾著称的流放地，长期流放回来的人，大多数都损失健康，情况恶劣，以至于无法从事政治活动。共产党人英勇地起来领导这一次武装起义，在人民中建立了良好的威信。

1926 年至 1927 年的起义发生之后，殖民地政府即宣布禁止印度尼西亚共产党的活动。印度尼西亚共产党在起义中损失了很多干部，未能立即组织力量转入地下活动。

1927 年 7 月，印度尼西亚民族党成立，这是印度尼西亚最大的资产阶级政党。这个党的前身是印度尼西亚协会，这是 1922 年印度尼西亚的留荷学生在荷兰组织的爱国团体，由哈达、万昆古苏摩、苏曼特等人领导。协会的会员深受当时风靡欧洲的民族主义的影响，协会的宗旨是争取印度尼西亚独立，不与荷兰人合作。不久，协会即被荷兰政府取缔。1924 年，协会的会员在本国筹组印度尼西亚研究会,总会设在万隆,后于 1927 年 7 月由苏加诺领导改组为印度尼西亚民族党。是年 12 月,由民族党发起成立印度尼西亚民族政党协商会,团结了当时反对荷兰殖民统治的力量,参加这个组织的有印度尼西亚民族党、良知社、巴巽丹、伊斯兰教联盟、苏门答腊协会、巴达维派、泗水印度尼西亚研究会、马都拉协会、迪尔达雅沙以及西伯里斯联合会等。政党协商会宣言反对荷兰统治,不与荷兰合作,不参加荷印人民议会与地方议会,宣布印度尼西亚民族是一个统一的民族,号召采用马来语为国语,选用苏柏拉曼所作的《大印度尼西亚之歌》为国歌,制定红白旗为国旗。一时在各个阶层人民之中,掀起了民族主义的浪潮。民族党党魁苏加诺的演说,吸引了许多人的注意力,这位富于演说才能的政治活动家,后来做了印度尼西亚共和国的总统。

　　1926 年至 1927 年的起义失败之后,印度尼西亚的独立运动开始进入低潮。跟着印度尼西亚共产党被禁止活动之后,1929 年 12 月,印度尼西亚民族党也被殖民地政府解散。① 但是,这个低潮时期是短暂的。1933 年 2 月爆发的"七省"号军舰船员的起义,指示出独立运动又开始走向高潮。

　　1935 年,印度尼西亚共产党领导人之一慕梭同志自国外秘密回国。在慕梭同志推动之下,印度尼西亚共产党秘密地进行复党工作,并成立了一个公开的人民组织,名为印度尼西亚人民运动党。当时日本法西斯正在冒头,威胁着东亚各国与印度尼西亚人民的安全。印度尼西亚人民运动党的基本宗旨曾是反对日本法西斯的。

---

① 1929 年 12 月,荷印殖民政府下令搜查民族党党部,拘捕包括苏加诺在内的许多领袖,民族党的活动即由萨多诺领导,事实上陷于停止状态。1931 年 4 月,萨多诺宣布解散民族党,另成立印度尼西亚党,苏加诺出狱后即加入该党活动。原民族党的另一派领袖则组织印度尼西亚民族教育会,主席是沙里尔,后来哈达从荷兰回来加入此会活动。1945 年 11 月,以曼公沙哥罗为首的一批政治活动家在雅加达组织印度尼西亚人民联盟,后来于 1946 年 1 月与民主党、共和党等小政党联合,改组为印度尼西亚民族党。民族党的党员大部分是各种类型的资产阶级分子和知识分子,民族主义色彩浓厚,走改良主义的政治路线,在军队中的势力较大,现为主要的执政党。

1939 年 5 月，印度尼西亚人民运动党与其他民主党派倡议组织印度尼西亚政治联盟，要求设立印度尼西亚议会。是年 12 月，在印度尼西亚政治联盟的倡议下，召开了印度尼西亚人民代表大会。1941 年 9 月，成立了印度尼西亚人民会议，这是印度尼西亚人民自己发起组织的代表机构，要求实现民主，愿与荷兰合作，共同反对日本法西斯主义。但是荷兰方面一直害怕人民的力量，到 1942 年 3 月 9 日投降日本时为止，并没有接受人民的愿望。荷兰把完全没有武装的印度尼西亚人民交给了日本法西斯。

# 三　印度尼西亚共产党①

第一次世界大战后，殖民地人民在帝国主义竭泽而渔的剥削之下，生活痛苦，如水益深。十月社会主义革命的胜利，指出殖民地被压迫民族解放斗争的方向。印度尼西亚共产党就是在这样的情况下成立的。

印度尼西亚共产党成立之初，因为对马克思列宁主义的理论知道得不多，在民族解放运动迅速发展的年代，印度尼西亚人民正卷入民族主义的狂潮，反对殖民统治，印度尼西亚共产党即提出建立苏维埃政权的口号，这是"左"的偏向，会使党脱离群众，变为宗派，反动派的破坏活动因以得逞。

1926 年至 1927 年的起义发生之后，印度尼西亚共产党即被禁止活动，而共产党本身则因在起义中损失了很多的干部，未能立即聚集力量发展地下组织。

1935 年，慕梭同志自国外秘密返国，进行复党工作，印度尼西亚共产党即以秘密方式活动。在印度尼西亚共产党人的倡议下，成立了一个公开的人民组织，名为印度尼西亚人民运动党。印度尼西亚

---

① 根据印度尼西亚共产党第五次全国代表大会文件编写。

共产党通过这一公开的人民组织,领导了反日本法西斯的斗争。

印度尼西亚共和国成立以后,印度尼西亚共产党仍然坚持组织的秘密状态,这一情况使得一部分同志要求建立公开的组织,成立了三个公开的政党:一个是公开的印度尼西亚共产党;一个是印度尼西亚劳工党,这是具有托派倾向的冒险分子所建立的;还有一个是印度尼西亚社会党,这个组织后来与苏丹·沙里尔的社会人民党合并,改为社会党,由于参加社会党的同志缺乏认识与警惕性,给右翼社会党的棍徒们窃据了组织的领导权,在共产党人之间宣扬妥协主义。一方面,秘密的印度尼西亚共产党有责任获取这三个政党的领导权,这样就分散了共产党的秘密干部,削弱了组织;另一方面,秘密的印度尼西亚共产党的干部需要参加政府方面的工作,这些同志自然不可能倾注全力来担任上述三个政党的工作,这一情况更削弱了组织。因此,在共和国成立以后的 3 年间,印度尼西亚共产党没有表现出政党和组织的力量,1947 年 1 月在梭罗召开党的第四次全国代表大会的时候,印度尼西亚共产党在组织上、政治上和思想上还是非常薄弱的。

1948 年 8 月,印度尼西亚共产党在日惹召开中央委员会政治局会议,听取了慕梭同志关于党的工作及党在组织上、政治上的原则错误的报告,这个报告题为《印度尼西亚共和国的新道路》,简称《新道路》,即一般所称的《慕梭大改正》。《新道路》指出当时党的组织是混乱的,公开的印度尼西亚共产党、印度尼西亚劳动党、社会党等三个工人阶级政党的存在,它们都是由秘密的共产党所领导,都承认马克思主义的原则,都联合在人民阵线里面,并且是根据共同纲领采取联合行动的,这就造成了整个工人运动的混乱,大大地阻碍了工人阶级组织力量的进步与发展,阻碍了言行一致的马克思列宁主义思想的传播。《新道路》又指出,在党员中,只有少数粗浅地知道马克思列宁主义的理论,大部分党员未在革命中受到有系统的锻炼。党内的生活,集体主义、批评与自我批评还是完全生疏的。在国内政策与对外政策方面,没有了解到当时国内外形势的变化,在共和国成立后,国内阶级力量的对比已经发生了变化,第二次世界大战后的国际形势也与前有所不同,当时,过高地估计了帝国主义的力量,同时也就过低地估计了反对帝国主义的力量,党在执行政策时,受了当时弥漫西欧的改良主义思想的影响,使得右翼社会党人通过社会党与左翼阵线,把他们的政策带到党内来;托洛茨基分子混进了党,分裂党。《新道路》指出各种原则的错误,首先是由于党缺乏无产阶级思想的领导所造成的。

在慕梭同志领导下,印度尼西亚共产党的领导人进行了自我批评,承认印度尼西亚共产党曾经在组织路线与政治路线上犯了错误。政治局会议决定进行根本的改革,恢复党作为工人阶级先锋队的地位,恢复党在反法西斯斗争中的优良传统,取得印度尼西亚民族革命的领导权。政治局会议决议把印度尼西亚共产党、印度尼西亚劳工党、社会党等合并,成立一个统一的工人阶级的政党,仍然用印度尼西亚共产党这个历史性的名称。

自党的第四次全国代表大会以后,党与印度尼西亚人民经历了许多事件,包括第一次荷兰殖民侵略、"茉莉芬事件"、第二次荷兰侵略、卖国的"圆桌会议协定"的签订、苏基曼的"八月大逮捕"、"伊斯兰教国"运动和"印度尼西亚伊斯兰教军"的叛乱、右翼社会党人与托洛茨基分子的政变,等等。印度尼西亚共产党曾经联合其他的民主政党,领导印度尼西亚人民对这些侵略与叛变出卖行为进行了强烈的反抗,在反抗荷兰殖民侵略与"茉莉芬事件"的斗争中,不少优秀的战士,包括慕梭同志在内,被反动派杀害了。

在印度尼西亚共产党内,自第四次全国代表大会以后,也经历了许多事件。

1948年8月,印度尼西亚共产党中央委员会政治局会议,通过决议接受《新道路》。1951年1月,印度尼西亚党中央委员会全体会议,对陈磷如同志在组织上、政治上、思想上的错误提出讨论。1952

年年初,为了推翻极端反动的苏基曼政府,召开了印度尼西亚共产党全国代表会议。1953 年 10 月,中央委员会全体会议,准备召开党的第五次全国代表大会。

这些事件都是印度尼西亚共产党历史的重要里程碑。

1954 年 3 月 16 日,印度尼西亚共产党在雅加达召开了第五次全国代表大会。这次大会解决了最重要的基本问题,由迪·努·艾地同志做了总报告,题为《印度尼西亚走向人民民主的道路》,指出印度尼西亚共产党当前的两项非常紧迫的任务,就是建立广泛的以工农联盟为基础的民族统一战线以及建设布尔什维克化的共产党。这次大会通过了印度尼西亚共产党的党纲和党章,批准了印度尼西亚共产党纲领,这个纲领就当前印度尼西亚国家的性质、民族独立和民主改革的原则、民族统一战线、对当前的阿里·沙斯特罗阿米佐约政府的要求等四个方面,声明印度尼西亚共产党的立场,就是要把印度尼西亚人民从奴役与贫困中解救出来,保证印度尼西亚人民过自由幸福的生活,号召工人阶级、农民、知识分子、小资产阶级和民族资产阶级、各政党、团体和其他的进步力量团结起来,以便为争取印度尼西亚的独立、民主自由和经济繁荣而斗争,加强和扩大民族统一战线。

## 四　印度尼西亚共和国的成立

1942 年 2 月 28 日,日军分别在西爪哇的孔雀港、万丹、南安由登陆,5 日,进占巴达维亚,9 日,荷印总督无条件投降,日本即接管殖民政权,直到 1945 年 8 月 17 日。

1945 年 8 月 8 日,苏联向日本宣战。印度尼西亚人民看到争取解放的时机已到。8 月 17 日,由苏加诺与哈达代表印度尼西亚各民族,向全世界发出通告,宣布独立,接着即成立印度尼西亚共和国。不久,英国军队在雅加达登陆,共和国即以日惹为临时首都。共和国由苏加诺与哈达分任正副总统。

共和国宣布成立之后，印度尼西亚进入了武装卫国时期。印尼人民先后三次掀起反抗英国与荷兰殖民者入侵的战争，最终于 1949 年 11 月 2 日，印荷双方在荷兰海牙签订"圆桌会议协定"。根据协定，1949 年 12 月 27 日，荷兰将政权移交给印度尼西亚，成立"印度尼西亚联邦共和国"，包括 16 个自治邦。根据"圆桌会议协定"，联邦共和国参加荷印联邦。1950 年 8 月，印度尼西亚联邦共和国临时众议院通过单一化国家宪法草案，并于 8 月 15 日宣布取消联邦制，成立统一的"印度尼西亚共和国"。

1954 年 6 月，阿里·沙斯特罗阿米佐约政府派遣了一个代表团到荷兰去，商谈废除"圆桌会议协定"及各项问题，8 月 7 日达成协议，取消荷印联邦，废除荷兰印度尼西亚有关外交、军事、文化合作的协定。至于西伊里安的归还问题和经济协定中的重要部分，由于美国的干涉，均未获解决。